ZHUANLIFA YANJIU

专利法研究

2014

国家知识产权局条法司　编

知识产权出版社

全国百佳图书出版单位

图书在版编目（CIP）数据

专利法研究. 2014/国家知识产权局条法司编. —北京：知识产权出版社，2017.3
ISBN 978-7-5130-4832-3

Ⅰ.①专… Ⅱ.①国… Ⅲ.①专利权法—研究—2014—年刊 Ⅳ.①D913.04-54

中国版本图书馆 CIP 数据核字（2017）第 064510 号

内容提要

本书分 4 个专题，即专利权的保护、中国特色知识产权制度、国际知识产权动态和集成电路布图设计，汇集 17 篇文章，涵盖了 2014 年度专利领域的热点问题。

责任编辑：龚　卫　　　　　　　　　　责任校对：潘凤越
装帧设计：SUN 工作室　韩建文　　　　责任出版：刘译文

专利法研究 2014
ZHUANLIFA YANJIU 2014
国家知识产权局条法司　编

出版发行：知识产权出版社 有限责任公司		网　址：http：//www.ipph.cn	
社　址：北京市海淀区西外太平庄 55 号		邮　编：100081	
责编电话：010-82000860 转 8120		责编邮箱：gongwei@cnipr.com	
发行电话：010-82000860 转 8101/8102		发行传真：010-82000893/82005070/82000270	
印　刷：北京科信印刷有限公司		经　销：各大网上书店、新华书店及相关专业书店	
开　本：787mm×1092mm　1/16		印　张：17.5	
版　次：2017 年 3 月第 1 版		印　次：2017 年 3 月第 1 次印刷	
字　数：300 千字		定　价：65.00 元	

ISBN 978-7-5130-4832-3

目　录

标准必要专利的 FRAND 许可辨析

安佰生❶

摘　要

"公平、合理、无歧视"原则（FRAND）是一种标准化组织关于标准化中的知识产权问题许可谈判的合同承诺。该承诺被认为比较模糊。近年来，美国法院的判决对该承诺进行了澄清。法院的判决推动了相关问题的解决，也引发了诸多讨论。这些评论大都认同法院的判决，也有批评认为 FRAND 作为一种合同，法院应更多基于合同当事人的本意进行判决。为深入探讨标准必要专利等相关问题的解决方案，本文对相关问题、特别是 FRAND 的发展过程进行了梳理，认为应考虑将美国法院关于 FRAND 的判决理解为一种对相关法律基本原则的解释，并将这些解释通过适当形式固化。同时，本文努力从更宽泛的视角认识标准化中的知识产权问题，并从多个角度探索问题的解决方案。

关键词

标准化　专利　FRAND　反垄断　国际贸易

---

❶　作者单位：商务部国际贸易经济合作研究院。

    标准化中的知识产权问题，在十年前被视为一个由于标准、特别是通讯标准中大量必要专利（标准化中的知识产权问题）的存在❶而导致的专利"阻抑"（holdup）和专利费"累加"（royalty stacking）的问题。❷当时，为各界所熟知的是 DVD 标准专利纠纷。目前该问题被聚焦为"公平、合理、无歧视"（FRAND）原则的界定问题。❸ 简单说，FRAND 界定问题主要以专利许可费为核心，同时涉及 FRAND 承诺与禁令的关系等诸多问题。目前正在进行的苹果和爱立信的专利纠纷就是一个典型案例。❹

    爱立信和苹果公司称拥有为苹果生产手机所必需的专利，双方按照 FRAND 原则进行专利许可谈判，但双方对何为 FRAND 专利许可费率有很大差异，最终爱立信选择将苹果以专利侵权诉诸法院并申请禁令。法院将主要依据 FRAND 进行判决，即如果确认使用了爱立信的有效专利，那么苹果应该支付爱立信多少专利费；同时，爱立信既然已经接受了 FRAND 承诺，那么是否还能针对苹果的专利侵权嫌疑申请禁令？

    近年来，法院关于 FRAND 的判决似乎朝着这样一个方向发展：标

---

❶ 据介绍，全球大约生产了 10 亿部手机，其中 80％为 GSM/USTM 标准。40 家公司宣称拥有 5000 件 GSM 必要专利，60 家公司宣称拥有 10 000 件 USTM 必要专利。Philippe Chappatte："FRAND Commitment-the Case for Antitrust Intervention"，*European Competition Journal*，Vol. 5，No. 2，Aug. 2009，pp. 319-320. 根据有关研究报告，WCDMA 和 LTE 标准分别含有约 1000 个专利族，视频标准 MPEG2 和 MPEG4 含有 160 个专利族共 800 项专利，光驱标准 2 200 个专利族，DVB-H30 个专利族。KNUT BLIND ET AL.，STUDY ON THE INTERPLAY BETWEEN STANDARDS AND INTEL LECTUAL PROPERTY RIGHTS（IPRS），FINAL REPORT 62（2011），available at http：//ec. europa. eu/enterprise/policies/european-standards/files/standards _ policy/ipr-workshop/ipr _ study _ final _ report _ en. pdf. 根据 ETSI 披露结果，截至 2013 年 9 月 19 日，149 772 项专利被披露为 6 253 个标准的必要专利。转引自 Jorge Contrearas，"Fixing FRAND：A Pseudo-Pool Approach to Standards-Based Patent Licensing"，*Antitrust Law Journal*，Vol. 79，2013，footnote 13，pp. 49-50.

❷ Mark Lemley and Carl Shapiro，"Patent Holdup and Royalty Stacking"，*Texas Law Journal*，Vol. 18，2007.

❸ 尽管 FRAND 似乎比 RAND 有更多内容，但目前标准化组织等相关方对此并无明确区分和界定，一般而言二者通用。参见 Jorge Contrearas，"Fixing FRAND：A Pseudo-Pool Approach to Standards-Based Patent Licensing"，Antitrust Law Journal，Vol. 79，2013，footnote 15，p. 50. Rudi Bekkers and Andrew Updegrove，"IPR Policies and Practices of a Representative Group of Standards-Setting Organizations Worldwide"，May 2013，at http：//sites. nationalacademies. org/PGA/step/PGA _ 058712，last access 2015-05-19.

❹ "爱立信、苹果专利费拉锯战"，http：//www. yicai. com/news/2015/03/4582224. html，最近访问 2015 年 5 月 19 日。

准化中的知识产权问题持有人应基于善意（good faith）进行专利许可谈判，在此之前申请禁令一般不会获得批准。关于专利费，法院单方面明确专利费应计算应以最小可销售单元而非整机为基础。这样一来，专利费计算能更好地与其对标准的贡献相联系，从而符合专利费计算的分摊原则。法院最近裁定的专利费要比专利权人最初的要价低很多。因此近年来美国诸多纠纷大都作出了类似判决。❶

然而，问题并非已经尘埃落定。首先，有的重大判决，如西雅图地区法院就微软诉摩托罗拉案的判决仍在上诉中。另外，对于目前的FRAND 判决，也有一些批评。比如，批评者认为法院基于 FRAND 的合同承诺作出的判决，未必是合同当事人的本意。❷ 2015 年 4 月，美国国际贸易委员会（ITC）则对相关问题作出与其他判决差异巨大的决定。❸

为深入探讨标准化中的知识产权问题的解决方案，本文拟从 FRAND 这一合同承诺的历史出发，探究 FRAND 作为合同承诺的含义，并在此基础上分析法院关于 FRAND 的判决的价值。同时，本文还将从标准化、知识产权、反垄断法等制度本身探讨标准化中的知识产权问题的解决方案。

一、FRAND 发展简史

标准化组织很早就意识到专利进入标准可能带来的问题。1959 年，美国国家标准学会（ANSI）的前身美国标准联盟（ASA）通过的专利政策规定，除非专利权人同意"合理"许可其专利，否则不得将专利纳入标准。❹ 不过，在美国，在 1996 年 Dell 案之前，标准化中的知识产权问

---

❶ 其中包括 Microsoft v. Motorola（W. D. Wash. & 9th Cir., pending）、Realtek Semiconductor v. LSI（N. D. Cal. 2012）、Apple v. Motorola（N. D. Ill., transferred, in part, from W. D. Wis., 2012）等主要案例。近年来美国法院关于 FRAND 判决情况，参见 Jorge Contreras, "Fixing FRAND: A Pseudo-Pool Approach to Standards-Based Patent Licensing", *Antitrust Law Journal*, Vol. 79, 2013, pp. 95-97.

❷ Roger G. Brooks & Damien Geradin, "Taking Contracts Seriously: The Meaning of the Voluntary Commitment to Licence Essential Patents on 'Fair and Reasonable' Terms", at http://www.cravath.com/files/Uploads/Documents/Publications/3233990_1.pdf, accessed 2015-04-22.

❸ In the matter of CERTAIN 3G MOBILE HANDSETS AND COMPONENTS THEREOF, Inv. No. 337-TA-613, REMAND, April, 27, 2015.

❹ 转引自 Jorge L. Contreras, "A Brief History of FRAND", (January 15, 2015). *Antitrust Journal*, Forthcoming; American University, WCL Research Paper No. 2014-18. Available at SSRN: http://ssrn.com/abstract = 2374983 or http://dx.doi.org/10.2139/ssrn.2374983.

题并没有引起各界的广泛关注。在欧洲，GSM 标准早期制定时没有太多遭到知识产权问题困扰。❶ 后来 GSM 标准制定中虽然出现了专利问题，但标准制定时参与者，如诺基亚、爱立信等大部分既是标准实施者也是专利权人。他们虽然意识到了专利问题，但通过在实施标准中相互不就专利侵权提起诉讼问题达成"君子协定"而回避了这一问题。❷

不过，当欧盟专门成立负责通讯标准制定的欧洲通讯标准学会（ETSI），并于 20 世纪 90 年代初制定其专利政策时，美国一些公司专利权人开始表示明确的反对，由此拉开了关于标准化中的知识产权问题持续至今的激烈争论。

在制定其专利政策时，ETSI 曾试图赋予 FRAND 合同实质含义。就"公平、合理"而言，1993 年 ETSI 政策旨在加强对专利权人约束，在其专利政策中增加了"自动许可"（automatic licensing）"默示许可"（licensing by default）以及放弃禁令（injunction waiver）的内容。讨论过程中，美国一些公司反应激烈，他们将上述内容，甚至包括事先披露许可条件等，以限制竞争为由向欧盟竞争机构提起申诉。IBM、摩托罗拉等甚至表示将退出 ETSI。❸ 随即，美国公司诉诸美国政府，引发美欧部长级的贸易纠纷。后来，ETSI 于 1994 年通过了经过修改的专利政策。这一政策与 ANSI、国际电信联盟（ITU）等的专利政策基本接轨。❹

此后，ETSI 多次试图修改其专利政策，但一直未能取得实质性进展。比如，2003 年，ETSI 成立专利特别工作组（AHG），继续讨论 FRAND 问题。微软、摩托罗拉的代表表示反对。他们认为，FRAND 实际上是一个国际标准，全世界各地的含义应该是一样的。AHG 其他成员

---

❶　Thomas Haug, "A Commentary on Standardization Practices: Lessons from the NMT and GSM Mobile Telephone Standards Histories", *Telecommunications Policy*, 26 (2002) 101-107.

❷　Rudi Bekkers, Geet Duysters and Bart Verspagen, "Intellectual Property Rights, Strategic Technology Agreements and Market Structure", *Research Policy*, Vol. 31, 2002.

❸　Roger G. Brooks & Damien Geradin, "Taking Contracts Seriously: The Meaning of the Voluntary Commitment to Licence Essential Patents on 'Fair and Reasonable' Terms", at http://www.cravath.com/files/Uploads/Documents/Publications/3233990_1.pdf, accessed 2015-04-22. p. 18.

❹　关于该过程的详细介绍，可参见 E. J. Iversen, "Standardisation and Intellectual Property Rights: Conflicts between Innovation and Diffusion in New Telecommunications Systems," in: K. Jakobs, (ed.), *Information Technology Standards and Standardization: A Global Perspective*. Idea Group Publishers, Hershey, PA, pp. 80-101, at http://eprints.utas.edu.au/1297/1/Iversen_ETSI_2002.pdf, accessed 2015-04-02.

则认为 ESTI 应在 FRAND 框架下基于 ETSI 自身的目的，设定具体的限制，如禁止对完善专利的回受、禁止在不同地区适用不同的费率等。AHG 其他成员的这些建议均未获通过，AHG 最后向 ETSI 大会报告："特别工作组未能就 FRAND 作出界定"。❶ 2006 年，诺基亚等公司向ETSI 提出在专利政策中增加"加总合理条件"（ART）和专利收费应该与专利对标准贡献吻合的比例原则的建议，但经过激烈争论后依然未能通过。

至于 FRAND 中的"非歧视"，实践中由于许可条件往往作为商业秘密不对外公开，一般而言无法检查许可是否存在歧视。有评论认为，"非歧视"就是一个"谜"（cipher），标准化组织甚至都没有像对公平、合理那样试图做出界定。❷

总之，时至今日，尚无标准化组织对 FRAND 给出明确的界定。❸

从具体的谈判过程看，FRAND 的确曾试图明确那些今天在法院判决中被赋予 FRAND 原则的那些内容，但被标准化组织，或者更准确地说，被作为标准化组织成员、合同当事人的专利权人明确拒绝了。实际上，当时在讨论中，摩托罗拉连非歧视许可也拒绝接受。❹应该说，由于专利权人在反对 FRAND 承诺实质化时明确表达了自己的立场，标准化组织其他成员在知悉专利权人反对将 FRNAD 承诺实质化的情况下，依然与专利权人就 FRAND 达成合同。那么，关于 FRAND 的理解中有两点是比较明确的：一是标准化组织内部就 FRAND 达成了合同；二是达成合同时，各方知悉 FRAND 并无实质性内容。

如果我们尚不能确认 FRAND 作为一个合同承诺并无实质内容的话，那么不妨参照标准化组织专利政策中关于专利信息披露要求的处理方式来进一步考察 FRAND 的实质性内容。

---

❶ Roger G. Brooks & Damien Geradin，"Taking Contracts Seriously: The Meaning of the Voluntary Commitment to Licence Essential Patents on 'Fair and Reasonable' Terms"，at http://www.cravath.com/files/Uploads/Documents/Publications/3233990_1.pdf，accessed 2015-04-22.

❷ Roger G. Brooks & Damien Geradin，"Taking Contracts Seriously: The Meaning of the Voluntary Commitment to Licence Essential Patents on 'Fair and Reasonable' Terms"，at http://www.cravath.com/files/Uploads/Documents/Publications/3233990_1.pdf，accessed 2015-04-22. p. 19.

❸ Jorge L. Contreras and David L. Newman："Developing a Framework for Arbitrating Standards-Essential Patent Disputes"，*Journal of Dispute Resolution*，Vol. 1，2014，p. 25.

❹ Rudi Bekkers，Geet Duysters and Bart Verspagen，"Intellectual Property Rights, Strategic Technology Agreements and Market Structure"，*Research Policy*，Vol. 31，2002，p. 1147.

关于向标准化组织披露专利信息的要求问题，标准化组织成员经过讨论，普遍知悉以下情况：

① 披露作为一种义务构成一种合同承诺。

② 有大公司多次表示，真正的披露义务将迫使很多公司、特别是大公司对本公司的专利进行检索，以确定本公司（包括关联公司）拥有的专利是否应披露，但有大公司认为并表明该任务成本畸高，难以完成。

③ 现有披露既不完整，也不准确，但标准化组织不对披露的完整和准确性负责。各方也知道无人对此负责。

④ 标准化中的知识产权问题虽然在理论上被界定为从技术上和/或商业上讲，为标准实施所必需，但实践中到底是否真的为标准实施所必需则没有人进行分析、评价，也无人对此负责。

即便以上问题为标准化组织熟知，标准化组织仍普遍将披露义务作为一种承诺写入其专利政策。那么，成员到底对标准化组织有无披露义务呢？

在 2003 年 Rambus 案中，联邦巡回上诉法院（CAFC）法官首先认为，标准化组织 JEDEC 的专利政策本身并未对成员施加披露义务，[1] 因为 JEDEC："政策声明的语言实际上没有对成员施加任何义务。尽管政策语言建议 JEDEC 作为一个整体避免'需要使用'专利的标准，且 JEDEC 的手册要求主席提醒成员告知标准制定会议与委员会工作相关的任何专利或专利申请，本院没有发现任何语言——无论在成员的申请材料中，还是在手册节选中，表明要求成员披露信息。甚至没有成员曾在法律上同意披露信息的迹象。"基于此，法官曾指出，JEDEC 的政策只是要求标准起草委员会或工作组"避免"专利。但法院最后还是认定，根据标准化组织成员的证词，法院认为 JEDEC 专利政策本身对成员施加了披露义务："由于 JEDEC 成员认为附件 E 是一种披露义务，本院亦认为这一声明构成披露义务"。[2]

本文不对法院的上述判决涉及的法律做评论，而是以此案说明标准

---

[1] JEDEC 手册第 9.3.1 部分"委员会关于知识产权的责任"："任何 JEDEC 委员会、分委员会或工作组主席必须提请所有在场的人注意到 EIA 法律指南含有的要求，并提请所有参与者注意到告知会议任何他们可能有的、可能涉及他们正在开展的工作的任何专利或申请中的专利的信息这一义务。"

[2] Rambus Inc. v. Infineon Technologies AG, Nos. 01-1449, -1583, -1604, -1641, 02-1174, -1192. Federal Circuit. Jan. 29, 2003 (Fed. Cir., Jan. 29, 2003).

化组织的披露政策的模糊性。实际上，该案中的标准化组织 JEDEC 对披露义务的规定已经是非常清晰的了。华盛顿特区联邦巡回上诉法院在 2008 年曾指出，在披露义务问题上，上述文字"最有利于表明 JEDEC 专利政策构成披露义务"（the most disclosure-friendly）。❶ 可想而知，其他标准化组织的专利政策也不会太明确。❷

另外，需要指出的是，2003 年 Rambus 案的判决明确指出标准化组织专利政策的模糊问题。针对这一点，律师也曾提醒标准化组织尽快完善其披露政策。但是，该判决后标准化组织仍没有实质性修改其内容模糊的专利政策。❸

考虑到以上这些情况，Roger Brooks 和 Damien Geradin 认为 FRAND 作为合同具有法院判决的那些内容的说法，应该提供充分的证据才行的说法❹也似乎并非没有道理。

标准化组织在内部成员存在重大分歧的情况下，通过这一模糊的合同回避矛盾，尽量在其力所能及的范围内保留寻求问题的解决方案的空间，也是难能可贵的。至于 Roger Brooks 和 Damien Geradin 关于标准化组织这一模糊合同是标准化组织本来意欲如此、FRAND 模糊本身不是一个"缺点"（short-coming），而是一种"力量"（strength）的说法，则值得商榷。❺

二、对问题的重新认识

应该说，法院的判决推进了标准化中的知识产权问题的解决，但仍有很多复杂问题悬而未决。因此，为继续深入推进对相关问题的讨论，重新梳理标准化中的知识产权问题，重新校准问题的解决方案，是一个必要的过程。

---

❶ Rambus Inc. v. FTC, No. 07-1086, (D. C. Cir. Apr. 22, 2008).

❷ VITA 专利政策见 http://www.vita.com/Disclosure, last access 2015-05-01.

❸ 安佰生. 美国联邦巡回上诉法院 Rambus 案披露义务判决及其影响 [J]. 电子知识产权，2012，6.

❹ Roger G. Brooks & Damien Geradin, "Taking Contracts Seriously: The Meaning of the Voluntary Commitment to Licence Essential Patents on 'Fair and Reasonable' Terms", at http://www.cravath.com/files/Uploads/Documents/Publications/3233990_1.pdf, accessed 2015-04-22. p.11.

❺ Damien Geradin and Miguel Rato, "FRAND Committement and EC Competition Law", *European Competition Jounral*, Vol.6, No.1, 2009, at http://papers.ssrn.com/sol3/papers.cfm? abstract_id=1527407. Last access 2015-05-02.

（一）问题是什么

FRAND 只是标准化中知识产权问题的一个集中体现，未必能全面说明问题。为了更好地认识相关问题，我们还是回到问题本身，从更广的视野考察什么是标准化中的知识产权问题。

专利本身具有价值，专利权人依法基于专利权谋利无可非议。但是，信息技术标准中往往含有大量专利，容易出现专利"阻抑"（holdup）标准实施和"专利费累加"（royalty stacking）的问题。这是因为，由于标准中的专利数量众多，一般难以通过查阅根据标准化组织披露要求建立的专利数据库，以及标准实施者的专利检索等手段完全发现标准中含有的专利。对这些专利有效性的甄别也往往因成本过高而难以实现。专利权人针对标准实施者提出专利权要求的时候，标准实施者已经为标准实施做了大量的沉淀投资（sunk investment），在专利许可谈判中处于不利地位，往往被迫接受专利权人提出的苛刻许可条件。❶ 当然，自一开始，就有学者认为，"阻抑"和"累加"仅具有理论意义但缺乏实证证据。❷

---

❶ Mark Lemley and Carl Shapiro, "Patent Holdup and Royalty Stacking", *Texas Law Journal*, Vol. 18, 2007.

❷ 相关批评者的文献包括 Golden, John M., "Commentary, 'Patent Trolls' and Patent Remedies", 85 TEXAS L. REV. 2111 (2007)；Elhauge, Einer, "Do Patent Hold-up and Royalty Stacking Lead to Systematically Excessive Royalties?", *Journal of Competition Law and Economics*. 2008；4：535-570；Geradin, Damien and Miguel Rato, "Can Standard-Setting Lead to Exploitative Abuse? A Dissonant View on Patent Hold-Up, Royalty Stacking and the Meaning of FRAND", (April 2006). Available at SSRN：http：//ssrn. com/abstract＝946792（accessed：April 14, 2009）；Denicolò, Vincenzo, Geradin, Damien, Layne-Farrar, Anne and Padilla, A. Jorge, "Revisiting Injunctive Relief：Interpreting eBay in High-Tech Industries with Non-Practicing Patent Holders", (December 3, 2007). Available at SSRN：http：//ssrn. com/abstract＝1019611（accessed：April 14, 2009）；Gregory, Sidak, J., "Holdup, Royalty Stacking, and the Presumption of Injunctive Relief for Patent Infringement：A Reply to Lemley and Shapiro", *Minnesota Law Review*, Vol. 92, No. 3, pp. 714-748, 2008. Available at SSRN：http：//ssrn. com/abstract＝988694（accessed：April 14, 2009）；Gregory, Sidak, J., "Patent Holdup and Oligopsonistic Collusion in Standard-Setting Organizations", (February 7, 2009). *Journal of Competition Law and Economics*, Vol. 5, No. 1, 2009. Available at SSRN：http：//ssrn. com/abstract＝1081997（accessed：April 14, 2009）. Damien Geradin and Miguel Rato, "FRAND Committement and EC Competition Law", *European Competition Jounral*, Vol. 6, No. 1, 2009, at http：//papers. ssrn. com/sol3/papers. cfm? abstract＿id＝1527407. Last access 2015-05-02. Damein Geradin, Anne Layne-Farrar and A. Jorge Padilla, "The Complements Problem within Standard Setting：Assessing the Evidence of Royalty Stacking", *Boston University Journal of Science and Technology Law*, Vol. 1, 2008. 更宽泛的，包括专利层林（patent thickets）乃至反公共地悲剧的批评参见 Richard Epstein, F. Scott Kieff and Daniel F. Spulber, "The FTC, IP, and SSOs：Government Hold-up Replacing Private Coordination", *Journal of Competition Law and Economics*, Vol. 8, No. 1, 2012, footnote 29, p. 13.

最近，也有法院的裁决支持了这一观点。❶

标准化组织的专利政策曾经被视为运行基本良好的解决方案。比如，美国专利商标局曾经于 2009 年在世界知识产权组织大会发言中指出，尽管目前有大量标准化组织批准了大量标准，"但是，每年引发诉讼纠纷仅为个位数，且其中大量涉及的是具体的事实问题。换言之，并不像一些人说得那样标准制定存在危机。"❷ 更多的观点认为，这个方案运行一直不好，❸ 现行标准化组织专利政策模糊的观点一直存在，❹ 标准化组织也一直在做澄清、细化其专利政策的努力。近年来，通讯和信息公司巨头专利战进一步扩大和升级，标准实施者不断将被许可人以违反 FRAND 承诺、滥用标准中的专利等诉由诉诸反垄断机构/法院。法院也作出了诸多判决。关于 FRAND 的讨论进一步深化。

（二）解决方案的早期探索及争议：2010 年之前

在美国，反垄断机构较早介入标准化中的知识产权问题。美国联邦贸易委员会（FTC）在 1996 年 Dell 案中，认为专利权人未披露其专利信息对竞争有消极（chilling）影响，最后与 Dell 公司就标准专利许可达成和解。❺

20 世纪 90 年代初期，加州清洁汽油强制标准中含有 Unocal 公司的专利，这使得消费者将为购买汽油而间接为 Unocal 的专利埋单。FTC 的介入起初并没有结果。而美国最高法院则从专利权行使的角度（似乎完全没有考虑标准问题）支持了 Unocal 的专利权请求。FTC 仅仅是此后在 Unocal 并购时"别"了 Unocal 一把，使其在标准中的专利问题上达成

---

❶ In the matter of CERTAIN 3G MOBILE HANDSETS AND COMPONENTS THEREOF, Inv. No. 337-TA-613，REMAND，April 27，2015.

❷ USPTO Statement to WIPO，at http：//publicaa. ansi. org/sites/apdl/Documents/Standards%20Activities/Critical%20Issues/Open%20Standards/USPTO-WIPO-Statement. pdf，last access，2015-05-01.

❸ Keith Maskus and Stephen A. Merrill，eds，*Patent Challenges for Standard-Setting in the Global Economy：Lessons from Information and Communication Technology*，National Academy of Sciences，2013，pp. 1-2，p. 59.

❹ 认为 FRAND 模糊的文献可参见 Jorge Contrearas，"Fixing FRAND：A Pseudo-Pool Approach to Standards-Based Patent Licensing"，*Antitrust Law Journal*，Vol. 79，2013，footnote 32，p. 52.

❺ In the Matter of Dell Computer Corp. ，121 F. T. C. 616，1996 FTC LEXIS 291，Docket No. C-3658（May 20，1996）.

和解。

而 Rambus 案中，华盛顿特区巡回法院主要以"如果不是……（but for…）"的方式，分析 Rambus 如果没有"欺骗"标准化组织是否能将其专利纳入标准，并根据这一分析否定了 FTC 对 Rambus 公司的指控。美国最高法院也没有受理 FTC 针对华盛顿特区法院判决的上诉。

FTC 这一阶段反垄断工作并不顺。同时，法院似乎逐渐认识到标准化中的知识产权问题不是一个简单的专利侵权问题，并开始从衡平法的角度进行判决。比如，2008 年高通诉博通案中，法院判决认为专利权人未披露专利信息构成专利权人的"不洁之手"，从而导致专利在标准化实施的不得对世主张专利的判决。❶

与此同时，倾向专利权人利益的批评声音不绝于耳。批评的主要内容是如果没有"阻抑"和"累加"的实证证据，那么倾向标准实施者的判决将对专利权人利益是不当的侵害，并将必然危及创新。批评者还认为，虽然有"零星"的诉讼，但现有的专利政策和市场机制能够有效解决标准化中的知识产权问题。❷ 可以说，2010 年之前，美国关于标准化中的知识产权问题无论在理论上，还是实践中都在争议中踯躅前行。

（三）美国最近关于 FRAND 的系统性判决：2010 年之后

不管"阻抑"和"累加"问题是否存在，标准化中的知识产权相关诉讼愈演愈烈，学术、政策乃至公众对其关注日益加大。应该说，这一时期"专利流氓"（patent troll）❸ 大肆的诉讼行为对于各界的认识起了很大作用。此时标准化中的知识产权问题在一定程度上聚焦为"专利流氓"问题，其危害开始成为一种公共政策担忧。美国有学者指出，专利滥用可能构成创新障碍（innovation gridlock）因而应该成为美国当前的重要关注。❹ 国会在 2010 年前后启动了专利法改革，改革主要指向专利

---

❶ QUALCOMM v. BROADCOM，No. 07-1545（Fed. Cir. 2008）.

❷ USPTO，"USPTO Statement to WIPO"，2009.

❸ 美国等相关文献使用的"专利流氓"（patent troll）这个说法，用以指本身不进行生产，主要通过专利诉讼牟利的公司。由于这个说法显然不具学术中立性，美国很多文献更多使用"非专利实施者"（NPE）的说法。但 NPE 又容易将大学等专利权人纳入，将大学等科研机构与"专利流氓"混同。考虑到这一背景，本文仍延续"专利流氓"这一说法，但并不必然表明本文对此具有负面的价值判断。

❹ Michael Heller，"Innovation Gridlock"，http：//www. newsweek. com/innovation-gridlock-78123，last access 2015-05-05.

质量和专利诉讼行为等问题。❶ 美国专利商标局也开始了关于专利质量等问题的研究。❷ 在 eBay 案中，美国最高法院关于禁令发放标准的判决，逆转了此前很长一段时间内专利侵权诉讼中禁令发放是一般原则的判决。❸

2010 年前后，越来越多的大公司介入了标准必要专利纠纷且成为专利侵权的被告。微软此前在全球标准化中的知识产权问题讨论中均站在专利权人立场，此时也成了专利侵权的被告。微软成为专利侵权被告，可能使得标准化中的知识产权司法判决有了一个本质的转折。可能的原因包括，微软有足够的经济实力，通过专利分析、专利费比较等方式，把理论上的标准化中的知识产权问题，转化为实实在在的现实问题，从而使法官能够对相关问题一目了然且有判决的依据。与此同时，2009 年 Rambus 案失利后，反垄断机构、学界等的各种讨论，也开始聚焦于对 FRAND 的理解。他们在研究中努力赋予 FRAND 承诺可执行的内容。这些内容与微软案中提供的证据基本吻合——微软提供的证据应该也是根据当时各界、包括司法判决关于 FRNAD 的创造性界定而整理的。这样一来，法官自然就作出了有利于微软这个标准实施者的判决。❹ 随即，诸多案件作出了类似的判决、关于标准化中的知识产权问题的系统性判决。❺ 其中主要包括：

1. FRAND 意味着专利权人放弃对善意被许可人的禁令救济

关于 FRAND 意味着专利权人放弃对善意被许可人的禁令救济的裁决到目前并未遭遇质疑。批评者并没有直接批评法院判决在内容上有什么问题，但是认为法院的判决既然是基于一种合同，那首先应该尊重合同当事人的意愿，❻ 而合同当事方并没有将放弃禁令作为其中的承诺内

---

❶ 安佰生. 标准化中的知识产权问题相关背景政策［G］//国家知识产权局条法司. 专利法研究 2013. 北京：知识产权出版社，2015.

❷ 目前美国专利商标局正在就专利质量改革公开征求公众意见，参见 USPTO："Request for Comments on Enhancing Patent Quality"，*Federal Register*，Vol. 80，No. 24. Feb. 2015.

❸ eBay Inc. v. MercExchange，L. L. C.，547 U. S. 388（2006）. 相关分析可参见郭羽佼，闫文军. eBay 案与美国专利制度改革［J］. 科技与法律，2012（2）.

❹ Microsoft Corporation v. Motorola，UNITED STATES DISTRICT COURT WESTERN DISTRICT OF WASHINGTON AT SEATTLEC. A No. C10-18230LROctober 22，2012.

❺ Ericsson，Inc. v. D-Link Systems，Inc.（Fed. Cir. 2014）.

❻ Brieaf of Amicus Curiea，American Intellectual Property Law Association in support of Neither Party，Microsoft v. Motorla，in the United States Court of Apeals for the Ninth Ciucuit，at http：//www. aipla. org/advocacy/judicial/2014/Documents/AIPLA% 20Amicus% 20MS% 20v%20Motorola. pdf，last access 2015-05-05.

容。Damien Geradin and Miguel Rato 明确指出："ETSI 没有证据表明……FRAND 的承诺者放弃其申请禁令的权力"。❶ 关于法院这种判决的不利影响，Damien Geradin and Miguel Rato 认为，FRAND 等于放弃禁令的判决，会使得被许可人不再需要经过许可谈判而将许可人诉诸法院，并等法院判决后再行支付专利费。对于小的专利权人来说，这就意味着在无法承受长期的等待和大量的诉讼的情况下，被迫于被许可人达成和解。❷ 实际上，早于法官作出此类判决之前，Gregory Sidak 就指出，将 FRAND 解释为放弃禁令将有利于被许可人。❸

支持法院这一判决的学者认为，FRAND 承诺意味着放弃禁令，是一种基于具体个案的判决，而不是统一适用的政策和法律。当具体情形表明应该对许可人权益做必要考虑的时候，法院经常应该而且可以作出有利于专利权人的判决。比如，法院在作出 FRAND 等于放弃禁令的判决的一个通常的前提条件是，被许可人应该是善意的、应该是愿意接受有约束性的第三方仲裁或法院判决的。也就是说，FRAND 承诺等于放弃禁令的解释，并未将许可人置于不利境地，而恰恰是实现了 FRAND 作为标准化环境下一种公平合理行为的具体体现和要求。❹

2. 专利定价的"基准"（benchmark）

专利普遍被认为因难以计算成本而无法采用成本定价方法，因此只

---

❶ Damien Geradin and Miguel Rato，"FRAND Committement and EC Competition Law"，*European Competition Jounral*，Vol. 6，No. 1，2009，at http：//papers. ssrn. com/sol3/papers. cfm? abstract_id=1527407. Last access 2015-05-02.

❷ Damien Geradin and Miguel Rato，"FRAND Committement and EC Competition Law"，*European Competition Jounral*，Vol. 6，No. 1，2009，at http：//papers. ssrn. com/sol3/papers. cfm? abstract_id=1527407. Last access 2015-05-02.

❸ J. Gregory Sidak，"Holdup，Royalty Stacking，and the Presumption of Injunctive Relief for Patent Infringement：A Reply to Lemley and Shapiro"，*Minnesota Law Review*，Vol. 92，No. 3，2008，p. 714.

❹ 除放弃禁令外，FRAND 无论从法律原则的角度，还是从标准化组织的政策（合同）的角度，都有可能被解释为具有更丰富的内容。比如，有评论认为，FRAND 本身意味着许可价格封顶（limit）。考虑到专利定价的市场机制特征，专利权人通过市场机制使其专利许可收益最大化是一种自然的趋向。这种趋向势必给标准的实施带来不确定性和障碍。为此，FRAND 甚至还被认为可以被理解为"对许可费施加了限制……这种限制必需基于专利权人收益最大化以外的标准。"Jorge Contrearas，"Fixing FRAND：A Pseudo-Pool Approach to Standards-Based Patent Licensing"，*Antitrust Law Journal*，Vol. 79，2013，footnote 74，p. 69.

能遵循市场定价。❶ 不过，这并不对司法判决中专利定价构成实质障碍。目前，法院一般根据 Georgia-Pacific（G-P）确定的 14 要素法确定专利费。❷ 与此同时，司法判决在援引大都使用了横向比较的定价方法，通过寻找一个现有的基准（benchmark）来判定争议的定价是否合理。❸ 从现有判决看，尽管法院一再表示并不寻求最低的比较标准，但各种比较大都指向并采纳了较低的基准。判决往往认定专利权人索取的专利费畸高，并作出较低专利许可费的判决。

此外，法院在分析中也不断明确专利费应该基于专利对标准的贡献这一观点。❹ 专利费应该基于专利对标准的贡献这一观点本身并不出奇，只是此前没有当事人能像微软那样把涉案标准化中的知识产权问题分析得那么透彻，从而使得法院能够采信并据此判决。有的法院则进一步适用了"分摊原则"（apportionment）这一传统的概念。❺ 在法院看来，适用"分摊原则"的理由再浅显不过。在爱立信诉 D-Link 案中，法官认为，"如同所有的专利一样，标准化中的知识产权问题许可费必须根据专利发明的价值分摊（apportioned）"。也许，法院会觉得奇怪，"分摊原则"早在百年前的案例中就有明确的裁定，为什么此前的判决不直接适用这一传统的概念。为此，法官在介绍了此前关于"分摊原则"的判决后强调，"这对标准专利尤其如此"。❻ 法院在 VirnetX v. Cisco 案中甚至指出，标准化中的知识产权相关纠纷中努力确认的以最小可销售单元为计费基础，只是迈向"分摊原则"的一步而已。❼

---

❶ Damien Geradin and Miguel Rato, "FRAND Committement and EC Competition Law", *European Competition Jounral*, Vol. 6, No. 1, 2009, at http：//papers. ssrn. com/sol3/papers. cfm? abstract_id=1527407. Last access 2015-05-02.

❷ Georgia-Pacific Corp. v. U. S. Plywood Corp. , 318 F. Supp. 1116, 1120（S. D. N. Y. 1970）, modified and aff'd, 446 F. 2d 295（2d Cir. 1971）, cert. denied, 404 U. S. 870（1971）.

❸ Microsoft Corp. v. Motorola, Inc. , No. 10-cv-1823（W. D. Wash.).

❹ Ericsson, Inc. v. D-Link Systems, Inc. （Fed. Cir. 2014).

❺ Ericsson, Inc. v. D-Link Systems, Inc. （Fed. Cir. 2014). VirnetX, Inc. v. Cisco Systems, Inc. （Fed. Cir. 2014).

❻ Ericsson, Inc. v. D-Link Systems, Inc. （Fed. Cir. 2014).

❼ VirnetX, Inc. v. Cisco Systems, Inc. （Fed. Cir. 2014).

三、对问题的继续探讨和建议

可以说，法院关于 FRAND 的判决，对于标准化中的知识产权问题的解决起到了推进作用。但是，如前所述，法院关于 FRAND 的上述判决引发了批评，而且，相关的判决正在上诉中。我们没有理由认为这些判决在上诉中会被彻底推翻，但上诉判决也不能无视批评者的意见。毕竟，FRAND 作为合同承诺，的确如批评者所指出的那样，当事人的意愿是否与法院判决一致，是个值得商榷的问题。标准化中的知识产权问题远非尘埃落定，相关的制度如专利法仍在改革过程中，反垄断法本身的价值取向、理论依据和执法实践在不长的历史上也曾有过不小的变化。❶尽管反垄断法与知识产权被认为协调统一于对创新的保护和福利的提高，但反垄断法与知识产权之间的关系到底在技术上如何处理，仍是一个复杂的问题。❷

基于以上考虑，本文拟在梳理 FRAND 相关判决的基础上，将对问题的探讨引向标准化中的知识产权问题相关的深层制度根源。❸

（一）标准化：对神秘世界的尽量还原

考虑到标准化的确在很大程度上是一个专属于工程师的神秘世界❹，关于相关复杂问题的讨论有必要首先对标准等基本问题做一个尽量的还原。❺

---

❶　Robert Bork 指出，尽管反垄断法目标为维护竞争，但何为竞争？在 19 世纪末和 20 世纪初期的平民党运动影响下，竞争更多可能被理解为保护中小企业。Robert Bork, *The Antitrust Paradox：A Policy at War with Itself*，The Free Press，1993，p. 427. 这显然和目前的保护竞争、而非保护竞争者的解释有本质区别。

❷　关于知识产权与反垄断关系的学术讨论，可参见 Herbert Hovenkamp, Mark D. Janis and Mark A. Lemley, *IP and Antitrust：An Analysis of Antitrust Principles Applied to Intellectual Property Law*，Wolters Kluwer Law & Business，2001. 安佰生："洛夏墨点：关于知识产权保护与竞争政策关系的讨论"，《经济理论与经济管理》2008 年第 2 期。相关政策可见 FTC/DOJ："Antitrust Guidelines for the Licensing of Intellectual Property,"　1995，at http：// www. justice. gov/atr/public/guidelines/0558. htm，last access 2015-05-04.

❸　基于解决标准化中的知识产权问题的考虑而对相关背景政策和法律的反思，参见安佰生. 标准化中的知识产权问题相关背景政策〔G〕//国家知识产权局条法司. 专利法研究 2013. 北京：知识产权出版社，2015.

❹　Bengt-Ake Lundvall, "Standards in An Innovative World", in 7. Richard Hawkins, Robin Mansell and Jim Skea eds, *Standards，Innovation and Competitiveness*，Edward Elgar，1995.

❺　应当承认，现实的标准化世界应该是更为复杂和多样。因此本文的"还原"只能是有限的。

标准的本质应该从产品的角度来看。如果一个厂家能够独立生产一个产品，就无需标准。专业化和分工导致合作成为一种必需，由此才产生了标准。工程概念上的标准应该是一种纯技术的交流，目的在于使单个公司无法单独完成的产品能够在一种合作的方式下实现。至于这种合作中的利益分配，则取决于公司之间技术、市场实力，乃至法律力量等现实问题。❶

标准本身意味着巨大的机会成本。技术发展初期，往往存在多个技术选择。但由于市场未必能容纳多个标准，标准为实现产品势必会对技术差异进行收敛。因此，标准具有很强的限制竞争的作用。❷ 至于市场对于标准的容量到底多大，标准对技术多样性的约束何时最佳，恐怕也不是一个经济学和法律能够预测并判决的问题。

关于标准化的以上表述，具有两个方面的政策含义。一是标准化作为一种联合本身受制于反垄断法，但由于该联合具有合理性和必要性，因此反垄断法一般给予这种私人部门之间的合作以豁免。二是标准化具有社会意义。标准化作为一种收敛多样性、实现产品的成本可接受性的联合，是社会生产的一种内在需求。而标准化过程由于势必要约束一些技术选项，只有保证该过程的完善，才能防止标准化被"锁定"（lock-in）在劣质技术上。

1. 标准化的反垄断豁免

反垄断给予标准化豁免，有时候是因为标准化作为一种公共行为而存在。❸ 比如，标准经常成为法律的组成部分。一般而言，标准成为法律

---

❶ 安佰生. WTO 与国家标准化战略 [M]. 北京：商务出版社，2005.

❷ 关于标准消除竞争作用的论述，BROADCOM CORPORATION, v. QUALCOMM IN-CORPORATED, UNITED STATES COURT OF APPEALS FOR THE THIRD CIRCUIT, No. 06-4292, June 28, 2007. （"[a] n absence of competition was the inevitable result of any standard-setting process…A standard, by definition, eliminates alternative technologies."）另见 Philippe Chappatte："FRAND Commitment-the Case for Antitrust Intervention"，*European Competition Journal*，Vol. 5，No. 2，Aug. 2009，pp. 323-324.

❸ 标准化是否构成公共行为，首先要取决于对"公""私"区分的理解。在美国的历史发展中，"公""私"最初被理解为"国家"和"个人"，在法律上则被区分为"公法"和"私人交易的法律"。与欧洲不同，标准化在美国一直被视为一种私人行为。但标准化自 19 世纪就被认识到具有"事实"（de facto）乃至"法定"（de jure）约束力的效果，"私人"和"公共"力量也越来越难以明确区分。如果硬性进行这种区分，将带来诸多混乱。Chritopher Sagers，"Antitrust Immunity and Standard Setting Organizations: A Case Study on the Public-Private Distinction"，*Cardozo Law Review*，Vol. 25. No. 4，2004，footnote 3，pp. 1393-1394. 其他国家和地区，如欧盟、中国，标准化更有可能被视为"公"的范畴。当然，即便在欧盟、中国，"公""私"的区分虽然与美国不同，但二者之间的界限也未必清晰。因此，在"公""私"区别下的标准化的反垄断豁免，还应具体分析。

需要经过一个被援引的过程，如欧盟的《新指令》。❶ 美国的自愿性标准经由行政法的程序可转化为法规。美国有的州政府如阿拉斯加州政府不仅直接规定某个协会的标准为州法律，甚至规定该法将随着标准的调整而随时调整。根据厄—本宁顿（Noerr-Bennington）或"请求豁免"（petition immunity）原则❷，标准化如果被视为一种为拟议的法律制定活动服务，可被视为向政府进行"请求"而给予反垄断法豁免。❸

反垄断给予标准化豁免，有时候是一般意义上的。作为一种社会经济活动无处不在的标准化，其存在是独立的，标准化的本意与法律制定可以没有任何关联。至于法律援引私人标准，则仅应被视为一个立法成本和技术问题，即政府立法为节省成本、提高立法的市场相关性。至于标准作为国内治理乃至为国际治理中的"软法"问题，只能说"软法"毕竟还不是"法"。❹ 因此，基于根据厄—本宁顿或"请求豁免"原则对标准化而言未必完全充分。因此，对于一般意义的标准化活动❺，美国一方面以法律的形式给予正面肯定，给予其与合资公私同样的待遇。❻ 另一方面，实践中如果担心标准化中的反垄断问题则一般适用合理原则，❼ 对

---

❶ Council Resolution 85/C 136/01 of 7 May 1985 on a new approach to technical harmonization and standards. http：//europa. eu/legislation_summaries/internal_market/single_market_for_goods/technical_harmonisation/l21001a_en. htm，last access 2015-09-20.

❷ 如果标准为州政府立法所需，则可由此基于 Midcal 原则获得豁免。Chritopher Sagers，"Antitrust Immunity and Standard Setting Organizations：A Case Study on the Public-Private Distinction"，*Cardozo Law Review*，Vol. 25. No. 4，2004，footnote 104，103. Parker v. Brown，317 U. S. 341，351（1943）.

❸ Chritopher Sagers，"Antitrust Immunity and Standard Setting Organizations：A Case Study on the Public-Private Distinction"，*Cardozo Law Review*，Vol. 25. No. 4，2004.

❹ Kenneth W. Abbott and Duncan Snidal："Hard and Soft Law in International Governance"，*International Organization* 54，3，Summer 2000，pp. 421-456.

❺ 由于"标准"的定义本身不清，标准化活动的性质及其反垄断法影响也存在差异。有些标准化组织被视为独立机构来表达其立场，如独立第三方的认证活动，Eliason Corp. v. Nat'l Sanitation Found. ，614 F. 2d 126，130（6th Cir. 1980）. Roofire Alarm Co. v. Royal Indem. Co. ，202 F. Supp. 166，169（E. D. Tenn. 1962）. Hatley v. Am. Quarter Horse Ass'n，552 F. 2d 646，653（5th Cir. 1977）. Marjorie Webster Junior Coll. v. Middle States Ass'n of Colls. and Secondary Schs. ，432 F. 2d 650，654-655（D. C. Cir. 1970）.

❻ 15 U. S. Code § 4302 -Rule of reason standard

❼ 美国在判决中曾明确指出应对标准化适用反垄断法的合理原则，参见 N. W. Wholesale Stationers，Inc. v. Pac. Stationery & Printing Co. ，472 U. S. 284，294-296（1985）.

标准作为一种联合导致的反垄断行为个案处理。❶

2. 标准化的公共利益内涵

标准化的公共利益内涵，一方面，可以从其作为社会活动的必需的角度理解。这一理解与反垄断对标准化的豁免具有相通之处。另一方面，标准化的公共利益内涵可以直接从标准化组织的社会定位理解。

通讯信息领域的标准化组织大抵有两种，一种是"正式"（formal）机构，如欧盟的通讯标准化学会（ETSI）。该机构与政府有各种关联，如根据政府文件成立、部分运行经费来自政府、其标准在法律上享有被援引协助监管的地位等。❷ 另外一种是纯私人的标准化组织。美国的标准化组织大都是纯私人的，这种纯私人标准化组织在欧盟也开始出现。对于纯私人标准化组织而言，传统的标准化组织运行经费主要来自会费和标准文本版税，如材料检测（如 ASTM）、防火等标准化组织，其经费和运行等与政府基本没有关联。❸ 还有一种标准化组织可以被称为标准联盟（consortia），如第三代移动通讯标准中欧盟企业主导的 3GPP 和美国企业（主要是高通）主导的 3GPP2。这些标准化组织是一种纯私人的企业联合，目的在于联合实现一种特定产品，以便投放到市场。联盟标准起码从初衷上看与公益无关只是一种商业实现和市场竞争的模式。至于联盟标准制定并广泛实施后导致的潜在公共利益问题则是另外一回事。

有的标准化组织以政府为潜在服务对象（之一），如 ETSI 这样的有政府背景的标准化组织，其本身就具有公共利益天然的联系。有的则符

---

❶ 实践中也的确存在利用标准化及认证排除竞争的情况。美国相关案例包括：Radiant Burners, Inc. v. People's Light & Coke Co. , 364 U.S. 656 (1961). Am. Soc'y of Mech. Eng'rs v. Hydrolevel Corp. , 456 U.S. 556 (1982). Allied Tube & Conduit Corp. v. Indian Head, Inc. , 486 U.S. 492 (1988). Wilk v. Am. Med. Ass'n, 895 F. 2d 352, 357-362 (7th Cir. 1990). cf Marjorie Webster, 432 F. 2d at 655. Cons. Mctal Prods. Inc. v. Am. Petroleum Inst. , 846 F. 2d 284, 291 n. 21 (5th Cir. 1988).

❷ 欧盟关于标准化的认识和政策的文献很多，可主要参见 EU Council Resolution of 28 October 1999 on the Role of Standardization in Europe (2000/C 141/01), *Official Journal of The European Communities*, 19. 5. 2000.

❸ U.S. Congress, Office of Technology Assessment, Global Standards: Building Blocks for the Future, TCT-512 (Washington, DC: U.S. Government Printing Office, March 1992). http: //www. strategicstandards. com/files/GlobalStandards. pdf, last access 2015-05-20.

合标准制定的有关要求，如公开、透明度、开放等，❶ 并因此有可能事后被法律援引，这种标准被法律援引后的公共利益影响（implication）也是比较明显的。如加州汽油清洁强制标准中含有 Unocal 公司专利，FTC 介入 Unocal 公司对该标准中的专利权的实施。Unocal 标准专利案在美国最高法院只能以专利权人的胜诉告终，但社会的反应是包括加州政府总检察长在内的社会公众的游行抗议，最终因为 Unocal 后来有关的并购请求必须经由 FTC 审批，FTC 才得以迫使 Unocal 在该专利问题上达成和解。

即便与强制标准无关，仅被视为人类生产生活的一种必要形式，标准化也具有社会活动意义上的合理性和必要性。这样也构成标准化、从而标准化中的知识产权政策的公共利益内涵。标准作为一种合作仍然是社会发展的一种必需。此时，标准化是一种必要的社会性合同。作为私人之间的契约，该合同不仅对当事人（标准化组织内的标准实施者和专利权人）有价值，对生产的上下游均有影响，甚至对社会发展和政府监管都具有影响。此时，标准化组织的一种联合和合同，即便是私人之间的，也已经超出了当事人之间合同的范畴而具有社会意义，从而具有潜在的公共利益内涵。在 Allied Tube v. Indian Head，Inc. 案中，美国最高法院指出："毫无疑问，这些［制定标准的——引者注］私人机构对公共利益作出了巨大贡献。"❷ 因此，法官即便未曾就标准化相关纠纷作出上述细致的分析，而是依据其认识和司法权能将标准化、标准化中的知识产权相关纠纷从公共利益、甚至公正（equity）的角度进行考量和裁定，如2008 年高通诉博通案，也并非完全不可。当然，我们在这里假定正当程序（due process）能够保证当事人有对法院提供相关说明的充分机会。

3. 标准化组织专利许可联合谈判的反垄断豁免

实践中，数量众多的专利权人与标准实施者的许可谈判，无论在标准制定过程中的事先谈判，还是标准实施过程中的事后谈判，总能带来诸多法律风险和成本问题。标准是一种天然的合作和"限制竞争"，那么

---

❶ 参见美国国家标准化学会（ASNIS）对标准化组织认定的要求，ANSI Essential Requirements：Due process requirements for American National Standards，at http：// publicaa. ansi. org/sites/apdl/Documents/Standards％20Activities/American％20National％20Standards/Procedures，％20Guides，％20and％20Forms/2015_ANSI_Essential_Requirements. pdf，last acess 2015-05-14. 另见世贸组织关于国际标准制定的六项基本原则要求。

❷ Allied Tube v. Indian Head，Inc. 486 U. S. 492（1988）.

一旦标准制定完成后，专利权人事后劫持标准，将可能带来的后果，包括给予专利权人更多可能性获取市场主导地位并滥用其专利权导致的反垄断问题，以及社会公共利益问题。这样一来，如果反垄断机构未能给予标准化活动中联合谈判专利许可的豁免，那么就势必需要对滥用标准化中的知识产权问题进行严格的反垄断执法。因此，即便从减轻反垄断机构压力的角度出发，给予标准化活动中联合谈判专利许可豁免，也是一个值得考虑的选项。如果反垄断机构无力从这个角度给予标准化组织豁免的话，由立法机构立法如同此前立法给予标准化反垄断豁免那样，对标准化组织联合谈判专利许可以反垄断豁免也是一个可以考虑的选择。❶

4. 对标准化组织积极探索的鼓励和期待

尽管本文尽量对标准化"还原"，但标准世界的"神秘性"仍然难说得到破解。同时，不同商业模式下的公司基于其具体的商业战略参与并主导了通讯信息等领域的标准，使标准问题更加复杂。标准和专利（及专利）对面临强大竞争压力的商业公司而言更多是竞争手段，而未必是政策意义上的公平竞争。为此，更多申请专利、建立战略联盟、积极应对诉讼等对于很多企业来说也许是最为迫切和现实的选择。至于完善和平衡的标准化中的知识产权政策，一般的商业公司未必愿意并有能力进行大量的投入。政策制定者一方面需要提出政策的基础文本，另一方面则需要通过产业界的认同使其政策文本获得合法性。当政策制定者无法从产业界获得、有效的政策建议时，让问题"发酵"、允许相关方探索应该是一个务实和必要的选择。

前文已述，针对标准化中的知识产权问题，标准化组织作出了积极的努力。同时，标准化组织也承受来自各方面的压力。首先，尽管反垄断机构鼓励标准化组织进行大胆的探索，但并不擅长反垄断法的标准化组织仍然面临专利联合谈判的反垄断风险。其次，作为标准化组织的专利权人，不时因标准化组织专利政策调整中对专利权人施加更严"披露"要求等动议，而对标准化组织提起申诉，甚至退出标准化组织。对于作为私人机构的标准化组织，这些都不能说是一种可以忽略的压力。

本文提出对标准化组织内联合许可谈判反垄断豁免的建议。实践中，

---

❶ Jorge Contrearas, "Fixing FRAND: A Pseudo-Pool Approach to Standards-Based Patent Licensing", *Antitrust Law Journal*, Vol. 79, 2013, p. 93.

有些标准化组织制定了免费许可（如 W3C）或者缺省许可（如 AVS）的规定。这些做法从理论上看都有限制竞争的可能，但并未遭遇反垄断机构的质疑和挑战。因此，这应该是标准化组织可以大胆探索的一个方向。与此同时，我们也清醒地认识到，在面对压力的情况下，标准化组织在该方面的进展也许仍需要时日和时机。与此同时，也有评论者建议，标准化组织在未获得联合许可谈判的反垄断豁免之前，不妨彻底避开专利❶，而专注于其擅长的技术事项。

当然，以上建议仅具有参考性。考虑到对标准化世界认识的局限，本文主要还是希望标准化组织在当前的局势下，进行更为创造性的开拓和探索。

（二）相关制度反思和政策建议

美国法院基于对 FRAND 这一合同的裁定，对于问题的解决确有积极意义。不过，法院的判决在实践中未必可行，或者对于一些国家、对于很多公司而言也许会因成本太高而不可行。比如，专利定价问题，无论从成本的角度，还是从横向比较的角度考虑，都是需要进行大量的投入。无论是法院还是竞争机构对"过高价格"的界定和判决都将是谨慎的，因为其中不仅存在诸多实际困难，而且也可能使判决者本身深陷其中。❷ 在国际场合，相关判决和执法也难免受到诸多因素的影响。对于一些中小发展中国家而言，能否承受、处理好这些因素的影响，也是一个很大的挑战，有时候甚至可能是政治挑战。

这些法律和现实的困难迫使我们对法院对 FRAND 的判决从制度根源及其国际背景的角度，做一个尽量全面、深入的分析。关于这些制度的认识长期以来充满争议，❸ 我们不能指望这些制度在短时间内得到根本

---

❶　参见 Michele K. Herman，"Negotiating Standards-Related Patent Licenses：How the Deal Is Done"，Part I，LANDSLIDE，Sept.-Oct. 2010，at 35，38-39. 转引自 Jorge Contrearas，"Fixing FRAND：A Pseudo-Pool Approach to Standards-Based Patent Licensing"，*Antitrust Law Journal*，Vol. 79，2013，pp. 65-6.

❷　Emil Paulis，"Article 82 EC and exploitative conduct"，paper prepared for the workshop A Reformed Approach to Article 82 EC，European University Institute，Florence，8-9 June 2007，at http：//www. eui. eu/Documents/RSCAS/Research/Competition/2007ws/200709-COMPed-Paulis. pdf，last access 2015-05-05.

❸　除了对现行制度的反思和批评外，也有评论从标准化中的知识产权解决方案的角度认为，目前的制度没有证据证明需要在法律层面进行大的调整。参见 Richard Epstein，F. Scott Kieff and Daniel F. Spulber，"The FTC，IP，and SSOs：Government Hold-up Replacing Private Coordination"，*Journal of Competition Law and Economics*，Vol. 8，No. 1，2012.

改善，本文也无意探讨这些争议。但关注这些制度对于进一步探寻标准化中的知识产权问题是必要的，即便短时间内无法通过制度的根本变革解决问题，起码在相关执法和判决时，对相关制度和国际背景有一个更好的理解是有益的。

1. 专利法改革

关于专利制度依据问题，学界存在争议。❶ 但这种争议似乎为专利制度建设并没有产生实质性的影响。在对私人创新刺激机制的寻求合理化（justification）过程中，各种理论粉墨登场。自然权利、劳动价值论从一般原则上授予私人研发成果的私人权利保护提供基本的理论支持，但却面临明晰界定操作层面专利法意义上的权利边界界定等问题。工具主义的、作为私人创新激励的专利法也面临类似的问题。从公共政策的角度看，当市场缺乏对创新的私人投资时，政策应进行干预，以便使私人投资的最大收益与社会最大收益相吻合。这种说法虽然具有理论上的指导意义，但实践中缺乏可操作性，因为投资收益最大化的界定并非易事。

从现实的角度说，我们关注的问题在于，专利权利边界的确定带有

---

❶ Robert Merges 一方面承认，他没有关于知识产权制度能使得人类更加美好（better off）的有效证据，但他对该制度的信念却与日俱增。Robert Mgerges, Justifying Intellectual Property, Harvard University Press, 2011, p. 3. "Try as I might, I simply cannot justify our current IP system on the basis of variable data showing that people are better off with IP law than they would be without it. …This is a truth I avoided over the years, sometimes more subtly (for example, heavily weighing the inconclusive positive data, showing IP law is necessary and efficient, discounting inconclusive data on the other side), and sometimes less so (ignoring the data altogether, or pretending that more solid data were just around the corner). But try as I might, there was a truth I could never quite get around: the data are maddeningly inconclusive. In my opinion, they support a fairly solid case in favor of IP protection— but not a lock-solid, airtight case, a case we can confidently take to an unbiased jury of hardheaded social scientists. … And yet, through all the doubts over empirical proof, my faith in the necessity and importance of IP law has only grown". Mark Lemley 认为，现有的证据无法证明 IP 制度的合理性，而大部分学者则越来越多地在无法获得有效证据的情况下，将该制度作为一种"信仰"予以合理化。Mark Lemley, "Faith-Based Intellectual Property", (March 30, 2015). Stanford Public Law Working Paper No. 2587297. Available at SSRN: http://ssrn.com/abstract=2587297 or http://dx.doi.org/10.2139/ssrn.2587297, last access 2015-05-23. "But what evidence we have doesn't justify IP rights. Rather than following the evidence and questioning strong IP rights, more and more scholars have begun to retreat from evidence toward what I call faith-based IP, justifying IP as a moral end in itself rather than on the basis of how it affects the world. I argue that these moral claims are ultimately unpersuasive and a step backward in a rational society." 关于更多关于知识产权制度合理性争议的文献，可参见安佰生. 洛夏墨点：关于知识产权保护制度与竞争政策关系的争论 [J]. 经济理论与经济管理，2008 (2).

政府干预痕迹：专利审查标准（三性）、专利保护强度（长度、宽度和侵权救济力度）等。这样一来，专利制度容易沦为一种基于利益集团游说的（贸易）政策工具。❶ 为此，本文关注的主要问题是如何优化专利制度，使其更好地实现保护和激励创新的立法目标。

美国 1980 年以来的知识产高权政策几乎就面临质疑。美国国内有文献认为，1980 年的专利法改革无论从目的、手段和效果上都背离了专利法的初衷。❷ 以美国加强全球范围内知识产权保护水平为目的的国际谈判 TRIPS 和后来的"TRIPS 加"（TRIPS plus）被认为有助于维持美国的国际竞争力，❸ 即便不考虑学者对美国这一做法的国际影响，❹ 单从对美国自身的影响说，国内和国际专利高保护政策似乎已经开始对美国国内造成负面影响。当最终被作为受宪法保护的私权有一半是无效的，而"专利流氓"则针对美国公司（且不说其对美国以外的公司）大举侵权诉讼、横刀割肉时，美国国内已经走向反思专利制度的方向。❺ 当然，专利保护的"政治正确"依然是一把利剑，所以美国国内对专利批评和国会专利法改革，目前只限于争议较小的内容，如专利质量、保护强度和专利诉讼等。❻

---

❶ Mark Lemley 甚至认为知识产权是一种规制工具。参见 Mark Lemley，"Faith-Based Intellectual Property"，（March 30，2015）. Stanford Public Law Working Paper No. 2587297. Available at SSRN：http：//ssrn. com/abstract ＝ 2587297 or http：//dx. doi. org/10. 2139/ssrn. 2587297，last access 2015-05-23.

❷ 亚当・杰夫，乔希・勒纳. 创新及其不满：专利体系对创新与进步的危害及对策［M］. 罗建平，兰花，译. 北京：中国人民大学出版社，2007. 相关文献另见安佰生. 洛夏墨点：关于知识产权保护制度与竞争政策关系的争论［J］. 经济理论与经济管理，2008（2）.

❸ F. M. Scherer，"The Political Economy of Patent Policy Reform in the United States"，*Journal of Telecomm and Hich Tech Law*，Vol. 7，2009，pp. 167-216.

❹ 国外关于知识产权保护制度对不同国家经济发展影响的文献可参见许春明、单晓光. 知识产权制度与经济发展之关系探析——兼论我国知识产权战略的背景和原则［J］. 科技与法律 2006（4）.

❺ Mark Lemley and Carl Shapiro，"Probabilistic Patents"，*Journal of Economics Perspectives*，Vol. 19，No. 2，2005.

❻ 美国学术界对专利制度的边际改革似乎已经没有太大分歧。除 Carl Shapiro 等的呼吁外，Damein Geradin，Anne Layne-Farrar and A. Jorge Padilla 也认为，在应对标准中的专利问题上，专利改革可能最有帮助。Damein Geradin，Anne Layne-Farrar and A. Jorge Padilla，"The Complements Problem within Standard Setting：Assessing the Evidence of Royalty Stacking"，*Boston University Journal of Science and Technology Law*，Vol. 1，2008，p. 176.

2. 反垄断法探源

反垄断法在很大程度上是市场自由主义的一种政治性校准工具。❶ 当工业革命滚滚向前、农民利益被迫让路时，反垄断法用以解救农民的困境。当工业资本经济走向正规，反垄断法根据经济学和总统的政治选择，对市场以反垄断法的法律名义进行调整。这样一来，反垄断法作为一种法律，更多是一种反垄断的表现形式和实践工具。这一法律工具通过其内在的灵活性，来容纳、实施不同时期面对不同问题提出的不同解决方案。反垄断法通过其内在的灵活性，让钟摆在左右摆动中寻求一种平衡，以免市场运行超出边界，带来动荡。

1960 年，美国反垄断法对专利制度曾经大行其道，即便针对强制许可也毫不手软。❷ 1980 年，美国专利高保护的政治和政策走向，使得反垄断法被打入冷宫，不仅 CAFC 大力支持专利保护使得反垄断法不敢"肆意妄为"，而且美国国会干脆立法制止对专利实施强制许可。❸ 而今，知识产权法和反垄断法之间的复杂和敏感关系，摆在反垄断法面前。也许这是一个深入探索标准化中的知识产权问题的好时机。当然，抓住这个机会，并不是意味着单纯地利用反垄断法对专利权大开杀戒。❹

3. 政策建议：固化 FRAND 判决成果

标准化中的知识产权问题涉及诸多复杂问题，我们无法期望在短时间内寻找到彻底、有效的解决方案。下一步，在寻求解决方案的过程中，❺ 我

---

❶ William Kovacic，"Politics and Partisanship in U. S. Federal Antitrust Enforcement"，*Antitrust Law Journal*，Vol. 79，2014，pp. 687-711. Robert Pitofsky，"The Political Content of Antitrust"，*University of Pennsylvania Law Review*，Vol. 127，1979.

❷ Jorge L Contreras，"A Brief History of FRAND"，(January 15，2015). *Antitrust Law Journal*，Forthcoming；American University，WCL Research Paper No. 2014-2018. Available at SSRN：http：//ssrn. com/abstract＝2374983 or http：//dx. doi. org/10. 2139/ssrn. 2374983.

❸ 35 U. S. Code § 271 -Infringement of patent.

❹ 关于 20 世纪中期以后对反垄断法对专利权执法过度的批评，参见 Richard Epstein，F. Scott Kieff and Daniel F. Spulber，"The FTC，IP，and SSOs：Government Hold-up Replacing Private Coordination"，*Journal of Competition Law and Economics*，Vol. 8，No. 1，2012.

❺ 仲裁也被认为是解决 FRAND 问题的一个方案。FRAND 仲裁问题尽管为诸多方接受，有些标准化组织也将此作为一个解决方案，但实践中鲜有付诸仲裁的。关于专利本身的仲裁也经历了一个从基于公共利益考虑被认为不适合通过仲裁解决专利有效性和是否构成侵权的纠纷（可以仲裁许可费）到全面接受的曲折过程。今后标准化中的知识产权问题是否能适用仲裁仍需观察。参见 Jorge L. Contreras and David L. Newman："Developing a Framework for Arbitrating Standards-Essential Patent Disputes"，*Journal of Dispute Resolution*，Vol. 1，2014.

们首先应该考虑固化法院关于 FRAND 的判决为具体的政策。

法院关于 FRAND 的裁决，如 FRAND 与禁令的关系、专利费计算基础等作为合同本身也许并不存在，但就内容本身而言，并无太多争议。尽管这些判决仍未必完全尘埃落定，但总体方向应该不会逆转。为此，我们可以积极考虑在梳理现有 FRAND 判决的情况下，尽力将其固化为反垄断指南等形式的政策。

考虑到这些判决在不同国家的不同影响和意义，建议各国将这些司法判决转化为制定法也未必成熟。为此，本文使用了"固化"这一宽泛的概念，以便各国基于自身国内治理的传统和特征，选择落实 FRAND 判决的具体方式和路径。

欧盟反垄断法项下固化 FRAND 承诺的可能性是很大的。在欧盟，统一市场建设由于具有政治重要性。统一市场背景下的标准化及其专利政策，将在反垄断法及其他政策保驾护航下稳步推进。[1] 此外，反垄断作为一种适合政治锻造的法律和政策，基于其特定的治理环境（强势政府、偏向消费者而不是企业等），在欧盟相对其他国家和地区更容易被充实和实质化。既然此前欧盟反垄断相关指令和指南已经将标准化详尽地纳入其中，那么他们将现有 FRAND 判决固化至其反垄断政策也不会是意外。[2]

中国尽管传统上被认为更接近欧盟的模式，但中国独特的市场与政府关系互动性，以及企业之间的关系，或将使包括标准化中的知识产权问题在内的标准治理，更多地走向类美国化。不过，不排除中国的类美国化源于政府放开后企业竞争的乱象。因此，中国从国内治理的角度讲，也具有解决标准化中的知识产权问题的迫切性。如中国意欲从政策角度解决该问题，在反垄断法或/和专利法框架下纳入 FRAND 固化成果，不

---

[1] Philippe Chappatte："FRAND Commitment-the Case for Antitrust Intervention"，*European Competition Journal*，Vol. 5，No. 2，Aug. 2009，p. 331，pp. 333-334.

[2] 如在 case 322/81 NV Nederlandsche Banden-Industrie Michelin v. Commission［1983］ECR 3461，57 中，法院明确判决一旦专利技术进入标准，专利权人则负有"不使其行为影响真正的未扭曲的竞争的特定的责任。"关于标准化中的知识产权问题相关的串谋、单边行为的欧盟反垄断适用，以及政策干预的分析，参见 Philippe Chappatte："FRAND Commitment-the Case for Antitrust Intervention"，*European Competition Journal*，Vol. 5，No. 2，Aug. 2009，pp. 332-335. EC，Competition policy brief，Standard-essential patents，at http：//ec. europa. eu/competition/publications/cpb/2014/008_en. pdf，last access 2015-05-05.

失为一个可落地的政策选择。其中，拟议的反垄断指南、专利法修改、《国家标准涉及专利管理规定（暂行）》或其修订版等，均不失为固化 FRAND 判决成果、维护公平竞争的政策框架。

在美国，固化 FRAND 判决也许并不是首要任务，因为私人治理和司法更有可能持续成为标准化中的知识产权问题探索的主导力量。❶ 美国专利法改革的前途短时间内仍难以乐观，但仍令人期待。法院将持续承担调整专利法等政策风向的主要任务。反垄断机构在关于标准化中的知识产权问题相关的"事实"（facts）以及政策"探路"等方面仍可借助其专业技能发挥作用。尽管面临各方压力，但我们仍有理由期待作为私人机构的美国标准化组织发挥更大的创造性，一方面如燎原的星星之火将 FRAND 判决推广并落实到其专利政策中，另一方面创造性提出新的建议。

四、小　结

与十年前中国在 WTO 内提出标准化中的知识产权问题相比，这个问题在今天无论对于美国还是中国更是一个国内问题。知识产权保护已经成为中国企业自身的积极诉求，标准必要专利滥用规制如不能实现专利保护和滥用规制之间的平衡，将引起国内专利权人的质疑。因此，尽管贸易语境下，标准化中的知识产权问题依然敏感❷，但全球化条件下，加强该问题国际交流的迫切性日强。❸ 历经十年，中美之间在该问题上从对峙已经开始走向合作。2006 年，中美在 WTO 内就标准化中的知识产权问题可以说剑拔弩张、互不相让。2007～2013 年，中美逐步就在亚太经

---

❶　对于 FTC 积极的规制式干预，美国学界还是有评论基于对私人治理的偏好、担心降低专利侵权的成本等提出了批评和警告。而标准化组织的私人治理、包括发挥其促进竞争的潜能则依然被寄于期望。参见 Richard Epstein, F. Scott Kieff and Daniel F. Spulber, "The FTC, IP, and SSOs: Government Hold up Replacing Private Coordination", *Journal of Competition Law and Economics*, Vol. 8, No. 1, 2012.

❷　如中国标准委的政策被美国评论认为对专利权人存在歧视。参见 Keith Maskus and Stephen A. Merrill, eds, *Patent Challenges for Standard-Setting in the Global Economy: Lessons from Information and Communication Technology*, National Academy of Sciences, 2013, p. 12.

❸　Maskus and Stephen A. Merrill, eds, *Patent Challenges for Standard-Setting in the Global Economy: Lessons from Information and Communication Technology*, National Academy of Sciences, 2013, p. 23.

济合作组织（APEC）内联合举办一个以信息交流为目的的研讨达成了共识。2014 年中美商贸联委会已经将标准与专利作为一个继续讨论的议题。当前是中美各自进行积极的国内探索，并加强国际交流的良好时机。与此同时，欧盟及其成员国在不断深化对该问题的研究和国际交流，日本、韩国、印度等也有越来越多的案例。可以说，目前的国际环境有利于深化对标准化中的知识产权问题的探索。

为做好国内讨论和国际交流，在机制上，希望国内企业更加积极和富有建设性地参与相关讨论，毕竟标准化中的知识产权问题基于企业的商业实践，也建议相关部门提供更多的讨论平台。在具体内容上，建议国内借鉴美国的有关研究❶，在深化对专利制度实证和理论研究的基础上，继续推进国内专利法改革，加强中美专利法改革交流。标准治理与标准化中的知识产权问题密切相关。同时，应该看到，标准治理和标准化中的知识产权问题是两个不同的问题：后者更注重经济利益，而前者则与社会规制以及深层次的治理文化、政治传统相关。❷ 中国国内标准化管理改革❸，以及团体标准将对标准化中的知识产权问题产生何种影响、国内公共和私人部门的建设性探索等均是应密切关注的问题。就反垄断法而言，富有智慧和胆识的政策和执法是让人期待的。其间，良好的透明度等程序性安排不仅是一种必要，也是推进问题探索和解决的手段。

---

❶ 耶鲁大学等对公司研发部门负责人的调研文献等可参见安佰生：洛夏墨点：关于知识产权保护与竞争政策关系的讨论 [J]. 经济理论与经济管理，2008（2）.

❷ An Baisheng："The Global Governance of Standardization：The Challenges of Convergence"，RCCPB Working Paper #32，Indiana University，November 2012，at http：//www.indiana.edu/~rccpb/pdf/An_RCCPB_32_Standards_Nov_2012.pdf，last access 2015-05-19.

❸ 国务院关于印发《深化标准化工作改革方案》的通知（国发〔2015〕13 号），http：//www.gov.cn/zhengce/content/2015-03/26/content_9557.htm，最近访问 2015 年 5 月 20 日。

侵犯专利权之非法获利赔偿责任再审视

陈　瑜[❶]

摘　要

　　本文指出了侵犯专利权之非法获利赔偿责任在理论上和制度上存在的问题，分析了关于非法获利赔偿责任请求权基础的不同观点，指出请求权理论基础分析必须具有体系的自洽性和逻辑的周延性，建议明确非法获利赔偿责任的功能定位，将其与专利法的政策考量相结合，在确定赔偿责任时不再强制规定赔偿方式的适用顺序并考虑权利人的实施情况与侵权人的主观过错等因素。

关键词

　　专利权　赔偿　主观过错

---

　　❶　作者单位：西南政法大学。

实践中，侵权人因侵犯专利权而获取利益的现象比较常见，因此，许多国家的专利立法或司法均确立了侵权人的非法获利赔偿责任。我国以及德国、日本、韩国等国家将侵权人的非法获利作为确定侵权赔偿数额的基本方式之一或者将其推定为权利人受到的损失。[1]但由于专利贡献分摊率计算上的困难，美国在 1946 年修改专利法时废除了非法获利救济方式。❶ 非法获利赔偿责任操作上的难题以及各国存废不一的做法使得有必要对其法理基础和存在的合理性进行反思。随着侵权行为的多样性和侵权法的不断发展，对受益型侵权的研究也渐趋深入，这从民法视角为研究专利法上的非法获利赔偿责任提供了基础和平台。知识产权是受益型侵权比较典型的领域，因此，本文通过对非法获利赔偿请求权基础的探讨，论证其对于侵犯专利权损害赔偿制度构建的意义以及对侵犯专利权赔偿责任具体规则设计的影响。

一、关于侵犯专利权之非法获利赔偿责任 理论和制度中的主要问题

（一）对受益型侵权请求权基础认识不统一

受益型侵权是从侵权效果而非侵权行为角度对侵权类型进行划分的。受益型侵权是侵权的一种类型，但是却因侵权人获得了非法利益从而与不当得利有了紧密的联系。因此，有学者指出，侵权法作为一种外在的因素始终伴随着不当得利法发展的全过程，而反之亦然；两者呈现出彼此影响、相互制约的复杂关系。[2][3]因此，对于受益型侵权请求权基础的探讨主要集中在侵权损害赔偿请求权与不当得利请求权孰是孰非的争议上。关于非法获利请求权基础的认识有三种观点：第一种观点认为，非法获利赔偿责任中的"损害"与不当得利中的"损害"、非法获利赔偿责任的"获利"与不当得利的"得利返还"存在区别，因此其并非建立在不当得利请求权之上，而仍然建立在侵权损害赔偿请求权之上。❷ 第二种

---

❶ 参见和育东. 美国专利侵权救济制度研究［D］. 北京：中国政法大学，2008. 另《美国专利法》（知识产权出版社 2011 年版）一书中在侵权救济的损害赔偿中也未有关于非法获利赔偿责任的内容。

❷ 该观点源自《受益型侵权研究》国家社科课题申报书。

观点认为，德国民法上不当得利制度较为发达，在处理侵权并获利时采取侵权损害赔偿与不当得利请求权并行的方式，基于我国民法理念继受德国民法的传统，在我国侵权立法中引入德国民法拓展损害概念之方式来体现不当得利返还请求权的法律理念无疑更为妥当。第三种观点认为，损害赔偿请求权遵循填平原则，而侵权人获利有可能远远超出受害人实际损失，这将导致损害赔偿的预防功能落空；同时侵权人"获利"与侵权损害中的"损害"、不当得利中的"得利"存在差别，因此，其请求权基础既不是损害赔偿请求权也不是不当得利请求权，而是一种独立的"利润剥夺"请求权。[4]以上观点各有道理，然而均忽视了两个问题：即请求权基础理论体系的自洽性和论证请求权基础的制度意义。请求权基础必须在现有理论框架和法律体系中进行考虑，必须与整个民法理论和法律体系相协调，体现逻辑自洽性和制度的周延性。此外，请求权基础的探讨对于非法救济规则的存废和运用密切相关，如果将其理解为侵权损害赔偿请求权，将非法获利赔偿视为损害救济的一种方式，那么，美国取消这一责任方式就可以看作是基于价值衡量、政策导向以及技术可行性的一种无可非议的做法，其废除非法获利赔偿救济的原因因其将非法获利赔偿作为衡平法上的救济方式而无制度上的冲突；而如果将其基础理解为不当得利请求权或其他独立请求权，那么这种请求权在制度上的存在是不能被剥夺的。因此，对请求权基础的讨论不仅是一个纯粹的理论问题，也是一个事关当事人利益诉求的实践问题。

（二）对非法获利赔偿责任的功能定位不明确

1. 非法获利赔偿责任在侵权救济中的定位不明

侵权法的功能经历了一个从单一功能说到双重功能说、到多重功能说逐渐演变的过程。单一功能说认为侵权法的功能在于对受害人的赔偿，依照侵权法的性质，保护受害人的合法权益和使侵害人对受害人作出充分合理的赔偿是侵权法的唯一功能；双重功能说，认为侵权责任法的功能表现在两方面：填补损害（即补偿功能）和预防损害；[5]三功能说认为侵权法的功能在于惩罚、遏制和预防、补偿；[6]四功能说认为侵权责任法的功能包括：对受害人权益的补偿、对社会利益的平衡、对侵权行为人和公众的警戒以及对社会道德的维护。[7]我国《侵权责任法》明确了三大功能，即保护民事权益、预防侵权行为和制裁侵权行为。而具体的侵权责任形式也与侵权法功能一一对应：损害赔偿救济和恢复原状是补偿功能的体现，损害赔偿应坚持损益相抵原则，其意指损害赔偿，旨在填补损害，故赔偿应与损害大小相一致，不可少亦不可多。消除危险和停止侵害是预防功能的体现，而惩罚性赔偿则是惩罚功能的体现。对权利人实际损失的赔偿体现了补偿原则，特定的惩罚赔偿条款体现了惩罚原则。具体到专利损害赔偿而言，多数学者认为，大陆法系国家和我国采用的是补偿原则。从法律规则的表述上看，我国规定权利人实际损失难以确定的，可以按照侵权人因侵权所获得的利益确定。日本专利法则明确将侵权人的获利推定为权利人损失。无论是将其作为损失确定的方式还是直接推定为损失，其均是以权利人的实际损失作为规制重心。然而非法获利赔偿作为赔偿方式的一种，由于侵权人的非法获利与权利人的实际损失往往并不相同，如果适用非法获利赔偿规则，权利人的获利有可能会超过其实际损失，这使得非法获利赔偿责任超出了补偿原则的范围。对于实际赔偿效果与补偿原则的背离，理论学说未见深入探讨，制度规则也未作出明确的解释。有学者指出，在我国，虽然缺乏充分的论证，通说认为知识产权领域的非法获利赔偿不是惩罚性赔偿。[8]但其坦言，这一"通说"未经充分论证，故其"通说"地位值得怀疑。

2. 非法获利赔偿责任与专利法政策倾向脱节

专利权是财产权，同时也是承载着促进社会进步、维护公众利益等价值目标的财产权。专利制度赋予专利权人以相应的专属财产权，并非是要创造一个隔绝公众使用的绝对垄断权，相反，其鼓励专利技术的实施和传播。按照搭便车理论，知识产权的作用在于防止因其客体的公共物品属性而招致他人搭便车从而使创造者丧失创造的动力。在莱姆利教授看来，按照传统理论，交出非法所得是与搭便车联系最明显的一种救济方法。然而财产所有人无权获得其财产的全部社会价值。我们不允许生产者获得其产出的全部社会价值，我们甚至也不允许不动产所有者将其财产的全部正外部性内部化。在市场经济中，我们只关心生产者能够得到足够的回报以弥补其成本，包括合理的利润。[9]从经济效率予以考虑，如果非权利人实施他人专利权，客观上增加了社会财富总量，那么是否有必要将其价值全部归属于专利权人，这对其他社会公众施加的成本是否过大？权利人享有利益的边界究竟划在哪里合适？而正是因为存在实际损失难以计算这一前提，非法获利赔偿责任给司法的利益权衡和政策考量留下了一定空间，如何赔偿、赔偿多少有待法官在具体案件中酌情进行自由裁量。美国取消了衡平法上的非法获利赔偿责任，除了专利技术贡献分摊原则难以操作外，还在某种程度上体现了一定专利保护水平基础上的政策考量。虽然美国的做法较为激进，但是其理论的自洽性和制度的灵活性也给予采取不同专利立法模式的其他国家一种启示：必须从忽视非法获利赔偿责任与政策考量脱节的盲区中走出，看到运用非法获利赔偿责任进行利益权衡、政策考量的积极作用。

（三）非法获利赔偿规则设计有失牵强

大多数国家在侵犯专利权案件中对权利人给予非法获利赔偿救济，通过对其法条规定进行解读，可以在一定程度上洞见其立法倾向和理论基础。我国《专利法》第65条第1款规定了确定损害赔偿数额的顺序和方式，即首先按照权利人受到的实际损失来确定赔偿数额，在权利人的实际损失难以确定的情况下，按照侵权人获得的利益进行赔偿。日本专利法第102条规定：专利权人或专用实施权人对于因故意或过失而侵害自己的专利权或专用实施权的人，当请求因其侵害自己权利提出损害赔偿时，有关人员因其侵害行为而得到利益时，其所获利益的金额，推定为专利权人或专用实施权人所受损害的金额。法国专利法没有对损害赔偿计算方式作出明确的规定，在审判实践中主要是参照法国民法典第1149条的规定：对债权人的损害赔偿，除下述例外和限制外，一般应包括债权人所受现实的损害和所失可获行的利益。而非法获利赔偿规则则依据案例确定。德国的专利法对专利侵权损害赔偿额计算的规定很简单，德国专利法第139条第2项规定了计算权利人损失的三种方式：即"所失利润""非法获利"和"许可费"。在英国和加拿大等英美法系国家以侵权人所获利益为依据对权利人进行补偿，是一种衡平法上的救济手段。由此看来，侵权法较为发达的法国，在专利立法中的非法获利规则尚属空白，其立场只能从民法规定和司法判例中推知。日本的做法则是将非法获利推定为权利人损失，其立法目的更多地出于减轻权利人举证责任的考量，但是这一推定却偏离了损害赔偿救济的本来意义。德国则是将非法获利作为损失的计算方式，但具体适用却语焉不详。我国是在权利人损失难以计算的情况下，将非法获利作为替代补充的计算方式，也在

31

一定程度上反映了将非法获利作为权利人实际损失的观点，与德国、日本不同的是其适用顺序是在权利人实际损失之后。可见，在一定程度上，各国专利法对于非法获利赔偿责任的确立出于对克服司法实践中举证困难的权宜之计，而非基于对非法获利赔偿责任性质的准确定位和对其请求权基础的正确认识，而这一权宜之计由于缺乏充分的学理依据，则难免使规则设计有失牵强。

二、对非法获利赔偿责任请求权性质的再认识

（一）从制度构成要件角度

1. 侵权损害赔偿请求权之构成要件

侵权行为法之主要目的，在于使受害人所受的损害能获得填补。[10]有学说将其称之为填补功能、补偿功能或者复原功能。复原之功能，在于使被害人重新处于如同损害事故未曾发生时之处境。[11]因此，损害事实是传统侵权法损害赔偿责任成立的必备要件。传统侵权法关注的是受害人的状态而非侵害人的状态。但是，对于侵犯专利权而言，侵害人财产状态的改变比受害人更为明显，而受害人的损失却常常难以证明，原告主张损害赔偿责任的成立并提出相应赔偿数额确定，必须就被告的过错及损害事实与行为的因果关系进行举证。然而，侵权人未经许可而实施专利给专利权人造成的损失是一个非常难以确定的问题，权利人收益的减少，市场份额和销售价格的减少以及未来所获取收益机会的丧失受多种复杂因素的影响，正是基于此，法律才将侵权人的获利拟制（推定）为权利人的损失或者将其作为计算权利人损失的一种方式。这一拟制，是在突破传统侵权法损害事实这一构成要件上进行的，由于实际上权利人损失与侵权人获利并不相同，这就与传统侵权法的填补功能、填平原则发生了冲突，而仅仅以举证责任便利作为其理由则略显单薄；在英美法系中，不当得利制度不发达，侵权法采取实用主义原则，关注责任方式和对权利人的救济而不关注具体的请求权基础，其基于权利人损失和基于侵权人获益的赔偿均统辖于侵权法的救济方式之中，然而，前者遵循普通法上的填平原则，后者则是衡平法上的救济方式，带有一定惩罚性。英美法系将非法获利赔偿责任作为侵权救济的一种方式，是基于衡平法

公平正义之理念，而并非基于操作上权宜之计的考虑。因此，侵权法上的拟制或推定，必须基于对权利人与侵权人之间静态利益平衡和权利人与社会公众之间的动态的利益平衡进行充分的考量，其理论基础才会更加成熟。换言之，即便是将非法获利拟制为损失，理由也应从价值导向出发而非局限于操作性与便利性的视角。

2. 不当得利请求权之构成要件

任何人不得从其不法行为中获益是不当得利制度的理论根基和制度出发点。不当得利法的功能，即在于就此不应保留的利得，给予受损毁之他方债法上的请求权。[12]关于不当得利的构成要件，通说认为有以下几种：一方获利、另一方受损、获利与受损之间有因果关系、获利系无法律上原因。不当得利制度的核心在于一方获利与另一方损失之间有因果关系。由于对损失内涵和因果关系认识上存在差异，对于获利人返还的范围存在不同的观点：一种观点认为专利权人本享有对专利的独占实施权，而侵害人未经其同意及无法律上的原因也实施了专利。侵害人所取得的利益，也不是因为侵权行为所获得利益，而是取得了对专利的实施。因为对专利的实施不属于可以及有必要返还的利益，所以根据德国民法典第 818 条第 2 款，侵害人必须赔偿价款。返还的价额，不是根据侵害人所获利润，而是根据通常的许可费确定。[13]也有学说主张："不当得利价额之返还，应限于利润始有意义"。[14]因此，将专利法上非法获利赔偿请求权的基础视为不当得利请求权也是有争议的。不当得利制度在学理上颇多争议，立法和司法上规则的设计和应用呈多样化。关于不当得利的构成要件，理论学说众说纷纭并不断演变。以如何认定损失与获利之间的因果关系为例，其就经历了直接因果关系说、非直接因果关系说以及近来的损益逻辑关联说、间接原因排除说等。[15]就获利返还范围而言，有观点认为虽然不当得利请求权本身不以获利人的主观过错为要件，但其获利的返还范围应考虑获利人的主观状态。[16]因此，不当得利制度的构成要件虽然错综复杂，但最终落脚点应回到不当得利制度的制度功能和价值取向，在判断构成要件时兼顾事实判断与价值考量。如着眼于损失与获利之间的因果关系，则不当得利返还的范围限于价款（许可使用费），如着眼于不当得利的制度出发点（取除获利人不应得之获利），则返还的范围应包括侵害人所得利润。

（二）从历史判例依据角度

德国判例和借鉴德国民法的我国台湾地区"民法"对于非法获利赔偿责任采取的是准用无因管理的规定。德国判例上以赔偿义务人所得之利益为准而计算，系依据德国民法典第 687 条第 2 项。其法律基础即在于赔偿义务人明知自己无权利，违反本人之意思，为自己之利益而管理他人之事务，无体财产权权利人对于赔偿义务人因此管理所得之利益仍得主张享有。[17]我国台湾地区"民法"第 177 条规定本人有权享有无因管理之利益，不真正无因管理仍可适用。其"立法"说明谓："无因管理之成立，以管理人有'为他人管理事务'之管理意思为要件。如因误信他人事务为自己事务（误信的管理），或误信自己事务为他人事务（幻想的管理）而为管理，均因欠缺上揭主观要件而无适用无因管理规定之余地。同理，明知系他人事务，而为自己之利益管理时，管理人并无'为他人管理事务'之意思，原非无因管理。然而，本人依侵权行为或不当得利之规定请求损害赔偿或返还利益时，其请求之范围却不及于管理人因管理行为所获致之利益；如此不啻承认管理人得保有不法管理所得之利益，显与正义有违。因此宜使不法之管理准用适法无因管理之规定，使不法管理所生之利益仍归诸本人享有，俾能除去经济上之诱因而减少不法管理之发生"。[18]因此，对于与侵权相竞合的不法无因管理，德国、我国台湾地区的做法是准用无因管理之规定，以达成将侵害人所获利益归属于权利享有的结果。其请求权基础为准用无因管理之债而产生的请求权。由于侵犯专利权侵权人并无为他人管理事务的意思，其仅仅是准用无因管理的规定，在为他人管理事务这一事实构成要件上仍然是法律的拟制而非真正的事实。我国台湾地区的"立法"理由说更是表明其适用无因管理的初衷是基于公平正义的价值判断，而弥补侵权责任和不当得利无法适用非法获利赔偿的局限。

（三）小结

由此可见，无论非法获利赔偿是适用侵权损害赔偿请求权、不当得利请求权抑或基于无因管理之债的请求权，在构成的要件上均存在与原请求权构成要件不一致的地方，而法律则基于一定的利益衡量和价值判断，选择准用相关的请求权（英美选择了适用侵权损害赔偿请求权，德国选择适应基于准无因管理之债请求权)。只是在选择时,必须考虑到理论的自洽和制度的周延以及对相关当事人利益的影响程度,必须考虑适用不同请求权的制度结果。而其制度结果主要表现在:第一,如果纯粹将其拟制为损害赔偿侵权责任,那么法律基于一定的利益衡量和价值判断,可以确立或废除非法获利损害赔偿这一责任承担方式,如果理论上认可其为独立的请求权,那么就不能根据喜好随意决定其去或留,不能仅凭利益考量而破坏理论体系的逻辑性和完整性。第二,侵权损害赔偿请求权与不当得利或无因管理请求权的适用要件不同,在主观上,侵权损害赔偿请求权要求侵权人有过错,而不当得利无此要求,侵权损害赔偿请求权适用时效规定,而不当得利或无因管理请求权不会受此限制。当事人基于利益考虑必然会在不同请求权上作出选择,立法应明确立场并据此设计相关规则。

三、非法获利赔偿责任的政策倾向性审视

(一)事实基础分析

1. 专利客体的无形性

就侵犯专利权而言,损害的内涵与有形物不同。鉴于知识产权的权利客体、权利本体以及权利载体之间的非直观联系,对于一项知识产权的侵害后果绝不会等同于对物权等绝对权的侵害后果。概言之,对于物权或人身权等权利的侵害,由于权利载体与权利本体本身紧密联系,直接作用于权利载体上的侵害行为必然同时造成权利本体的利益损害,造成损害事实。[19]由于专利权的保护对象是非物质性的智力成果,对专利权的侵害方式及后果不同于对有形财产权的侵害,一般不会导致保护对象毁损灭失的直观的危害后果,因而对专利权侵权损害赔偿责任的适用就比传统民事侵权损害赔偿责任的适用更为复杂和困难。[20]因此,侵害专利权的损害只能从因他人未经许可实施专利给权利人造成的经济损失上进行判断。这一损失体现在专利权人基于使用专利收益的下降和未获得的许可使用费上。但其具体数额的确定是一个复杂而带有主观性的问题。损害确定难、举证难、导致损失确定难,给予了政策考量一定的空间。

2. 权利人本身状态的复杂性

各国专利法并未强制规定专利权人的实施义务，因为专利权的实施和实现由多种因素决定，专利权人很可能作出了发明但却不具备实施的物质或其他条件。因此，强制规定专利权人的实施义务很可能因受现实条件制约而无法达成从而架空法律的规定。既然实施专利不是权利人的义务，因此对于一些专利权人而言，其本意即无意实施，或可能根本不具实施能力，在这种情况下，专利权人的损失就不可能是实施专利的市场收益的减少，而只可能是未获得相应的许可使用费。当侵权人的非法获利高于正常的许可使用费时，侵权人在实施专利过程中，需要投入大量人力、物力和财力，而不区分具体情况，一任专利权人选择适用非法获利损害赔偿责任，对于专利权人和侵权人之间的利益平衡是否会带来不利影响不无疑问。另外，在权利人自身实施了专利权的条件下，侵权人实施专利的非法获利可能低于正常市场条件下的专利许可使用费，以侵权人的非法获利作为赔偿额又会造成赔偿不足的情况，这就更无助于解决当前专利诉讼中存在的赔偿额偏低的现状。

3. 侵害人过错程度的不同

由于作为专利客体的发明技术的复杂性，专利侵权判断本身既是一个法律问题同时也是一个复杂的技术问题。实施者要避免侵犯专利权，就必须进行专利检索，面对浩如烟海的专利文献，即使进行了检索，也难免不挂一漏万。对于诸如半导体这样一些专利丛林密布的产业而言，要在众多的专利中发现一片可以自由利用的空间更是难上加难，其遗漏个别的专利也情有可原。在这种情况下，利益的天平已经偏向了专利权人一方，而如果继续适用对侵害人影响较大的非法获利赔偿责任，可能会对技术应用和传播造成不利的影响。因此，在侵害人过错程度不一和产业专利状况不同的情况下，侵权责任也应根据具体情况区别对待，灵活把握侵权责任的宽严尺度，以最大限度地体现公平。

（二）价值层面分析

鼓励作出发明创造并不是专利法的终极目的。发明创造的意义在于通过其实施应用，发展生产力、促进社会进步与繁荣。如果一项发明创造仅仅停留在纸面上，束之高阁，不予实施应用，那么再好的发明创造也没有实际意义。[21]在支付一些可控的管理成本的前提下，专利制度促进了创新活动，不仅推动了经济发展，而且鼓励了理论科学转化为实用技术。[22] 鼓励发明创造的应用和实施，促进技术传播和社会进步是各国专利法共同的价值目标之一。专利各项具体制度应该也必须围绕这一价值目标进行设计。较为典型的即是专利申请过程中的公开制度和实施过程中的强制许可制度，这些制度都体现了专利制度促进技术传播的价值诉求。值得一提的是，美国在司法实践中，将上述价值目标贯彻于专利保护制度中，尤以 1946 年废除了非法获利损害赔偿责任和 2006 年 eBay 案确立司法强制许可为典型，在 eBay 案中将公共利益作为是否颁布永久禁令的因素之一，表明了基于价值和利益衡量后的专利政策的转向。美国在废除非法获利赔偿责任后，将赔偿权利人损失或给付许可使用费作为对权利人的救济方式，由此可见，非法获利规则的存废及适用，承载着一定的政策考量因素。专利法需要确保足够多的信息被创造出来，也需要确保足够多的信息被传播出去，这一天平的平衡需要采取各种有利的制度杠杆，其中也包括损害赔偿的救济方式。

四、结　论

侵权制度、不当得利制度以及无因管理制度的构成要件虽然有所区别，但是其共同点就在于使各方失衡的利益状态回复正常，稍有不同的是侵权制度关注权利人受到的损害，而不当得利制度关注侵害人所获利益。然而，随着社会生活的变化，侵权制度也引入了惩罚性赔偿，突破了传统的填平原则，不当得利制度在返还受益人获利的同时，也应避免权利人的不当获利，从而造成新的不平衡，无因管理制度在学理上也包括了不法管理在内的不真正无因管理。因此，无论是侵权损害赔偿请求权、不当得利请求权抑或无因管理请求权，均可以突破原则性构成要件的限制而成为非法获利赔偿的请求权基础。但在规则设计上，应注意以下几点：

① 允许权利人以不同的请求权提出诉讼。允许其以不同请求权作为诉求必须完善现有民事法律的请求权体系。我国现有民事法律关于不当得利和无因管理制度的规定较为简略，仅《民法通则》第 92 条、第 93 条两条文作了简要规定。因此，在未来的民事立法中，有必要对不当得利

和无因管理的构成要件、适用时效、是否采纳不真正无因管理等问题予以明确。

② 权利人提起侵权损害赔偿请求权之诉时，由于权利人实际损失、侵权人获利以及许可使用费的数额并不确定，孰高孰低在个案中呈现不同的局面，因此在以侵权损害赔偿请求权为基础时，不应对适用权利人损失、侵权人获利或许可使用费的顺序作出规定，而应留待司法裁判根据具体情形决定。

③ 司法裁决时，应将非法获利赔偿责任与侵权人的过错程度、权利人的具体实施情况相结合进行考量。其适用规则是：在以侵权损害赔偿请求权为基础时，如果侵权人主观过程程度较轻，则一般考虑予以许可使用费的赔偿而不适用非法获利赔偿；在以不当得利请求权为基础时，如权利人原本未实施专利，则也应给予许可使用费的返还而不适用非法获利返还。

参考文献

[1] 尹新天. 中国专利法详解 [M]. 缩编版. 北京：知识产权出版社，2012：569.

[2][3] 杨彪，受益型侵权行为研究——兼论损害赔偿法的晚近发展 [J]. 法商研究，2009（5）.

[4] 朱岩. "利润剥夺"的请求权基础——兼评《中华人民共和国侵权责任法》第 20 条 [J]. 法商研究，2011（3）.

[5] 王泽鉴. 侵权行为法 [M]. 北京：中国政法大学出版社，2001：7.

[6] 江平. 民法学 [M]. 北京：中国政法大学出版社，2000：74.

[7] 张新宝. 中国侵权行为法 [M]. 北京：中国社会科学出版社，1995：14-17.

[8] 和育东，石红艳，林声烨. 知识产权侵权引入惩罚性赔偿之辩 [J]. 知识产权，2013（3）.

[9] MARK A. LEMLEY，WILLIAM H. NEUKOM，KEKER&VAN NEST. 财产权、知识产权和搭便车 [J]. 杜颖，兰振国，译. 私法，2012（1）.

[10] 黄立. 民法债编总论 [M]. 北京：中国政法大学出版社，2002：237.

[11] 曾世雄. 损害赔偿法原理 [M]. 北京：中国政法大学出版社，2001：7-8.

[12] 黄立. 民法债编总论 [M]. 北京：中国政法大学出版社，2002：188.

[13] 范长军. 德国专利法 [M]. 北京：科学出版社，2010：131-132.

[14] 黄立. 民法债编总论 [M]. 北京：中国政法大学出版社，2002：222.

［15］刘言浩. 不当得利中的因果关系［J］. 东方法学，2013（1）.

［16］潘运华. 对不当得利返还范围的再思考——从不当得利制度的机能说起［J］. 天津法学，2012（4）.

［17］曾世雄. 损害赔偿法原理［M］. 北京：中国政法大学出版社，2001：187.

［18］王泽鉴. 债法原理第一册［M］. 北京：中国政法大学出版社，2001：357.

［19］安雪梅. 专利侵权行为研究［M］. 北京：知识产权出版社，2009：89.

［20］廖志刚. 专利侵权损害赔偿研究［J］. 重庆大学学报：社会科学版，2007（3）.

［21］尹新天. 中国专利法详解［M］. 缩编版. 北京：知识产权出版社，2012：9.

［22］MARTIN J. ADELMAN，RANDALL R. RADER，GORDON P. KLANCNIK. 美国知识产权法［M］. 郑胜利，刘江斌，主持翻译. 北京：知识产权出版社，2011：7.

涉及数值范围选择发明中的等同侵权原则

——以"科力远公司与爱蓝天公司专利侵权纠纷案"为例*

刘　强❶　陈曙光❷

摘　要

"科力远公司与爱蓝天公司专利侵权纠纷案"专利所要求保护的技术方案是涉及数值范围的选择发明。由于传统的捐献原则存在局限，等同侵权的适用出现不合理的扩张现象。应当根据该案再审判决意见，构建"明确限定原则"，对此类发明适用等同原则的适用范围作出限制，有效平衡当事人之间的利益关系。

关键词

等同侵权　捐献原则

---

　*　湖南省高校创新平台开放基金项目"协同创新战略与专利制度发展研究"（编号：13K009）。

　❶❷　作者单位：中南大学法学院。

引　言

我国专利侵权判定等同原则的法律依据主要是《专利法》第 59 条❶以及最高人民法院 2015 年新修改的《最高人民法院关于审理专利纠纷案件适用法律问题的若干规定》第 17 条。❷ 传统上，在专利等同侵权判定的司法实践中，存在忽视专利群中固有的个性化差别，或者因主观倾向的不同致使在客观层面上对判定方法进行随性化地应用的缺陷，应从具体涉案专利类型的角度出发有针对性地予以规制。"科力远与爱蓝天专利侵权纠纷案"就反映了当选择发明专利中涉及明确端点的数值范围时，等同侵权范围的界定问题。

一、案例介绍及争议焦点

（一）案情概况及判决结果

该案件的基本情况如下：原告科力远公司认为，被告爱蓝天公司未经许可，以生产经营为目的大规模且长时间地使用原告"一种海绵状泡沫镍的制备方法"发明专利方法（公布文献号 CN 1109922A）生产相关泡沫镍产品，侵犯了原告发明专利权。被告爱蓝天公司的主要答辩理由在于，不仅涉案专利发明被美国相关发明专利说明书❸和其他文献所公开，而且其生产产品所使用的方法也未落入原告发明专利权的保护范围。

该案一审法院及二审法院❹均适用等同原则判定被告产品构成侵权。再审法院在判决❺中则对等同原则的适用进行了严格控制，并由此判定被

---

❶ 《专利法》第 59 条第 1 款规定："发明或者实用新型专利权的保护范围以其权利要求书的内容为准，说明书和附图可以用于解释权利要求的内容。"

❷ 《关于审理专利纠纷案件适用法律问题的若干规定》（2015）第 17 条规定：专利权的保护范围应当以权利要求记载的全部技术特征所确定的范围为准，也包括与该技术特征相等同的特征所确定的范围。等同特征，是指与所记载的技术特征以基本相同的手段，实现基本相同的功能，达到基本相同的效果，并且本领域普通技术人员在被诉侵权行为发生时无需经过创造性劳动就能够联想到的特征。

❸ 多孔金属结构及其制造方法：美国，4882232 [P]. 1989-11-21.

❹ 湖南省高级人民法院（2010）湘高法民三终字第 1 号民事判决。

❺ 江苏省高级人民法院（2011）苏知民再终字第 0001 号。

告不构成侵权。尤其是判决理由中对涉及数值范围的选择发明专利适用等同原则的方式，在专利侵权案件中具有特色，为合理地界定等同侵权的边界进行了阐释。

（二）该案争议焦点

该案争议的焦点在于：由于涉案专利权利要求是在现有技术基础上作出的选择发明，而且在技术特征中包含端点明确的数值范围，因此适用等同侵权原则的方式是否有特殊之处。❶

该案涉及的发明专利与对比文献相比，是在制作电镀阴极方法的现有技术中，优选了最佳的磁控溅射方法，属于《专利审查指南 2010》所规定的选择发明。被控侵权技术方案与涉案专利中技术特征 9（关于本底真空度和工作真空度）之间的对比是该案侵权行为认定的核心。

一审法院认为爱蓝天公司生产工艺的真空度参数特征与涉案专利真空度参数特征构成等同。其依据是爱蓝天公司在较低的真空度下进行相关工艺流程操作，会导致镀膜质量降低的结果是显而易见的。被告技术实质上是利用与涉案专利权利要求所记载的技术特征基本相同（改劣）的手段、功能以及效果，并且所属领域普通技术人员获得启示时无需创造性劳动。二审法院在判定侵权时，对于权利要求 1 所涉及的全部 14 项技术特征进行了比对，仍然得出了技术变劣结论，故而肯定了一审判决中构成专利等同侵权的意见。

再审中，爱蓝天公司认为："对于经过技术优选而得出的'工作与本底真空度'技术特征，须仅限于涉案专利在申请时所选择的保护范围，而不应超越这一范围"。再审法院也认为，涉案专利中本底及工作真空度的技术特征系专利申请人从现有技术中优选而得出的技术方案，故不应当将那些处于涉案专利数值范围之外，并且与该范围数值差异较大的特征纳入到等同技术特征所属范围内。由于涉及数值范围和选择发明两个方面的原因，等同侵权原则的适用范围应当受到限制，因此被告不构成等同侵权。

---

❶ 最高人民法院公布的 2013 中国法院十大知识产权案件［EB/OL］. http：//www. bj12330. com/bj12312/bzdt/bdxw/828554. shtml，2015-03-14.

二、等同侵权"捐献原则"及其不足

(一) 捐献原则的含义

捐献原则 (也称"公开贡献原则") 的产生可追溯到美国联邦巡回上诉法院审理的 Maxwell 案❶和 Johnson & Johnston 案❷，主要是指如果一项有效专利的说明书中披露了某个技术方案，但是此技术方案却未记载在权利要求书中，则视为专利权人已将其捐献给社会公众，不能适用等同原则将其重新纳入保护范围。

捐献原则的法理基础是利益平衡原则和公平原则，具体表现在以下两点：一方面是基于对专利权人处分意思表示的推定，即在不超出其发明所做技术贡献的前提下，专利权人有选择要求其专利保护范围的权利。如果发明人本来能够就更宽的范围获得授权，但是在其权利要求书记载的范围较窄，则应当推定专利权人放弃了其余部分的权利；另一方面是对社会公众基于国家专利行政管理部门已公开专利信息之信赖利益的保护。如果专利权人在其他部分披露了多个技术方案，而专利权利要求书只对其中有限部分技术方案要求保护，社会公众在应然性层面上会将其理解为专利权人放弃了对其他技术方案要求保护的权利。此时，如果再将这部分技术方案纳入专利权保护范围，则会造成"社会公众对专利的保护范围产生不可预测之恐慌，从而影响国家专利行政管理部门已公开专利信息的公信力，进而影响社会公众的进一步发明创造"❸，违背了专利制度的社会意义。❹

"捐献原则"体现在我国最高人民法院《关于审理侵犯专利权纠纷案

---

❶ Maxwell v. J. Baker，Inc. United States District Court，D. Minnesota，Fourth Division，March 18，1993.

❷ Johnson & Johnston Associates Inc. ，Plaintiff-Appellee，v. R. E. Service Co. ，Inc. United States Court of Appeals for the Federal Circuit 99-1076，-1179，-1180.

❸ 赵志强. 论专利权利要求的解释 [G] //刘春田. 知识产权判解研究. 北京：法律出版社，2010：125.

❹ 刘斌斌，付京章. 论专利制度的本质及其社会效应 [J]. 甘肃社会科学，2013 (5).

件应用法律若干问题的解释》第 5 条中。❶ 由此，对于在（说明书等）其他部分有所描述而权利要求并未记载的技术方案，视为已被"捐赠"，其在专利侵权纠纷中不得诉请将前述已捐献的部分认定为等同特征所涵盖之范围。❷ 该案中，爱蓝天公司认为在对技术特征 2（聚酯聚氨酯）的对比过程中应当适用"捐献原则"。但是，涉案专利说明书中并没有披露聚酯聚氨酯，再审法院是将被控侵权产品的该特征与涉案专利的技术特征 2 直接进行比对，故并不涉及技术"捐献"的争议。

（二）捐献原则的不足

捐献原则对于等同侵权原则的范围起到了明显的限制作用，防止其不恰当地扩张专利权利要求的范围。但是，根据现行规定，只有涉案专利说明书本身公开的技术方案才能作为捐献的对象，对于其他对比文件中公布的技术方案则不能适用。然而，由于涉及数值范围选择发明的特殊性，如果不将此类发明的对比文件中未受保护的技术方案也纳入捐献的范围，可能使得等同原则的适用范围不合理的扩大。

首先，选择发明一般以已经公开的较大范围作为基础。《专利审查指南 2010》中规定，选择发明是指具有目的性地从现有技术所公开的一个宽范围中，选择现有技术中未提到的，且与现有技术相比能带来预料不到的技术效果的较窄范围或个体的发明。❸ 因此，尽管要求所选出的小范围或个体具有特别突出的作用、性能或效果，但是其创造性程度仍然受到限制。❹

其次，利用数值范围表达权利要求具有更高的确定性。《专利审查指南 2010》中对权利要求中包含有数值范围的情况作了特殊要求，❺ 应尽量

---

❶ 《关于审理侵犯专利权纠纷案件应用法律若干问题的解释》第 5 条规定：专利申请人在申请文件中仅将某个技术方案描述在说明书或者附图中，却未曾将其记载在权利要求中，在专利侵权纠纷中专利权人又主张将其归位于专利保护范围的，人民法院对此主张不予支持。

❷ 导致专利"捐献"的情形大致有以下两种：其一是申请人不具有主观目的性，只是由于过失或因其在客观层面上欠缺应有的专利撰写水平而导致；其二是申请人主观上为了容易通过审查，采用保护范围相对较窄的权利要求，而说明书又对其进行了扩大解释，从而在专利侵权纠纷中利用等同原则扩大其专利保护的范围。但无论何种情形，专利权人都应当承担"捐献"的法律后果。

❸ 《专利审查指南 2010》，第二部分第四章第 4.3 节。

❹ 洪恩山，李微，毕道毅，彭晓玲. 试析选择发明 [J]. 发明与创新，2003（2）.

❺ 《专利审查指南 2010》，第二部分第三章第 3.2.4 节 "数值和数值范围"。体现在部件的数量、尺寸，操控的温度、压力，相关的时间、速度以及组合物的组分含量等方面。涉及数值范围的选择发明是指在可能的、有限的范围内，结合具体操作条件，综合调整各个工艺参数，在技术开发者通力计算的客观基础上进行多量化的具体操作实验从而获取合适参数范围的技术方案。

以数学方式进行表达。用数值范围来表达权利要求时，亦可以分为"一个明确端点的数值范围"与"两个明确端点的数值范围"。其中前者通常表现为"≥40℃"">10"等，且一般认定"大于""小于""超过"等表示不包含本数；"以上""以下""以内"等表示包含本数；❶后者数值范围通常的表现形式为"其用量比大于 30%（mol）、小于等于 50%（mol）""控制温度在 30℃～40℃"等。本案中科力远公司的选择发明专利就涉及具有"两个明确端点的数值范围"。

选择发明专利数值范围的具体情形如下图所示：

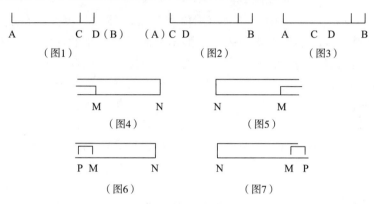

其中图 1 至图 3 中，以 A、B 为端点的线段表示现有技术中的数值范围，以 C、D 为端点的线段表示选择发明专利权利要求所涉及的数值范围；图 4 至图 7 中，以 N 为端点的射线表示现有技术中的数值范围，以 M 为端点的射线或者以 M、P 为端点的线段则代表选择发明专利权利要求所涉及的数值范围。❷

对于涉及数值范围的选择发明而言，同时存在创造性较低和数值限定的确定性问题，应当限制等同侵权原则适用，而目前"捐献原则"狭窄的适用范围已经显得不合时宜。发明人在现有技术基础之上缩小数值范围以获得更优技术方案，如果排除专利申请撰写上的失误，那么此项

❶ 《专利审查指南 2010》，第二部分第二章第 3.3 节。

❷ 需要强调的是，当现有技术与选择发明均具有"两个明确端点的数值范围"时，有可能出现数值端点重合的现象（如图 1 和图 2 所示），此时若被控侵权技术方案是在超出重合端点以外的数值部分进行取值，则对其进行专利侵权判定时不再适用涉及数值范围选择发明专利的等同侵权标准，而应将涉案专利视为涉及数值范围的普通发明专利来进行判断。原因在于，超出重合端点以外的数值部分已不属于现有技术之范畴，即已失去了"选择发明"这一必备的前提条件。

选择发明专利的保护范围本身应当是相对有限的。由此，在专利侵权纠纷阶段，若再允许专利权人利用等同侵权原则将权利保护范围进一步扩大，则欠缺法理和逻辑上正当性。该案中再审法院也认为，专利申请人在撰写权利要求时会尽最大限度要求其发明的保护范围，权利要求书中没有涉及相应数值的范围是专利申请人的自由选择。因此，对于专利权人来说，该数值范围以外并与该数值范围有较大差异的内容应当视为不能或不应得到专利保护。

（三）有必要对捐献原则做扩张性解释

在专利侵权纠纷中，等同原则应当限于填补专利权人的合理损失，尤其是弥补权利要求在字面表达上的不足而可能带来的损失。根据涉及数值范围选择发明专利的特点，由于数值范围在表达权利要求时只具有更优的确定性而非绝对之确定，因此，在对其保护范围进行字面含义解释时可能会使专利权人的利益受损。若对此类损失进行补偿，应当注意到以下两点：一方面，涉及数值范围选择发明专利在目的上具有从现有技术中优选更小专利保护范围的特点，可做扩大解释的程度也应更为狭窄；另一方面，使用数值范围的形式表达，使得其本身对于社会公众而言具有更强的公示功能，在解释方面应当以尽量不脱离涉案专利权利要求字面含义为基础的，对保护范围的扩大予以更为严格的限制。

为了实现以上目标，有必要对捐献原则进行扩张性的解释，从而限制等同原则的适用范围。该案再审判决阐释了对于涉及数值范围选择发明专利，在等同侵权原则适用过程中扩张捐献原则的理论依据：其一，权利要求书中的数值范围是专利权人（或者专利申请人）从现有技术的数值范围中自主选择的结果，该数值范围以外且与数值有明显差异的技术方案应当视为专利权利人认为其不能或不应得到专利制度之保护；其二，如果选择发明所涵盖的数值范围过于宽泛，可能会因为不具备意料不到的技术效果而不能获得授权，由此也不得通过等同原则再将其囊括到专利保护范围之内，否则对于社会公众来说是欠缺公平性的。

从利益比较角度而言，既然连专利权人所发明的具备授权条件的技术方案，也会因为未记载在权利要求书中而认为被"捐献"，那么对于涉及数值范围选择发明而言，专利权人是在现有技术范围内所做的研发，对于其权利要求书中未曾记载且与字面保护范围有明显差异的部分，更不应该主张专利权等同保护。该案再审判决也正是从这一角度出发认定被控侵权技术方案不构成专利等同侵权的。因此，"涉及数值范围选择发明专利的等同保护"应当对"捐献原则"做扩张性的解释。

三、明确限定原则

（一）明确限定原则的含义

根据再审法院判决所适用的标准，可以发展出一套"明确限定原则"，从而有针对性地解决涉及数值范围选择发明专利的等同侵权判定问题。该原则的核心立场是：严格限制等同原则在此类发明中的适用；除特殊情形外，一般性地排斥了等同原则适用的可能性。

笔者将"明确限定原则"概括为，对于选择发明权利要求中有明确端点的数值范围，其适用等同特征之范围理应相对狭窄，即应当对其等同保护进行严格控制，特别针对与权利要求所限定范围有明显差异的技术特征；也即除特殊情形（如被控侵权技术方案与涉案专利技术方案只有极其微小的差别且达到的功能和产生的效果实质相同）外，不应当将处于选择发明权利要求范围之外的其他技术特征纳入到等同技术特征范围之内。

考虑到选择发明必然以现有技术中的对比文件作为研发基础，因此将对比文件中记载但是未纳入选择发明的数值范围视为对社会公众的技术"捐献"，从而从严控制通过等同原则重新将其纳入专利保护范围。由此，明确限定原则限制并进一步地缩小了涉案专利权等同特征之解释范围。

（二）该案对明确限定原则的适用

从该案判决可以分析明确限定原则是如何对等同适用范围进行严格限制的，从而体现涉及数值范围选择发明的特殊性。

首先，"技术手段是否基本相同"问题。一审二审所代表之传统标准立场认为双方当事人的本底及工作真空度虽然相差一个数量级，但因二者均属高真空范畴，尽管被控侵权技术方案对真空度有所降低，但是涉案专利所采用之技术手段相比并无实质性差异。再审所持观点则表明：被控侵权技术方案中真空度的参数与涉案专利对应技术特征相差一个数量级，从而得出案件双方所涉技术手段明显不同之结论。由此可见，明确限定原则在认定"技术手段是否基本相同"时，认为仅从数值范围是否存在较大差异的角度考虑即可，无须再进一步推理来扩大专利等同范围。

其次，"技术效果是否基本相同"的问题。对于因本底与工作真空度参数的不同所引起的技术效果是否相同进行分析时，一审二审法院认为爱蓝天公司没有提供证据对法院得出其技术效果变劣的推理进行否定，因此认定被控侵权技术方案与涉案专利达到了"基本相同的功能和效果"；再审法院则认为，当无直接证据证明大约一个数量级的压力变化不会影响靶材溅射效率的情形下，不应认定被控侵权技术方案与相应涉案专利相比达到了基本相同的效果。由此可见，明确限定原则在认定"技术功能或者效果"是否相同时，对于证据规则的适用较为严格。若无直接证据证明功能或者效果相同，则认定被控侵权技术方案与相应的涉案专利技术特征之间并不构成"基本相同的功能或者效果"，无须再进一步运用其他相关证据进行间接推理。

最后，"是否无需创造性劳动就可以联想到"的问题。一审二审法院认为由于被控侵权技术方案的真空度较涉案专利低一个数量级，且其充入氩气分压值系在现有技术范围内选用的较大的送氩量，以提升溅射速率，并保证镀膜纯度和质量，属于"假定人"不需创造性劳动就能联想到的替换技术手段，故而符合等同特征认定中的"显而易见性"标准；而再审法院则认为涉案专利中的磁控溅射所涉及工艺条件均系专利申请人耗费诸多人力与物力成本进行反复不断实验所得出创造性的发明内容，是从现有技术中优选出的具有意料不到效果的技术方案。而被控侵权技术中所采用的本底及工作真空度参数则系所属领域普通技术人员不需要创造性劳动亦能够轻易地从现有技术中获得。因此再审法院认为不能轻易地以被控侵权技术方案与涉案专利之间可能存在简易性联想来支持等同特征的适用。

综上所述，明确限定原则对于等同特征范围的限制比传统的"捐献"原则更为严格，对于等同特征认定的基本方法要求亦更显苛刻，这主要是对于涉及数值范围选择发明专利特殊性的体现。

（三）明确限定原则适用中的问题

如前分析，明确限定原则的实质，是在专利侵权中以排斥等同原则为一般性原则，以适用等同原则为例外。该案中，爱蓝天公司认为经过反复试验选择确定的保护范围，不应在解释时被逾越。笔者认为此观点欠妥，因为这并非意味着绝对排斥等同原则的适用。具体原因如下：

其一，不应忽略选择发明数值范围的非绝对确定性特点。数值在表达权利要求保护范围上，受制于科学实验本身的误差，加之专利撰写中不可避免地在有效数字精确位数层面存在一定的欠缺，导致其仅具有更优的确定性，而不能绝对准确地界定其保护范围。竞争对手可以通过有限次的实验在选择发明数值范围的端点附近进行取值，从而绕开专利保护范围，但是对于专利权人来说明显欠缺公平理性。从"大连新益公司与大连仁达公司专利侵权纠纷案"和"安徽强强公司与新疆岳麓公司等的专利侵权纠纷案"来看，除非专利申请人在权利要求中用"至少＋数值"或者"超过/低于某个数值范围就达不到本发明方案的技术效果"等类似的表述来明确排除所选数值范围以外的所有技术方案，否则仍然有扩大解释的可能性。❶ 如若绝对地排斥等同原则的适用，等于允许竞争对手利用数值范围在选择发明专利权利要求的表述上的缺陷进行仿冒行为。如此，则与最高人民法院在"东方机芯诉江阴五金专利侵权案"中指出的"要明确受保护的专利技术方案"的原则相悖。❷

与纯文字描述易出现范围边界模糊的缺陷不同，数值天然具有更优的准确性与确定性之表达功能，使得专利申请人能够更明确地选择专利所保护的范围，也使得授权专利文本具有更加稳定的公示性。但是，一方面，由于确定选择发明技术方案中数值范围的科学实验本身就存在不可避免的系统性误差。从客观规律的角度来看，真值通常是未知的，实验参数的得出一般都是通过对多次实验数据采用不同的误差计算方法来获得一个相对精确的数值，也即从多次的测量数据中，估算出最接近真值的实验测量结果，❸ 同时其又受制于相对有限的辅助技术手段，从而无法准确认定发明人所获得的参数是否为实现发明的唯一临界值；另一方面，权利要求在有效数字精确表述层面亦存在不可避免的漏洞，假如涉

---

❶　在大连新益建材有限公司与大连仁达新型墙体建材厂侵犯专利权纠纷案，以及安徽强强新型建材有限责任公司与新疆岳麓巨星建材有限责任公司、乌鲁木齐市建工（集团）有限责任公司专利侵权纠纷案中，法院均认为因其采用了"至少"这样严格限定的词语，应理解为对单层这一技术特征的明确排除，不能作扩大解释。参见最高人民法院民事判决书（2005）民三提字第1号和新疆维吾尔自治区高级人民法院（2005）新民三终字第15号判决书。

❷　最高人民法院民事判决书（2001）民提字第1号。

❸　李潮锐，郑碧华. 实验误差分析中的概念及意义［J］. 中山大学学报：自然科学版，2003（3）.

案专利在技术开发时，生产测量仪器对温度、压力、转速等参数的控制和检测的精确位局限于小数点后两位，而随着科技水平的提高，在侵权发生之日❶的生产测量仪器已经可以对相应参数进行检测并控制的数值精确位在小数点后三位以上，那么必定有在有效数字的最大限度内取出极为接近涉案专利的部分数值来加以利用并获得基本相同效果的可能性。❷因此，单纯利用数值范围表示权利要求保护范围时并不具有绝对的确定性，只是使得保护范围相对具有更优的确定性。

其二，应当保持不同类型选择发明适用的统一性。有观点认为，"单边开放性数值范围"（即只有"一个明确端点的数值范围"）会使申请人获得较为宽泛的专利保护范围，故而适用等同原则应当更为严格。然而，常见的选择发明以"两个明确端点的数值范围"为权利要求的情形居多，而以"一个明确端点的数值范围"为权利要求的情形相对较少。究其原因，前者需要满足的条件是：无论现有技术的数值范围是只有一个端点还是同时有两个端点，从《专利审查指南 2010》对实施例的规定来看，选择发明过程中涉及数值范围时的最低要求一般是只需要从现有技术的数值范围内试验两端点（或者两端点附近）的值，即使是数值范围较宽时，也只需再从中试验出一个满足条件的中间值即可；❸ 而后者需要满足的条件至少应是：现有技术中公开的数值范围是"一个明确端点的数值范围"，且选择发明过程中需要在此范围内找到一个临界值，并有充足的实验数据证明在此临界值以下（如图 6 所示）或以上（如图 7 所示）都能产生意料不到的技术效果，可以看出，满足前述条件的具有"一个明确端点的数值范围"选择发明虽然得到的保护范围较宽，但是其满足条件的难度和所付出的工作量及成本在正常情况下却比"两个明确端点的数值范围"大得多。因此，选择发明中的"一个明确端点的数值范围"与"两个明确端点的数值范围"在适用等同原则的标准上具有一致性与统一性，不应对前者在等同原则适用层面上予以更为严格的对待。

---

❶ 我国在司法实践中采用的等同特征判定的时间界限是"侵权发生之日"。

❷ 例如：选择发明的催化剂用量比为（0.02% ～ 0.2% mol），可以提高产率 36.7% ～ 50.3%，那么，竞争对手完全可在端点值附近将用量比改为效果相近的 0.019% mol。

❸ 《专利审查指南 2010》第二部分第二章第 2.2.6 节规定，当权利要求相对于背景技术的改进涉及数值范围时，通常应给出两端值附近（最好是两端值）的实施例，当数值范围较宽时，还应当给出至少一个中间的实施例。

结　语

对于专利等同原则的适用范围，在涉及数值范围的选择发明要顾及其双重属性，使得专利保护范围界限具有更优的确定性。有必要引入"明确限定原则"，对涉及数值范围的选择发明专利的等同保护起到严格限制的作用，也为适用等同原则预留了相应的例外空间，以促进此类发明能够不断涌现并得到合理的保护。

中国专利制度的实践特征及面临的挑战

董　涛[❶]

摘　要

　　本文梳理总结了中国专利制度运行 30 年来的实践特征以及现阶段所面临的挑战，提出构建适合中国国情的专利制度的建议，以进一步释放全社会创新活力，推动经济发展方式转型升级，适应、保障并引领国家经济发展新常态。

关键词

中国专利制度　实践特征　国情　挑战

---

❶　作者单位：北京第二外国语学院国际法学院。

随着 2010 年中国特色社会主义法制体系的建成，我国建立起了一套与国际通行规则相接轨，基本符合国情的专利制度。但我国专利制度是在改革开放进程中快速形成的，仍然存在不少问题。在新的历史时期，对中国专利制度的运行实践进行概括与总结，构建符合我国现实国情和未来需要的专利制度与政策体系，具有极其重要的历史意义。

一、中国专利制度的实践特征

30 年来，中国专利事业取得了举世瞩目的成就。中国专利制度的实践特征可以从历史演变、体系构造等方面来进行总结与概括。

（一）中国专利制度的历史演变特征

纵观 30 年来中国专利制度的历史演变，其建立和发展具有以下四方面的特征。

1. 中国专利制度虽具外部移植的特征，但本质上仍是国家主动构建的产物

改革开放前夕，我国国民经济走到了崩溃的边缘。国家领导人深感经济建设不能孤立于国际社会之外，需从外部世界引进先进技术，发展本国经济。这就产生了建立专利制度的原动力。从这个角度来看，中国专利制度的建立是被动接受的、从外部移植的。但是，这种被动接受并不是受某个或某些强势国家的压力，而是我们深刻认识到对外开放、国际合作大潮流的必要性后，为了顺应这种趋势而作出的积极而理性的选择。因为从一国立法主权看，我国是政治上完全独立的国家，立不立法、立什么样的法，都由我国自主决定的，不受外来影响的干扰。如果专利制度在实践中确实表现出与我国国情不相适应，或者给我国产业发展带来损害的话，我们完全有权停止适用或予以废止。因此，从本质上讲，专利制度是我们主动构建的历史产物。

2. 中国专利制度虽然脱胎于计划经济时代，但不具有任何垄断色彩的特征

在专利发展史上，无论从制度实践当中，还是学理研究层面，都将专利作为具有某种垄断色彩的特权存在。早期英国专利是作为君赐特许经营权诞生的。美国就一直将专利看作是垄断权例外，直到 1995 年《知识产权许可协议反托拉斯指南》才明确认定专利权享有普通财产权地位。

中国专利制度虽然脱胎于高度集权的计划经济尚未根本改变的时代，但其产生背景与其他国家是完全不同的。中国专利制度从一开始就是从外部引进的，对于一个饱受殖民痛苦的国家来说，这无疑会带来广泛的抵触心理。中国本来就缺乏财产权保护意识，在这种背景下，专利权与普通财产权的地位相比尚远远不如，更别说与垄断特权相比了。

3. 中国专利制度具有起点高、标准严的特征，是最早与国际标准接轨的制度

中国专利制度走的不是一条循序渐进的自生自发过程，而是以一种飞跃性、突变式的方式演进，表现出一条明显的上陡式曲线。在保护标准上，中国专利制度具有起点高、标准严的特征。同时，中国早在 1973 年就参加了世界知识产权组织的会议，并几乎在《专利法》通过的同时就加入了《保护工业产权巴黎公约》。可见，中国专利制度具有与国际规则紧密接轨的特征。

4. 中国专利制度开始表现出由强制性制度变迁向诱致性制度变迁过渡的趋势特征

近年来，随着我国对自主创新的重视，对研发的大力投入，我国产业、产品和科技竞争力快速提升，许多企业已经具备了自主创新的内在力量。这种力量使专利制度获得了自觉和反思能力，以一种更为积极和进取的方式推进着制度演进。我国专利制度出现了"逼我所用"到"为我所用"的转变。《国家知识产权战略纲要》出台、《专利法》第三次修改，都说明经过 30 年的探索，我们终于有了完善专利制度的自觉冲动，终于能从自己的经验中去沉淀制度理性，按照自身的需要设计和选择规则，不再是外来法律的移植和模仿者。这些都体现了我国专利制度开始由强制性变迁向诱致性变迁转变的趋势特征。

（二）中国专利制度的体系构造特征

1. 从制度的供给来看，走的是国家决策层自上而下推进的模式

首先，中国专利制度的建立从一开始就是在中央决策的指引下进行的。在很长一段时间里，中国专利制度的供给主体中，政府专利主管机构起了重要的主导作用。为将《专利法》规定落到实处，当时的中国专利局起草了《专利法实施细则》，对专利受理、审查、授权等各项程序性问题作了具体规定。为了规范审查员执法，1993 年，中国专利局对外公布了专利《审查指南》，对《专利法》及其实施细则进行细化。其间经过

五次较大修改。同时，国家知识产权局还就代理、强制许可等方面发布了大量的部门规章。另外，我国《专利法》实施之初，就建立了层级较高、管辖集中的司法审判体系。人民法院30年的专利审判活动，积累了丰富的经验。为了促进对专利法律理解的统一，完善专利司法保护，最高人民法院制定了大量的专利司法解释，成为我国专利法律体系的重要组成部分。这些司法实践也逐渐成为专利制度一个比较重要的制度供给源。知识产权法院的设立，预示着司法审判将会发挥更大的作用。

其次，中国专利保护领域采取了司法主导、二元保护的模式，行政和司法"双轨"运作的特征明显。中国专利行政执法由知识产权系统、公安与检察机关、海关等系统分工负责。知识产权系统以国家知识产权局为最高行政机关，各省级政府与地级市政府层面均设立知识产权局，个别县级行政区划也设立了专门的知识产权执法机关。2000年我国第二次《专利法》修改时，规定申请人对专利复审委员会就实用新型或外观设计专利申请作出的复审与无效宣告决定不服的，可以向法院起诉。这实际上将这类专利争议的终决权转给了法院。2008年《国家知识产权战略纲要》明确提出了要加强知识产权司法保护体系和行政执法体系建设，发挥司法保护的主导作用。

最后，中国专利制度从20世纪80年代即开启了体系化专利管理机构建立的历程，建立了由中国专利局、分局、地方专利管理局、专利代办处等组成的管理体系，并不断健全。这是中国专利制度建设过程中的一个创举。近些年来，地方管理机构不断发展壮大，向地市县延伸。地方专利管理机构具有公共服务、行政管理和执法等多种职能，为专利申请、转移转化、保护维权、信息传播等带来了便利。这一管理体制使得专利制度供给对于广大创新主体来说可及性更强。

2. 从制度本身设计来看，开始具有独特的价值追求与内部结构

首先，中国专利制度的价值目标出现了一个明显的渐次转换的过程，从最初的促进外资与技术引进，到促进技术的自主创新，再随着国家经济、技术、外贸形势的发展到确保企业海外市场的拓展；从最初强调专利制度为国家经济、技术形势服务开始转换到更加强调专利政策本身所具有的积极的社会建构作用。这种价值转换在党的报告中表现得非常明显。党的十三大报告还仅谈技术市场；十四大报告才开始谈制度，提出要不断完善保护知识产权的制度；及至十七大，则转变为一种更为积极的"实施知识产权战略"的提法；十八届三中全会决定重点强调要"加强知识产权运用和保护，健全技术创新激励机制"。这为新时期我国专利制度的价值追求作出了清晰、明确的指引。

其次，中国专利制度是在广泛借鉴外国经验，博采各国之长，结合我国具体国情需要的前提下形成的。从整体框架结构来看，主要有这样一些特征：一是从形式上而言，我国专利制度是以《专利法》为主干，《专利法实施细则》《审查指南》等行政法规、行政规章为补充，相关法律法规相配套的法律体系构建的。与《商标法》《著作权法》一起，成为我国知识产权制度的三大支柱。二是从内容看，发明、实用新型、外观设计均由一部《专利法》予以规制，既延续了中国专利法律的传统，又有所创新。三是从地域看，尽管我国专利制度仍然采用的是地域主义，但中国专利法律制度也具有"一国家、四法域"的特征。我国台湾地区"专利法"是以中华民国"专利法"为蓝本发展而来，香港特别行政区则深受英国的影响，英美法系的特征强，澳门特别行政区则沿用葡萄牙的工业产权法典。大陆与港、澳之间合作较为紧密，但与台湾地区则缺乏有力的合作机制。四是中国设立了独立性较强的国防专利制度，这在世界各大国中是独一无二的。

再次，专利制度的内部设计特征主要表现在专利权构造的"长""宽""高"三个维度。专利权的长度，指的是专利权的保护期限。我国专利权的长度，走过了一条期限较短向国际主流接轨的路径。1984年《专利法》规定，发明专利的期限为15年，实用新型和外观设计专利的期限为5年。1992年第一次修改《专利法》将发明专利期限改为20年，实用新型、外观设计专利的期限改为10年，基本上与国际主流接轨。专利权的宽度，指的是专利权的保护客体范围与权利覆盖范围。我国专利权的客体范围，走过了一条范围较窄，向国际主流接轨，到近年来开始独立选择的路径。专利权的高度，主要是对专利"实质条件"的要求。我国对专利的新颖性要求经过了从"相对新颖性"到"绝对新颖性"的过程。目前，世界各国对发明和实用新型专利权的授权标准基本上一致，但是对外观设计专利权的授权标准却存在较大的差别。

最后，我国专利制度最初的设计原理主要借鉴国外的经验，制度运行的几大环节都是西方专利制度的主体部分。我国参考了这样的制度流程设计，但也展现出用户友好、积极回应我国现阶段产业发展需求等特征来。一是申请。发明人申请是向国家表达要求给予保护的主观意愿，以此启动专利机关的审查活动。2008年，我国《专利法》第三次修改时，专门增加了依赖遗传资源的发明创造，申请人应在专利申请文件中写明该遗传资源的直接来源和原始来源的规定。同时，在专利申请资助、权利归属、职务发明奖酬等方面的规定，都表现出我国专利制的特殊性。二是审查与授权。我国专利审查制度采用多点审查、集中授权，实质审查与形式审查相结合的模式。专利制度建立以来，专利申请量急速膨胀，专利审查面临巨大压力。国家知识产权局采取有效措施，逐步形成了"一局七中心"的专利审查体系。从2001年起，国家知识产权局专利局成立了专利审查协作中心，接受专利局委托，承担部分专利申请的审查工作，有效地分担了国家知识产权局专利局的审查业务，提高了审查效率。三是专利的保护。我国专利保护采取了独具特色的司法主导、二元保护的模式，发明人取得专利授权后，如果任何人未经权利人的许可非法使用，权利人可以请求法院或行政机关予以保护。

3. 从制度用户来看，使用主体、类型与地域分布都显示出独特性

我国专利制度是为了适应对外开放、引进外资和外来先进技术而建立的，因此，最初的用户群体针对的是外国企业和外商投资企业。在专利制度建立之初，外国申请人居多，到了2003年左右，国内申请人才开始逐渐增多起来。我国专利制度目前的主要用户是企业、科研院所与个人。我国现有有效发明专利约120万件，其中企业占75%，高校、科研院所占15%，个人约占7%。不过，就企业总体情况来看，中国拥有自主知识产权核心技术的企业仅占大约万分之三，99%的企业尚没有申请专利，也即还未成为专利制度的用户。

从2014年专利申请的分布情况来看，东部沿海省份是最主要的专利申请省份，可以看作我国使用专利制度最大的省份。从国家分布情况来看，日本、美国、德国、韩国、法国分别列于我国专利申请前五名。从IPC分类来看，电学、物理、化学、运输等技术领域中的专利申请数量最多。从PCT专利申请分布情况来看，广东、北京、江苏三个省份排在前三位，说明这些省份是PCT制度的主要用户。

二、中国专利制度面临的挑战

中国专利制度运行30年以来，取得了巨大的成就，但是也存在不少问题。这些问题有的是所有国家都面临的问题，有的则是中国所特有。归纳起来共四类。

（一）无法在国家创新体系中起核心引擎作用而被边缘化的危机

1. 专利制度仍然不够完善，难以满足创新主体的需要

目前我国专利制度中仍然存在一些不完善、不健全的地方，难以满足创新主体的需要，所以创新主体使用专利制度的意愿不强烈。主要包括以下几个方面。

（1）立法强度与执法强度不匹配，专利保护网上出现漏洞。

首先，研究表明中国的专利保护强度随时间逐年提高，从 1985 年的 0.47 提高到 2012 年的 3.30，增幅达到 6 倍之大。其中 1992 年前后及 2001 年前后出现两个快速上升的阶段。中国的专利保护立法强度已接近西方发达国家水平，但是由于执行强度不足，致使最终的专利保护强度大打折扣。1985 年中国专利保护执行强度仅为 0.173，意味着 1985 年的专利立法强度（2.03）只得到了 17% 的执行，专利保护强度仅为 0.35。至 1995 年，中国专利保护立法强度已提高至 3.52，执行强度仅达 0.344，专利保护强度为 1.21，与同期发达国家相比有较大差距。至 2001 年，中国专利立法强度已高达 4.19，但同期的执行强度也只为 0.444，意味着高水平的专利立法强度只得到 44.4% 的执行，达到 1.86，接近于加拿大、新加坡 1990 年的水平，远低于美国等发达国家。至 2012 年，在专利保护立法强度保持高位 4.19 不变的情况下，专利保护执行强度才慢慢有所提升。

其次，国家知识产权局 2012 年开始对社会进行知识产权保护满意度调查。调查结果显示，2012 年，我国知识产权保护社会满意度得分为 63.69 分，2013 年为 64.96 分，较 2012 年提高 1.27 分，知识产权保护总体满意度虽有所提高，但仍仅处于及格水平。从对指标的评价来看，社会各界对知识产权法律与政策工作、管理与服务工作评价相对较高，对执法工作评价偏低，连续两年的满意度得分均低于 60 分。这些都说明，知识产权执法工作各个方面离各界期待还差距尚远。

最后，从专利保护与商标、著作权保护强度的比较研究表明，目前我国知识产权保护强度值最高的是商标权，最低的是专利权；无论立法强度还是执法强度，专利权均远远落后于著作权和商标权。这样，与其他类型知识产权相比，专利权保护网出现了一个巨大的漏洞。创新者的

收益就从这里渗漏出去了。

（2）专利权还未纳入《刑法》保护范围，甚至面临"脱刑"的危险。

目前我国《刑法》中，侵犯专利权的唯一罪名是假冒专利罪。这一犯罪客体是所谓的国家专利管理制度的权威性。从统计数据来看，1997年，新《刑法》颁布很长时间以来，对于假冒犯罪行为追诉的数字几乎趋近于0。这说明这一法益现在已经不值得动用《刑法》来予以保护。目前，刑法学界多主张立法机关应当尽快修改《刑法》，删除这类条文。❶ 如果《刑法》真将这类罪名删除，那么整个专利制度将面临完全被刑法保护抛弃的尴尬地位。刑法作为社会矫正机制的最后保障，在整个法律体系中处于保障法的地位。刑法所保护的是那些侵害其他部门法中最重要的法益。如果有的纳入刑法保护范围，有的没有纳入，从社会治理者的角度来看，只能说明纳入的比不纳入的更为重要，专利、商标、版权作为知识产权法律中的三大支柱，唯有侵害专利行为不入刑。

（3）专利管理体制仍不顺畅，难以形成合力。

我国专利管理体制仍然存在不顺畅、地方专利管理机构设置混乱的问题。目前，全国32个省（区、市及兵团）知识产权局中，机构为政府组成部门或直属机构的10个，归口科技部门的22个。其中，行政部门19个，事业单位13个。从级别上看，正厅级11个，副厅级17个，正处级4个。这种地方管理机构规模不同、编制混乱的局面导致了工作能力和专业化水平参差不齐，无法形成合力。由此产生的一个比较严重的问题就是专利行政执法的权限过窄，其必要性、正当性依然存在较大的争论。这些都导致行政执法手段缺、力量弱，执法力度不足以有效制裁和震慑专利侵权行为，在相当程度上无法为创新主体提供一个良好的创新环境。

2. 现有科研体制与专利制度运作仍然不够协调

长期以来，我国在科技创新领域沿袭了计划经济时期形成的管理体制，科技成果的管理、特别是国有企事业单位科技成果管理与专利权之间存在一定程度的不协调、不一致的地方。国家主导的科研体制因其在资源配置方面的计划性特征，对于市场属性的专利制度的实施存在巨大影响。从现实情况来看，传统的科研管理制度在技术创新方面仍然居于

❶ 张明楷. 刑法学［M］. 4版. 北京：法律出版社，2011.

主导地位，专利制度还只是现有科研体制巨大成就的财产权表征，而没有充分发挥激发创新、配置创新资源、促进技术成果转移转化的主导作用。在现有国家科研创新体制之下，我国企业的经营活动也开始出现了转向的趋势。从外企来看，越来越多的外企不再像预期的那样在技术领域进行创新，而是从竞争性领域进入垄断领域，金融性投资大大增长，独资化趋势越来越明显。从国企来看，2009 年，我国中央企业科技活动经费总额达到 2633 亿元，科技投入占销售收入比重达到 2.1%。❶ 然而，2009 年中央企业申请专利约 3.9 万件，仅占全国专利申请（87.7 万件）的 4.5%，其中发明专利授权占全国发明专利授权的 7.5%。与全国研发经费投入的 31.8% 相比，中央企业 7.5% 的发明专利产出比相对较低。这些都说明了作为创新主体的国企与外企都有足够的获利渠道，没有太强烈使用专利制度的意愿。除此之外，近年来地方机构改革中出现的一个不好的苗头，即将知识产权管理机构重新纳入科技管理机构之中。由于我国现有科研体制是以国家行政计划的方式来指导科技工作，而专利制度则是通过产权保护，市场运作的方式来激励创新，两者在价值理念、运行方式、工作手段等方面都存在重大的区别。因此，将知识产权管理机关重新纳入科技管理体制之下，对于专利制度的发展来说无疑是致命的打击。

（二）技术民族主义给专利制度带来的合法性危机

一段时间以来，由于狭隘民族主义情绪的流行，使得人们错误地理解专利制度的本质和作用，对专利制度的正当性产生怀疑，从而带来专利制度的合法性危机。

1. 将专利权益与社会公共利益对立的狭隘认识影响了专利制度的合法性

专利制度作为确定人类技术创新成果归属的财产权制度，在很大程度上划分了技术创新者与社会公众各自拥有财产范围的界限。所以有不少观点认为专利既然作为私权，与社会公共的利益是对立的，对专利的过分保护将危害公共利益。在一段时间内，这一矛盾在公共健康问题上尤为突出。其中影响较大的包括英国知识产权委员会《知识产权与发展政策融合》的报告。诺贝尔奖得主约瑟夫·斯蒂格利茨（Joseph Stiglitz）

---

❶ 黄丹华在 2010 年中央企业科技工作会议上的报告 [EB/OL]. (2010-07-06). http：//www. sasac. gov. cn/n85463/n327265/n327341/n327342/c374148/content. html.

也参与进来，对 TRIPS 协定提出严厉批评。❶ 专利制度似乎成为引发公共健康问题的"罪魁祸首"。但实际上，产生这些问题的根源是社会整体财富分配制度与社会保障制度这两个大系统出了问题，出于某种认识上的偏差，归咎于专利制度这个小系统。

2. 对国际竞争与发展的狭隘认识影响了专利制度的合法性

在我国，专利制度是一种被动移植的制度。"中美知识产权谈判""美国特别 301 调查""DVD 案"等事件，激发起了我国民族主义情绪。我国近 10 年来的经济成就，是在加入 WTO 后取得的。我们从现有世界经济体系中受益颇多。这证明只要以积极的态度参与国际贸易体系，是能够实现合作共赢的。但在技术民族主义情绪的困扰下，许多人用一种更为强调对抗的冷战思维而不是积极合作的态度看待专利制度，狭隘地将其视为发达国家对发展中国家进行经济欺压和掠夺的新工具，从而对其必要性和正当性产生怀疑。

（三）无法适应经济科技快速发展的僵化、脱节的危机

专利制度的根本目的在于推动技术创新的发展，但源于机械技术时代的专利制度在网络时代已经显得僵化，表现出与科技结构发展相脱节的危机。

1. 科学技术进步速度加快对专利制度提出了新的挑战

从专利制度史可以看出，专利制度的发展经历了一个特许主义向准则主义过渡的历程，即由君赐特权转变到由不特定的审查人员根据统一的标准对专利申请进行判断，决定是否授予专利权。这种专利法律制度一体化适用的准则主义对于保障个人权利、防止个人的主观任意擅断具有非常重要的意义。❷ 但"二战"以后，科学技术几乎每隔 10 年就要发生一次革命性的巨变。在不同领域，技术创新更加多样化，表现出完全不同的规律。比如，在化学药品领域，一两件核心技术即可制造某种产品，从而控制整个市场。而在电子通信领域，产品技术的更替越来越快，更新周期已经下降到 6 个月左右，这就是著名的摩尔定律。这种技术发展快速更新的特点与专利审查统一标准与固定周期的特征之间，与专利

❶ Joseph Stiglitz on Globalization [EB/OL]. http：//psdblog. worldbank. org/psdblog/2006/09/joseph_stiglitz. html，2006-11-06.

❷ ROBERT P. MERGES et al. Intellectual Property in the New Technological Age [M]. 2nd Ed. Aspen Law & Business，2000：128.

保护周期长、取证难的特征之间都存在较大的冲突。同时，在某些技术，如 IT、基因等累积型创新领域中，不仅存在摩尔定律，同时还存在"红桃皇后"规则，即众多企业进行专利竞赛，使得这些领域中堆积了大量专利，形成"专利丛林"现象，为后续创新带来阻碍。即便那些拥有最强技术创新能力的跨国公司，如微软、IBM、思科、Adobe、惠普、英特尔、苹果等 IT 企业，强生、礼来等制药企业，都开始受困于专利过多带来的创新成本过高的弊端，呼吁进行专利制度改革。近年来，我国研发投入已经实现了跨越式增长，到 2013 年 R&D 投入已经达到了 GDP 的 2%，由此激发了大量专利申请。更由于我国对于高新技术企业申请专利的支持政策，我国专利申请在过去一段时间出现了爆发式增长。随着我国经济转型，战略性新兴产业和节能环保产业快速发展，技术创新发展迅速，产业化进程加快，产品周期缩短，对于专利审查、授权、保护等提出了新的挑战。互联网、移动互联网和物联网的发展，已经成为我国新的经济增长点，特别是在电子商务等领域，我国已经涌现出像阿里巴巴这样的国际一流企业。在大型的商务平台上专利侵权已经成为突出问题。在文化产业发展方面，产品更新换代加快，及时获得专利权保护已经成为产业界的迫切需求。如果专利制度不能很好地解决这些问题，那么就可能面临被新技术发展抛弃、淘汰的危险。

2. 技术创新范式的转换对专利制度提出了新的挑战

随着知识经济时代的到来，经济全球化的深入发展，产业分工日益细化，技术创新的范式开始出现了转换，由原来的天才火花迸发式的线性创新范式转换为更加扁平化和网络式的创新模式。经济全球化的发展也导致了全球科技网络的产生，要求企业采纳一种开放式创新的竞争战略，按照比较优势原则在全球范围内配置研发资源。越来越多的跨国公司在全球范围内整合和配置创新资源，企业之间围绕合理分享专利利益合作创新的趋势越来越明显。这种技术创新模式要求构建发达、复杂且精细的专利法律制度。但是，从国内情形来看，我国目前专利制度的内部设计还存在诸多不协调、脱节的地方，如专利确权与诉讼之间、实用新型和外观设计的效力等，以及专利与其他知识产权类型，如外观设计与商标等之间常存在交叉、重叠、冲突等现象，这些都不能很好地适应新范式下技术创新活动的需要。从国际情形来看，TRIPS 协定曾试图构建一个全球专利秩序，但是由于 TRIPS 协定在保护客体、执法手段等方面都存在缺陷，无法满足新技术范式的需要，因此，近年来，出现主要国家采用场景转换的方式，抛弃 TRIPS 协定，构建双边或小多边关系的苗头。国际专利秩序面临重新陷入碎片化的趋势，这也给专利制度的发展带来了极大的挑战。

（四）因市场失灵带来的制度衰退的危机

专利技术能否顺利实现市场价值是专利制度作为创新发动机运转顺畅与否的重要环节。如果专利技术无法收回预期利益的话，那么将造成已经投入的研发经费浪费。近年来，伴随着专利数量的快速增长，一方面专利大量积压，无法实现市场价值的现象越来越严重，阻碍了技术的扩散，另一方面套利现象严重，这些表明专利系统患上了功能失调的病症。

1. 专利技术价值评估的永恒难题

专利技术具有无形性，存在较大的隐蔽信息，同时受到技术更新速度、专利权要求范围大小、权利稳定性、一国司法倾向等多种主观因素的影响，使得传统的市场法、收益法、成本法都难以准确确定专利的市场价值，以至于成为各国众多专利法专家、技术与财务专家、投资专家花费大量时间与精力多年来都未能解决的世界级问题。[1] 当前的中国，正经历痛苦的市场化转型，进程总体上是符合人性和社会发展规律的。由于市场化过程缺乏相应的制度约束，使得现今社会出现了商业道德滑坡、竞争失范的社会性危机。我国现阶段风险投资市场不足、市场信用机制存在严重缺陷、专利权人缺乏专利运营的技巧和能力等问题，都更加剧了专利技术价值评估的难度，使得价格机制不能产生作用，专利不能顺畅地转化成市场生产力。

2. 现有科研项目立项机制中存在与市场脱节等问题

一般来说，大多数技术研发创新活动到产生经济效益，如生产出可以赚取利润的新产品，通常会有一段时滞。据研究，这段时滞可能长达10 年。除了这些技术研发领域中所通有的特征以外，我国现有科研体制中的一些特殊规定，使得我国专利技术与市场脱节的现象更为严重。据调查，从我国目前的现状来看，2014 年，企业生产出产品的产业化为

---

[1] KEVIN G. RIVETTE，DAVID KLINE. Rembrandts in the Attic：Unlocking the Hidden Value of Patents．［M］．Boston：Harvard Business School Press，2000.

62.8％，科研院所为 16.5％，都算在可以接受的范围，而高校则明显偏低，仅为 3.5％。对高校来说，其研究重点更多地放在基础研究之上，所以很多时候研究成果离生产应用较远，同时高校缺少附属的生产设备，难以自行生产产品，这些都是各国的正常现象。但即便如此，也表明我国科研立项与市场脱节现象严重的局面。导致这一现象的原因很多，其中主要应归因于我国目前仍然采用外生增长式的科研体制，由国家大规模投入财政经费从事技术研发，然后通过政府与国企采购等方式在产业界中推广应用。这种模式创新效率低，易演变成粗放型的发展，使得创新成果与市场脱节，制造出巨大的科技泡沫。这些都使得专利制度变为现有科研体制的表征而失去其原初的意义。

3. 专利套利活动日渐活跃，引发专利制度异化病症

近年来随着我国专利申请数量的剧增，出现了大量专利"闲置"的现象。于是西方国家一些专门的专利运营公司开始纷纷进入中国，收购中国高校、科研院所的专利，进行打包组合再次许可的牟利活动。近些年，西方国家出现了一种专利运营公司。专利运营公司本身并不制造专利产品或者提供专利服务，通常从公司、科研院所或者个人发明者那里购买专利，然后将专利进行打包、组合，通过许可的方式获取利润。由于这类公司在专利经营方面有着熟练的技巧，因此常常能解决专利积压的难题，但也存在以诉讼的方式对使用专利的目标公司进行威胁。这类专利运营公司可以朝着两个方向发展：如果一国予以严格的规制并积极引导，则有可能以其丰富的专利经营技巧与经验，帮助一国解决专利积压问题，推动产业结构转型与升级，促进专利制度良性发展；反之，如果规制不严或规制不当，则有可能导致专利制度的异化，将专利制度引向毁灭。

三、结　语

我国专利制度是在改革开放进程中快速形成的，存在制度理论基础不扎实，缺乏对本土问题的深入解读；专利执法强度不够，专利保护上存在漏洞；与我国地域宽广，区域间、产业间经济技术发展的复杂现状尚未完全同步，适应现代科技发展新形势不够及时；未来发展方向不够明确等问题。但是也可以看出，我国专利制度具有起点高、标准严的特征，并且在专利制度 30 年的发展中，我们已经有了按照自身需要设计和选择规则的自觉冲动，不再做外来法律的移植者和模仿者。在新的历史时期，对中国专利制度的运行实践进行概括与总结，构建符合我国现实国情和未来需要的专利制度与政策体系，能够为创新型国家建设提供制度新支撑，为国际专利变革提供制度新思路，为发展中国家发展提供制度新示范。

经济结构、专利制度与创新

——论中国现阶段经济结构
对专利制度运行的影响

高 伟❶

摘 要

　　过度竞争是妨碍我国企业技术创新和专利行为的重要因素，竞争不足最不利于我国企业的创新，适度竞争的行业对创新的投入最为积极。国企，特别是央企有足够的获利渠道，所以没有太强烈的意愿投入研发通过专利制度来获取竞争优势。民营企业整体的创新效率最高，但是创新强度很小，创新受到的制约很大。我国企业 R&D 投入主要来源于自身现金流、注册资本增加以及商业信用，银行贷款并没有成为非国有企业 R&D 投入的主要融资渠道。与典型的发达国家相比，我国政府的基础研究资助比例明显偏低，基础知识研究的主体是政府，政府应加大对于基础研究的资助比重，同时通过促进效应，可以提高企业创新投入。

关键词

经济结构　专利　创新　TFP

---

❶　作者单位：中央财经大学。

绪　论

从计划经济到市场经济的转变是我国专利制度实行的基础；粗放式经济增长方式已不能维持持续的经济增长，经济发展越来越依赖于创新；从封闭经济到开放经济的转变，要求我们适应国际规则；知识经济的到来，要求发展中国家提前进入创新驱动的经济发展模式。市场驱动的研发行为需要专利制度作为驱动的发动机。

创新行为可分为市场驱动的创新和非市场驱动的创新。非市场驱动的创新主要是政府治理市场失灵的研发投入，这与专利制度关联不大。市场驱动的创新主要依靠专利制度发挥作用，专利制度是创新驱动发展的发动机。经济结构会影响专利制度运行，部分因素会制约专利制度发挥作用。本文专注于研究这些制约因素，在此基础上，提出政策建议。

本文旨在分析中国现阶段经济结构对于企业创新与专利行为的影响，具体来说：第一，本文通过三个关键经济指标分析中国的经济增长情况；第二，研究经济结构对于中国企业创新与专利行为的影响；第三，通过以上分析，总结制约中国专利制度发挥作用的经济结构因素，得出启发式建议。

一、三个关键经济指标与中国经济增长动力分析

我们结合三个核心数据（市场化程度、TFP 水平和投资结构）划分经济发展阶段，判断我国经济增长的模式。

1. 市场化程度

中国的经济体制改革就是一个由计划经济体制向市场经济体制转变的过程。随着十八届三中全会"让市场在资源配置中起决定性作用"的决定出台后，中国市场经济改革进程进入了一个新的历史时期，这必然要求国家将专利制度从创新体系的边缘放到中心位置，为我国专利制度的发展提供了前所未有的历史机遇。

但是，中国特色社会主义道路下的市场化进程又表现出相当的特殊性。我们借用樊纲的《中国市场化指数》数据，来说明我国自计划经济到市场经济的市场化演变过程。

中国的市场化进程以 1994 年和 2008 年为界，分成三个阶段。第一阶段中国的市场化进程进展迅速，从 1978 年的 52.29 直线上升到 1994 年的 76.81，年均增长 36.59%。经过这一阶段的发展，我国社会主义市场经济体制的基本框架已初步建立。第二阶段中国市场经济体制建设进入一个逐渐完善的阶段，这一阶段中国的市场化进程则表现为稳步推进，从 1995 年的 74.86 逐渐上升到 2007 年的历史最高点 86.50。第三个阶段是 2007 年之后，市场化程度又开始下降。2007 年之后，由于全球金融危机的爆发，我国推出 4 万亿元经济刺激计划，这些资金大部分流向国有企业，使得市场化指数出现了小幅下降。市场化程度的具体数据见图 1。

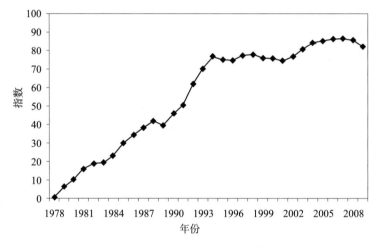

图 1　1978～2008 年中国市场化进程指数变化图

由于我国市场化进程是在政府主导下进行的，国有企业作为非典型市场主体在国民经济中占主要的地位。受这两点原因的影响，中国的市场化进程表现为商品市场的市场化比较充分，要素市场的市场化则不充分。要素市场化不充分扭曲了企业从事研发活动的动力机制，损害了专利制度的市场运行环境。

2. TFP 水平

我们使用 TFP（全要素生产率）作为技术水平的衡量变量来判断我国的技术创新水平。TFP 增长和经济发展所处的阶段相联系，发达国家的 TFP 增长相对较快，而发展中国家的 TFP 增长相对较慢。我国经济增长长期主要依靠要素投入的增加，而资本要素的贡献更是占据主导地位。与东亚国家和发达国家的经济发展过程相比，我国 TFP 增长对经济增长的贡献度明显较低。

1952～2012 年，分阶段的经济增长核算数据如表 1 和表 2 所示。

表 1　1952～2012 年中国经济增长核算数据　　　　　　单位：%

经济周期	GDP 增长率	资本投入		劳动投入		狭义技术进步	
		增长率	贡献率	增长率	贡献率	增长率	贡献率
1953～1977 年	5.93	13.13	110.67	2.60	21.92	−3.33	−32.59
1978～2012 年	9.83	10.63	54.09	2.01	10.21	2.45	35.71
1953～2012 年	8.22	11.64	70.82	2.25	13.71	0.01	15.48

表 2　1978～2012 年中国经济增长核算数据　　　　　　单位：%

经济周期	GDP 增长率	资本投入		劳动投入		狭义技术进步	
		增长率	贡献率	增长率	贡献率	增长率	贡献率
1978～1981 年	6.86	8.29	60.42	2.88	21.00	1.27	18.56
1982～1986 年	12.07	9.79	40.55	3.15	13.05	5.6	46.39
1987～1990 年	6.34	8.31	65.49	7.05	55.55	−1.33	−21.04
1991～1999 年	10.83	11.27	51.99	1.08	5.01	3.99	43.00
2000～2007 年	10.80	11.17	51.74	0.94	4.38	4.66	43.89
2008～2012 年	9.15	14.15	77.38	0.45	2.48	1.84	20.15

数据来源："知识产权强国建设的创新经济学研究"（国家知识产权局课题）。

表 1、表 2 反映的 TFP 发展的变化与我国的专利制度具有相关性。可以区分为几个节点。第一个节点为 1985 年左右，专利制度实施；第二个节点为 1992 年左右，《专利法》第一次修订；第三个节点为 2001 年左右，我国加入 WTO；第四个节点为 2008 年左右，TFP 开始下降。这说明，随着我国要素驱动型经济发展方式出现衰竭，我国经济发展已经走到了必须转换到创新驱动模式的"临界点"上。

3. 投资结构

改革开放之后，我国一直维持较高的投资比率，这与我国的经济发展阶段和要素推动增长的国家发展模式相符合。我国的投资对于经济增长的作用一直处于较高的水平。具体数据见图 2。

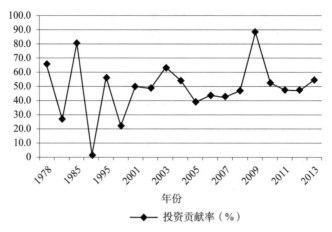

图 2　我国的投资贡献率（历年）

数据来源：《中国统计年鉴 2014》。

2013 年我国的投资率水平依然为 47.8%，这与发达国家和新兴工业化国家相比，都是非常高的水平。如果把投资简单分成两类，一类是机器设备的投资，另一类是建筑与结构的投资。2007 年，建筑与结构总投资的比重大概占总投资的 58%，到了 2012 年，这个比重就增加到70%。所以，从 2007 年到 2013 年的投资结构中机器与设备的投资比重在下降，而投资在房子、公路等建筑上的比重在上升。具体数据见图 3。

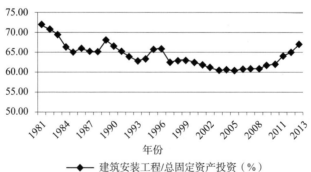

图 3　全社会固定资产投资结构：建筑安装工程/总固定资产投资比重（1981～2013 年）

数据来源：《中国统计年鉴 2014》。

按照白重恩的研究，剔除了价格因素和折旧，我国平均的资本回报率大概在 5%，再考虑到我国银行贷款的平均利率大概在 7%。我国从投资中得到的回报低于获得资金所付出的成本，也就是说，平均来说，我国的投资回报率已经是负值。由于中国的全要素生产率与发达国家相比，还小很多，所以，从绩效而言，国家在实物资产（特别是建筑投资）上的投资率是过高的。从技术创新角度分析，就此两类固定资产投资而言，能够体现和包含技术进步的投资是在"设备工具器具购置"项目中，而不是"建筑安装工程"项目中。数据分析发现，投资率和全要素生产率的增长之间有一个负向的关系，也就是投资率越高的时候，全要素生产率的增长越慢，这从另一个角度说明投资率太高了，投资过多带来了效率改善的速度下降。

4. 三个关键变量数据得到的结论

改革开放前，市场化水平极低，投资由国家统筹，TFP 很小，这说明自新中国成立以来的计划经济体制导致了粗放式的经济增长模式，国家计划的创新水平很低。

改革开放后至 2008 年，TFP 数据、市场化水平都有较大的提升，这说明自改革开放以来实行的市场经济发展模式激发了民众的创新，提高了经济增长的技术含量。

2008 年之后，TFP 数据、市场化水平下降，产生了技术创新不足，投资回报率低，市场化程度降低的问题。这都反映了我国投资推动的经济增长方式遇到了瓶颈，经济迫切需要创新发展。

二、经济结构与企业专利行为

我国的经济结构可以从市场结构、企业结构、金融结构、投资结构等因素进行解析，下面本文分别分析这些因素对专利制度运行的影响。

1. 市场结构

如果我们将市场结构分为完全垄断、完全竞争和不完全竞争三种类型，按照经济学理论综述，可以看出完全垄断和完全竞争两种市场结构都不是最利于技术创新的市场结构。具体的逻辑可以使用图 4 进行说明。

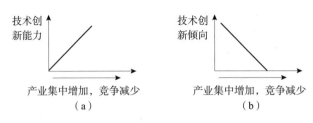

图 4　市场类型与创新的关系

随着产业集中度的增加，企业的技术创新能力增加，但是技术创新的倾向却在下降。因而应该分析两者的效应比较，两者形成的总效应才是判断标准。因而，不完全竞争的市场结构最有利于企业的技术创新。

借鉴严海宁（2009）的研究成果，本文使用行业数据分析市场结构。

按照市场集中度和企业数量所衡量的竞争程度的不同，我们可以将我国的行业分为三类：竞争不足、适度竞争和竞争过度。我们对于 2012 年的全行业进行分析，全面分析 38 个行业创新数据，具体数据见表 3。

表 3　三种竞争类型行业的创新数据汇总比较（2012 年）——全行业（38 个行业）

竞争程度	资产占比（100%）	新产品产值/主营业务收入（%）	R&D 支出/利润（%）	政府资金/R&D 支出（%）	企业资金/R&D 支出（%）	有效发明专利数（件）	有效发明专利/资产占比（件/亿元）
不足	7.54	4.83	2.94	5.97	91.94	3521	466.98
适中	59.02	16.35	16.72	4.57	93.93	239460	4057.27
过度	32.92	5.40	5.33	2.94	95.55	33851	1028.28

数据来源：《中国科技统计年鉴 2013》。

从以上数据，依然可以得出类似的结论：

竞争适度的行业在创新行为上的主要指标都明显高于其他两类行业。

竞争不足的行业的研发创新行为明显低于适度竞争和过度竞争行业，其 R&D 支出/利润比（2.94）、新产品产值/主营业务收入比（4.83）明显低于适度竞争（16.72、16.35）和过度竞争行业（5.33、5.4）。其有效发明专利数与资产占比也是最低的。

过度竞争的行业的研发创新行为明显不如竞争适度行业，特别是新产品产值占总产值比重只有 5.4%，只是竞争适度行业的 1/3，R&D 经费占产品销售收入比重和 R&D 项目经费支出也是如此。

从资金结构来看，竞争不足（垄断）行业拿到政府资金是最高的，而其他行业的研发主要依赖自身资金。这说明，政府在这方面的投入未必合理。

从创新效率来看，我们利用"单位资产有效发明专利"指标进行衡量，竞争适度行业的创新效率明显高于竞争过度和竞争不足行业。

因此，一方面，为了给专利制度的运行提供空间，需要制定正确的产业政策，形成良好的竞争环境；另一方面，也可以根据一国产业发展的实际情况，有目标、有策略地运用专利政策，例如调节保护客体大小、权利要求宽窄、创新程度高低等，来促进或限制特定行业竞争的激烈程度。

2. 企业结构

与国外相比较，我国有比较特别的企业结构，由于我国从计划经济转变而来，而且国有企业一直占据重要的地位，所以，我们要区分不同企业类型来考查企业类型对于专利制度的运行效果。我们按照注册企业类型来分析不同所有制企业的研发行为。

我们按照 2012 年的基本企业数据来分析不同企业的研发行为和专利行为。具体数据见表 4。

表 4　2012 年规模以上企业主要经济数据

注册类型	主营业务收入（亿元）	新产品（个）	新产品收入/主营业务收入（%）	利润总额（亿元）	R&D内部支出（亿元）	R&D内部支出/利润总额（%）	专利申请数（件）	发明专利（件）	有效发明专利数（件）	有效发明专利数/R&D支出（%）
内资企业	707343	72713	10.28	47944	5437	11.34	379211	135421	209301	38
国有企业	77521	7389	9.53	3882	562	14.48	30790	11248	16376	29
集体企业	10970	1225	11.16	895	75	8.41	2750	876	1280	17
国有独资公司	33114	5253	15.86	1633	452	27.68	13942	5412	7829	17
股份有限公司	90112	18181	20.18	7650	1246	16.28	78416	33008	53543	43
私营企业	285621	16543	5.79	20192	1247	6.17	144168	39626	55726	45
港澳台商投资企业	80678	11007	13.64	4947	672	13.59	51434	17426	28136	42
外商投资企业	141271	26810	18.98	9019	1091	12.10	59300	23320	39759	36

数据来源：《中国科技统计年鉴 2013》。

表5　2012年规模以上企业主要创新数据汇总

注册类型	有研发机构的企业数/企业数（%）	有研发活动的企业数/企业数（%）	新产品收入/主营业务收入（%）	R&D内部支出/利润总额（%）	新产品销售收入/新产品研发支出（%）	有效发明专利数/R&D支出（%）
企业（平均）	10	13	10	11	13	38
国有企业	14	19	9	14	13	29
集体企业	4	5	11	8	21	17
国有独资公司	27	35	16	28	12	17
股份有限公司	31	35	20	16	13	43
私营企业	9	11	6	6	11	45
港澳台商投资企业	15	18	14	14	14	42
外商投资企业	16	19	19	12	19	36

数据来源：根据《中国科技统计年鉴 2013》整理。

按照企业所有权性质分类的研发投入分布情况表明（见表5）：

第一，国有企业研发投入无论总量还是平均每家企业的投入量均居首位，但研发投入强度仅低于港澳台企业。这说明国有企业仍然是我国企业研发投入的主力军，而且研发活动高度集中，在一定程度上反映了政府引导企业研发投入的特征。国有企业的新产品收入/主营业务收入比较低，这与政府引导研发投资的特征相关。

第二，集体企业和私营企业的研发投资强度最低，反映了集体企业和私营企业的市场竞争压力和创新动力不足，但是私营企业的研发成功率最高。我国私营企业已开始重视研发，积极参与研发投资活动，但由于企业规模和产业进入的限制，研发投入规模普遍较小，还不能够形成规模优势。

第三，外商控股和港澳台控股企业的研发投入比较大。港澳台商各方面的创新数据都很高。外资企业的研发数据也较高，显然，在企业层面可以看到我国引进外资的水平普遍较高。

（1）国企专利行为分析。

仿效白明、雷箐青（2006）的分析方法，我们对于我国的国有企业按照行业数据进行分析。数据采用2012年的行业数据。

① 国有企业与专利行为基础数据分析。

2012 年，国有企业和集体企业的 R&D 经费来自政府的占到 8.2%，私有企业、港澳台商和外资企业分别只占到 3.4%、2.35% 和 1.73%，但是，国有企业和集体企业的"有效发明专利数"却只占到总数的 6.37%，私有企业、港澳台商和外资企业的"有效发明专利数"却占到总数的 20.1%、10.15% 和 14.34%。这些数据表明：国企，特别是央企有足够的获利渠道，所以没有太强烈的意愿使用专利制度。行业数据见表 6。

表6　国有企业利润率与行业平均数据

行业	实收资本（亿元）	国家资本（亿元）	国有产权比重（%）	利润率（%）
总计	144684.13	22601.38	15.62	7.85
煤炭开采和洗选业	4936.16	1560.88	31.62	17.01
石油和天然气开采业	6128.28	3363.11	54.88	52.09
黑色金属矿采选业	1337.42	529.60	39.60	17.74
有色金属矿采选业	736.07	146.66	19.92	19.91
非金属矿采选业	466.04	77.44	16.62	10.79
其他采矿业	2.48	—	—	10.30
农副食品加工业	3685.19	110.40	3.00	6.83
食品制造业	2022.15	56.49	2.79	9.80
饮料制造业	1968.47	136.77	6.95	12.48
烟草制品业	900.43	166.04	18.44	14.42
纺织业	4417.27	89.01	2.02	6.46
纺织服装、鞋、帽制造业	1699.03	15.09	0.89	7.82
皮革、毛皮、羽毛（绒）及其制品业	966.09	2.29	0.24	8.91
木材加工及木、竹、藤、棕、草制品业	955.38	16.55	1.73	7.93
家具制造业	693.21	2.54	0.37	7.45
造纸及纸制品业	2632.30	232.06	8.82	6.88

续表

行业	实收资本（亿元）	国家资本（亿元）	国有产权比重（%）	利润率（%）
印刷业和记录媒介的复制	817.26	74.94	9.17	10.17
文教体育用品制造业	492.06	8.23	1.67	5.95
石油加工、炼焦及核燃料加工业	4444.69	1796.59	40.42	1.15
化学原料及化学制品制造业	10192.87	1095.80	10.75	7.98
医药制造业	2815.36	240.07	8.53	12.34
化学纤维制造业	1026.49	97.11	9.46	5.80
橡胶制品业	1048.97	40.15	3.83	6.38
塑料制品业	2503.79	43.27	1.73	7.03
非金属矿物制品业	6741.47	414.26	6.14	10.06
黑色金属冶炼及压延加工业	7385.51	1231.65	16.68	3.53
有色金属冶炼及压延加工业	13993.49	812.21	5.80	5.94
金属制品业	3249.67	154.41	4.75	7.23
通用设备制造业	6250.64	405.03	6.48	8.27
专用设备制造业	4310.50	379.63	8.81	8.97
交通运输设备制造业	8970.09	1135.13	12.65	9.36
电气机械及器材制造业	7188.60	226.15	3.15	7.05
通信设备、计算机及其他电子设备制造业	9475.55	462.74	4.88	4.64
仪器仪表及文化、办公用机械制造业	1249.91	109.06	8.73	8.87

行业	实收资本（亿元）	国家资本（亿元）	国有产权比重（%）	利润率（%）
工艺品及其他制造业	782.47	24.00	3.07	6.63
废弃资源和废旧材料回收加工业	182.89	7.85	4.29	6.51
电力、热力的生产和供应业	15569.44	6233.16	40.03	4.15
燃气生产和供应业	831.52	211.23	25.40	10.62
水的生产和供应业	1614.94	893.74	55.34	6.15

数据来源：数据根据《中国科技统计年鉴2013》整理。

② 国有企业利润来源分析。

表7 2012年部分行业利润率与国有产权比重数据

	石油和天然气开采业	有色金属矿采选业	黑色金属矿采选业	煤炭开采和洗选业	烟草制品业	社会平均
利润率（%）	52.09	19.91	17.74	17.01	14.42	7.85
国有产权比重（%）	54.88	19.92	39.6	31.62	18.44	15.62

数据来源：数据根据《中国科技统计年鉴2013》整理。

从表6、表7数据中可以看到，2012年，利润率最高的行业依次为"石油和天然气开采业""有色金属矿采选业""黑色金属矿采选业""煤炭开采和洗选业"和"烟草制品业"，利率润分别达到了52.09%、19.91%、17.74%、17.01和14.42%，而且利润率高的行业国有产权比重也高，这五个行业的国有产权比重分别达到了54.88%、19.92%、39.6%、31.62%和18.44%，都明显高于社会平均水平。

表8 不同类型企业利润率比较（2012年）　　　　单位：%

行业	国有及国有控股	私营企业	外商和港澳台商
总计	7.65	8.00	7.67
煤炭开采和洗选业	15.67	14.39	27.10
石油和天然气开采业	51.58	7.47	76.78

续表

行业	国有及国有控股	私营企业	外商和港澳台商
黑色金属矿采选业	12.27	18.71	25.27
有色金属矿采选业	25.60	12.94	31.77
非金属矿采选业	15.07	9.68	13.04
其他采矿业	—	10.51	—
农副食品加工业	4.76	7.46	5.84
食品制造业	5.38	9.23	10.37
饮料制造业	23.47	9.98	8.80
烟草制品业	14.43	8.53	31.49
纺织业	3.97	6.53	6.59
纺织服装、鞋、帽制造业	5.03	7.14	8.16
皮革、毛皮、羽毛（绒）及其制品业	6.83	8.41	8.78
木材加工及木、竹、藤、棕、草制品业	4.45	8.21	7.45
家具制造业	15.11	8.32	6.24
造纸及纸制品业	2.63	7.42	7.03
印刷业和记录媒介的复制	13.69	8.51	13.44
文教体育用品制造业	8.03	7.65	4.29
石油加工、炼焦及核燃料加工业	−0.50	5.86	1.92
化学原料及化学制品制造业	5.01	8.25	9.54
医药制造业	13.49	10.17	13.05
化学纤维制造业	4.11	4.77	8.37
橡胶制品业	1.74	8.26	4.62
塑料制品业	5.68	7.35	6.01
非金属矿物制品业	13.72	9.43	10.85
黑色金属冶炼及压延加工业	1.27	5.67	3.84
有色金属冶炼及压延加工业	4.71	6.38	6.01
金属制品业	7.64	7.26	7.33
通用设备制造业	6.96	8.09	9.87
专用设备制造业	7.04	8.85	9.66
交通运输设备制造业	9.72	7.15	12.51

行业	国有及国有控股	私营企业	外商和港澳台商
电气机械及器材制造业	4.83	7.41	6.78
通信设备、计算机及其他电子设备制造业	5.96	7.62	3.85
仪器仪表及文化、办公用机械制造业	11.88	8.08	7.82
工艺品及其他制造业	4.20	6.87	6.79
废弃资源和废旧材料回收加工业	3.28	6.27	5.85
电力、热力的生产和供应业	4.04	6.62	7.75
燃气生产和供应业	8.31	7.79	12.99
水的生产和供应业	1.98	10.52	22.12

数据来源：数据根据《中国科技统计年鉴2013》整理。

我们发现，国有企业的主要利润不是依靠技术创新获得，而是来源于行政手段的干预。可以肯定地说，要不是行政垄断限制了其他所有制企业的进入，国有企业不可能长期获得如此巨额的垄断利润，并成为国有企业的主要利润来源。

我们将2012年的数据进行整理分析，将行业的国企比重与利润率作相关分析，可以看到明显的正向关系。国有产权占比较大的行业占据了绝大多数利润，而且利润率高低与国有产权比重呈现明显的正向线性关系。具体见图5。

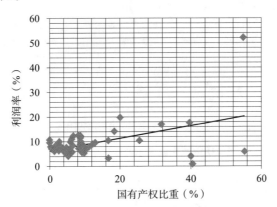

图5 利润率与国有产权比重的相关分析

（2）民营企业研发行为分析。

从以上数据看出，民营企业整体的研发投入是非常低的，仅高于集体企业。近年来，民营企业中少部分企业，如华为、腾讯、华大基因等的创新已经在世界领先，但是，从总体来看，民营企业的创新和专利行为依然很低。另外，民营企业的专利产出效率是所有类型企业中最大的。这说明，民营企业相对于国企具有更高的研发热情，但是同时民营企业得到的科研投资很小，民营企业的研发和创新行为受到了抑制。

对于民营企业来说，最紧迫的问题不是不重视自主创新，而是要选择适合企业实际的技术创新模式。笼统提倡高端意义上的自主创新，既不现实，也不可行，模仿创新和合作创新模式可能是中小企业技术创新的主要路径和明智选择。

3. 金融结构

我们从历年中国 R&D 支出的金融贷款数据可以看出，中国的 R&D 支出中的贷款比重呈下降趋势，这说明，我国企业并没有从金融体系中获得足够的研发贷款资金。具体的数据见图 6。

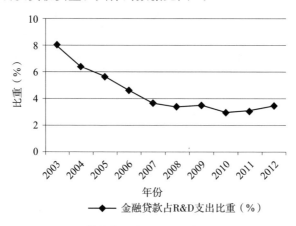

图 6　R&D 贷款来源占 R&D 支出的比重（历年）

这一现象与我国金融机构信贷投放中存在"所有制歧视"和"规模歧视"现象密不可分。长期以来，我国金融机构倾向于选择资产规模大、抵押担保品丰富的大型国有企业或地方支柱企业作为授信对象。而这些企业融资渠道丰富，本身并不缺乏研发资金，过多的资金流入也带来了资金利用率和边际收益率的降低，引发规模不经济问题。与此同时，广大科技型中小企业却因资产规模小、抵押担保品有限、偿债能力差，面临着融资难的局面，无法获取充足的资金开展创新活动，更无法开展高水平的发明专利创新。显然，金融机构在信贷投放中存在的这些歧视已成为制约我国企业创新的重要因素。

从中国金融结构来看，2003～2012 年，企业从金融机构获得资金总体呈现下降趋势。2003 年，金融机构资金占 R&D 比重为 8％，而到了 2012 年，这一数据下降为 3％。这说明，企业自有资金越来越成为创新的主要来源。相对于政府资助的研发而言，企业自行投入的研发对于专利制度的依赖程度更高，对专利制度的要求也就更高（见图 7）。

企业专利行为的资金来源有 4 个：政府资金、企业自有资金、国外资金和金融机构资金。

企业从金融机构获得资金进行创新和专利研发越来越困难。我国并没有形成有利于企业创新的金融结构。

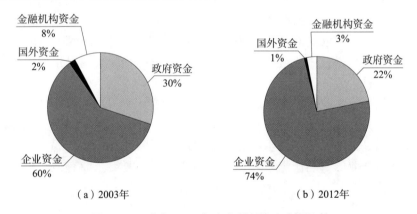

图 7　2003 年与 2012 年企业创新资金来源比较

我们来分析不同类型企业的专利行为对于金融的依赖程度，并分析不同类型企业的专利产出效率。我们以 2005 年数据为例分析，见表 9。

表 9 　2005 年企业类型专利与金融数据汇总

企业类型	企业数（家）	工业总产值（亿元）	金融机构贷款（亿元）	R&D内部支出（亿元）	专利申请数（件）	金融机构贷款/R&D支出（%）	专利申请数/工业总产值（%）	专利申请数/R&D支出（%）
总数	28567	164015.02	169.44	2543.32	55271	6.66	33.70	21.73
国有企业	3357	22280.24	6.59	333.76	2900	1.98	13.02	8.69
集体企业	919	3725.84	4.09	59.91	1174	6.82	31.51	19.59
私营企业	5398	14133.87	22.88	163.89	8382	13.96	59.30	51.14
港澳台企业	4253	18435.45	15.22	191.59	8434	7.95	45.75	44.02
外企	5031	37005.38	23.46	445.53	8487	5.27	22.93	19.05

数据来源：《中国科技统计年鉴 2005》。

从以上数据可以看出，不同类型企业创新和专利行为对于金融的依赖程度不同，具体结论为：①国有企业的 R&D 支出中金融机构贷款占比最小。这说明，虽然国有企业的融资成本最低，但是国有企业有国家资金支持，所以在依赖金融机构贷款上，并不积极；②私营企业的 R&D 支出中金融机构贷款占比最大，这说明，私营企业有巨大的对于金融支持的创新动机。

我们对于不同类型企业的专利产出效率进行分析。可以使用专利申请数/R&D 支出的比例来衡量这一效率。得出结论：①国有企业的专利产出效率是最低的。这说明国有企业使用专利的动机最小；②私营企业和港澳台企业的专利产出效率最高。这说明，这两类企业有最大的使用专利行为动机。

4. 政府行为

由于中国科技体系的特殊性，中国特色的政府扶持创新行为的方式中政府的研发支出分为"政府科技计划拨款"和"R&D 支出中的政府资金"。

以上数据反映了我国政府研发直接投入的情况。为了更好地说明问题，我们可以对于以上数据进行整理，有两个指标最能说明问题（见图 8），就是"R&D 中政府资金占比"和"R&D 中政府资金和国家主要科技计划中央财政拨款占比"。第一个指标，即"R&D 中政府资金占比"是可以直接与国际数据比较的，我们结合 OECD 的数据进行比较分析，可以看出，我国的 R&D 中政府资金占比略低于美国和 OECD 国家平均

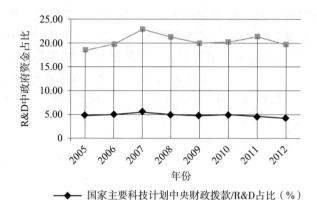

图 8　政府研发资金投入情况（历年）

值。第二个指标"R&D 中政府资金和国家主要科技计划中央财政拨款占比"是我们计算出来的，是实际反映我国政府研发投入与研发总投入的比例的数据，如果我们考虑这个指标，会发现我国政府的研发投入占比数据与美国和 OECD 国家平均值是基本持平的。

在以上数据的基础上，我们进一步分析我国政府研发投入的结构问题，这其中最需要关注的就是我国政府研发投入中的基础研发投入的比例。

从经济理论上，我们应区分基础研究与专业研究。按照经济理论，在市场经济中，专业知识研究出资的主体应该是企业，而基础知识研究资助的主体是政府。所以，政府应加大对于基础研究的资助，应加大这一投入比重。具体数据见图 9。

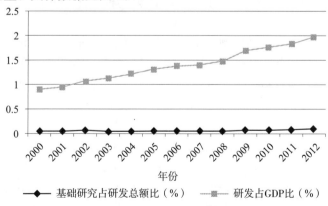

图 9　中国基础研究占研发总额的比重（历年）

从图 9 可以看出，2000～2012 年，我国 R&D 支出占 GDP 的比重一直在提高，但是基础研究资助占 R&D 总支出的比重却维持在 5% 左右，在 2003～2011 年，甚至出现了明显的低位运行（占比低于 5%，有些年份甚至低于 4%）。这说明，我国政府的基础研究资助比例明显偏低。为了作出比较，我们依然结合 OECD 数据进行比较（见图 10），从数据可以看出，我国政府的基础研究资助比例明显低于美国和其他典型的发达国家。

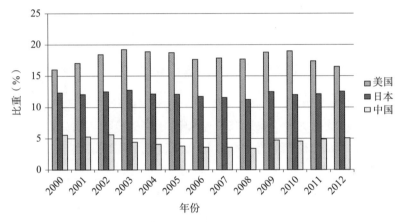

图 10　中国与美国、日本基础研究占比比较（历年）

数据来源：OECD 数据库。

三、计量分析

本文构建两个计量模型，用于分析影响企业研发行为和专利行为的因素的效应。两个计量模型的被解释变量分别使用企业 R&D 项目数量和每年审批授权的专利数量，解释变量相同，模型使用省际数据。

1. 模型设定

设置面板模型：

$$rdnum_{it} = x'_{it}\beta + z'_i\delta + u_i + \varepsilon_{it} \quad (i=1, \cdots, n; \ t=1, \cdots, T)$$

和

$$inno_{it} = x'_{it}\beta + z'_i\delta + u_i + \varepsilon_{it} \quad (i=1, \cdots, n; \ t=1, \cdots, T)$$

其中 x'_{it} 包含以上控制变量，z'_i 为不随时间而变的个体特征。$u_i + \varepsilon_{it}$ 为复合扰动项。u_i 是个体异质性的截距项，ε_{it} 为随个体与时间而改变的扰动项。第一个模型的被解释变量是企业 R&D 项目数量，第二个是每年审批授权的专利数量。

2. 计量分析的基本结论

企业 R&D 项目数量的固定效应回归模型得到的统计结果如下：

rdnum	Coef.	Std. Err.	t	P>|t|	[95% Conf. Interval]	
gov	3274.32	1171.806	2.79	0.006	958.9424	5589.698
fdi	407.199	1515.846	0.27	0.789	−2587.969	3402.366
avrgdp	36.81584	4.495824	8.19	0.000	27.93251	45.69916
open	2.582084	13.88522	0.19	0.853	−24.8538	30.01797
cov	375.0792	206.9919	1.81	0.072	−33.91715	784.0755
_cons	−16587.26	8463.814	−1.96	0.052	−33310.96	136.4321

可看到，政府科技支出变量、人均 GDP 和企业研发支出三个变量显著。

① 政府科技支出对于企业的 R&D 项目有显著的正向作用，因而，各地政府提高科技投入占财政总支出的比重，可以促进企业的研发行为。

② 人均 GDP 的提高对于企业的 R&D 项目有显著的正向作用，这说明，经济发展水平是决定企业进行研发行为的关键变量。

③ 企业研发支出的提高对于企业的 R&D 项目有显著的正向作用，这说明，企业的研发投入是提高企业研发项目数量的关键因素。

专利数量的固定效应回归模型得到的统计结果如下：

inno	Coef.	Std. Err.	t	P>|t|	[95% Conf. Interval]	
gov	18006.26	5320.121	3.38	0.001	7494.201	28518.31
fdi	2566.227	6896.805	0.37	0.710	−11061.21	16193.66
avrgdp	143.8602	20.41724	7.05	0.000	103.5177	184.2028
open	8.737314	63.0573	0.14	0.890	−115.8579	133.3326
cov	1436.603	940.6424	1.53	0.129	−422.0174	3295.223
_cons	−80198.61	38506.76	−2.08	0.039	−156284.3	−4112.9

可看到，政府科技支出变量、人均 GDP 和企业研发支出三个变量显著。

① 政府科技支出对于企业的专利申请有显著的正向作用，因而，各

地政府提高科技投入占财政总支出的比重，可以促进企业的专利行为。

② 人均GDP的提高对于企业的专利申请有显著的正向作用，这说明，经济发展水平是决定企业专利行为的关键变量。

③ 企业研发支出的提高对于企业的专利申请有显著的正向作用，这说明，企业的研发投入是决定企业专利数量提高的关键因素。

从两个计量模型得出结论，政府和企业的研发支出、经济水平的提高是促进企业研发、使用专利制度的关键因素。

四、政策建议

1. 应进一步推进市场化进程，消除地方保护主义，形成有利于企业技术创新的市场结构

我国的市场化进程还需加快，应逐步形成有利于企业技术创新的市场结构。一方面必须在深化改革的过程中，打破地方保护主义，消除行政垄断，加快建立全国性的统一、开放的市场体系。另一方面，要逐步扩大企业规模，提高生产集中度，改变现有的"大而全小而全""散、乱、差"的产业组织状况，维持适宜的市场集中度，减少以至消除分散的低水平竞争，形成企业参与市场竞争、有效激励技术创新所需要的市场结构。防止和克服行政权力对市场竞争的扭曲和不正当竞争行为对市场的损害，用法律去规范竞争行为，降低企业进入和退出壁垒，新企业的进入，应能改变现有市场结构促进竞争。

2. 加大力度放开生产要素市场，减少企业对于要素寻租的投机行为

在要素市场扭曲程度越深的地区，要素市场扭曲对中国企业研发投入的抑制效应就越大。要素市场扭曲对不同特征企业研发投入的抑制效应存在显著差异，要素市场扭曲所带来的寻租机会可能会削弱或抑制企业研发投入。应全面加快和推进要素市场的市场化改革和进程，取消要素市场对于我国企业自主创新动力的扭曲。

3. 调整投资结构，适当减少基建投资比重

我国政府在投资结构上应该做到两点改变：第一，改变投资拉动式的经济增长方式，彻底转变粗放型经济增长方式。第二，在固定资产投资结构中，逐步减少对于建筑工程类的投入比例，加大对于体现技术进步的设备投资。

4. 逐步放开部分行政垄断行业，消除行政垄断造成的创新抑制

我国目前还存在行政分割下的市场垄断，资源分配中的资源垄断，资金供给中的金融垄断，人才管理上的人才垄断等，这些垄断障碍和市场体系的不完善导致了企业竞争机制不健全。这些垄断使企业缺乏竞争对手的有效威胁，难以形成激发企业重大技术创新的动力。特别是国有企业无法切断与主管部门的隶属关系，政府靠国有企业来实现本地区和本部门的利益，国有企业靠政府权力维持自己的市场地位。因而必须加快市场化建设的速度，消除行政垄断，创造企业竞争的良性环境，以外在的竞争压力迫使企业致力于技术创新机制的完善，加快技术创新进程，提高创新水平和企业绩效。

5. 对于部分行业，提高市场集中度

与垄断不同，我国市场结构中部分行业又普遍存在集中度障碍和规模经济障碍，这些集中度过低的生产、分散过度的竞争又使竞争缺乏效率。我国现阶段大多数的农业、制造业和服务业生产不够集中，众多分散的企业在竞争方式上仍然停留在初级水平，创新的方式很少，多数企业都是把降低产品价格作为主要手段，而把使用新技术、开发新产品放在次要位置，应鼓励部分行业的生产集中，从而形成有创新能力的企业。

6. 将企业塑造成技术创新的第一主体

在现代市场经济制度下，参与技术创新全过程的主体很多，但技术创新是高投入与高风险并存的活动，对技术创新活动的开展提出了较高要求，只有既有技术能力又有经济实力、并以营利性为目标的社会经济组织，才能真正有效地从事技术创新活动，而这种社会经济组织只能是企业。必须通过国有经济的战略性调整，深化国有企业改革，建立现代企业制度，使国有企业建立技术创新的投资机制与运行机制，成为技术创新投资的主体。

7. 推进金融改革，鼓励中小金融机构发展

国家应鼓励民营资本进入金融行业。加快推进科技支行、科技保险分公司、科技小额贷款公司等专营机构的建设，制定科技金融特色机构认定标准，落实相关财税扶持政策。鼓励各地设立科技型中小企业贷款风险补偿资金池，鼓励金融机构开展商标权、专利权、著作权等质押贷款、融资租赁业务。

8. 逐步调整政府研发投入的结构，增加基础研究投资

我国在 R&D 投入占 GDP 比重逐年提升的情况下，基础研究占 R&D 投入的比重却维持低位。而且，我国的基础研究占 R&D 投入的比重与主要发达国家差距巨大。国家应该是基础研究资金的主要供给者。显然，我国政府应调整科研投入结构，加大对于基础研究的支持力度。

参考文献

[1] 樊纲. 中国市场化指数：各地区市场化相对进程 2011 年报告 [M]. 北京：经济科学出版社，2011.

[2] 白重恩，钱颖一，谢长泰. 中国的资本回报率 [J]. 比较，2007（28）：1-22.

[3] 严海宁. 市场结构及其影响因素对中国企业技术创新的作用研究 [D]. 武汉：华中科技大学，2009.

[4] 白明，雷箐青. 垄断型国有企业绩效分析 [J]. 开发研究，2006（5）：87-90.

中国知识产权保护强度类型比较实证研究[*]

刘　维[❶]　许春明[❷]

摘　要

　　中国知识产权保护强度类型比较是在中国知识产权（专利权、商标权、著作权）的框架中观察中国专利保护的强度，旨在对中国专利、商标、著作权的保护强度进行比较。通过三大类知识产权的立法、行政和司法保护力度的实证研究发现，目前知识产权保护强度值最高的是商标权，最低的是专利权，著作权居中；专利权的司法保护力度最强。

关键词

知识产权　保护强度　类型比较

---

　　[*] 本文是 2014 年国家知识产权局课题"中国特色专利制度理论与实践研究"的阶段性成果。感谢国家知识产权局发展研究中心董涛处长就本研究思路所提供的建议和启发。
　　[❶❷] 作者单位：上海大学知识产权学院。

　　本文拟对我国专利保护强度进行类型意义上的比较实证研究。这种"类型"包括专利权、商标权、著作权等权利类型，也包括立法、行政和司法等保护模式类型。因此，各种类型知识产权保护强度的观察可以分别从知识产权立法强度、行政保护强度和司法保护强度三方面进行。立法强度方面的分析可细分为民事法律规定、行政执法权的法律规定和刑事法律规定。行政执法强度和司法保护强度的衡量主要通过实际维权成本和实际惩罚力度来反映。由于无法获取行政执法案件在上述两方面的信息，本文主要从行政执法案件办案周期、数量以及专项执法行动三方面进行侧面观察。在中国，案件数量越多、执法行动越多，在一定程度上能够体现该领域保护的密集度和受关注程度。同样，知识产权司法保护强度则主要就案件数量、平均判赔值等因素进行分析（见图1）。

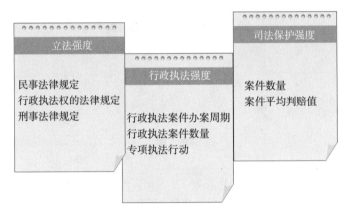

图1　三大类知识产权保护强度观察因素

　　要精确地计算出各类型知识产权的保护强度，是一项几乎不可能完成的研究。主要有两方面的因素影响着这一研究的精确性。第一，数据的不完整性。数据的不完整主要因体制机制的不健全导致，如著作权执法机构的分散化导致著作权执法案件无法统计；由于无法搜集知识产权行政执法机构的案件信息导致执法案件的惩罚力度、办案周期等信息无法统计；现有公开数据统计口径的连贯性也影响到实证研究的科学性。第二，定性到定量转变的非一一对应性。法学研究的传统范式是定性研究，定性到定量之间往往通过人为定义实现，但由于研究对象具有复杂性和多面性，自定义（赋值）的数据不一定能精准地体现被定义对象的特征。因此,研究对象的固有特性也影响到实证研究的科学性。然而,人文社会科学领域的定量分析之所以可行,在于研究方法的科学性。如果能够选择相同标准就研究对象实现从定性到定量的转化,选取数据时也能遵循客观性和随机性,仍然可以大致得出比较客观的实证研究结论。本文实证研究的数据大多来自官方公布的《中国知识产权保护状况》(白皮书)(以下简称《白皮书》),在数据选取时坚持随机性和连贯性,在对知识产权保护强度进行赋值时坚持了相同标准,这些数据及通过数据分析得出的结论具有相对的客观性而具有参考价值。

一、中国知识产权立法强度类型比较

(一)民事法律保护的强度比较(见表 1)

《著作权法》《专利法》和《商标法》相关条文分别规定了著作权、专利权和商标权的民事保护措施,从中可以观察出不同类型专有权的立法保护强度。如果将一个案件的办理流程划分为不同阶段(始于起诉、终于裁决),可以从"诉前证据保全""取证手段""法定赔偿上限""惩罚性赔偿""法院对违法所得的没收权"五个方面来分析不同类型知识产权的立法保护强度。其中,前两个方面是对当事人取证难度(维权难易程度)的立法比较;"法定赔偿上限"和"惩罚性赔偿"是对赔偿力度的立法比较;"法院对违法所得的没收权"则直观地体现了不同类型知识产权的立法强度。

就诉前措施的规定而言,《著作权法》第 50 条、第 51 条,《专利法》第 66 条、第 67 条和《商标法》第 65 条、第 65 条对诉前证据保全、行为保全和财产保全均有规定,著作权、专利权和商标权在这方面的立法强度几乎没有差别。在实际操作中,由于专利比对的复杂性,专利侵权诉讼的诉前措施更难获得。❶

---

❶ "对于商标和著作权侵权案件,尤其是假冒和盗版等显性侵权和故意侵权案件,应当积极采取有关临时措施。"见曹建明:《在第二次全国法院知识产权审判工作会议上的讲话——求真务实 锐意进取 努力建设公正高效权威的知识产权审判制度》(2008 年 2 月 19 日)。

"根据企业的生产经营状况不适宜或者不必要采取有关措施的案件,以及需要进行比较复杂的等同判定的专利案件,不宜轻易采取财产保全措施,更不宜适用诉前停止侵权措施。"见奚晓明:《能动司法,服务大局,努力实现知识产权审判工作新发展》(2010 年 4 月 28 日)。

表1　三大类知识产权民事保护立法强度表

	著作权	专利权	商标权
诉前措施	10	10	10
取证手段	无（0）	无（0）	确定损害赔偿时的 文书提出义务❶（10）
法定赔偿	50 万元以下（1）	100 万元以下（2）	300 万以下（6）
惩罚性赔偿	无（0）	无（0）	有（10）
法院没收权	没收违法所得、侵权复制品 以及进行违法活动的财物（10）	无（0）	无（0）
总值	21	12	36

　　赋值说明：将"最强"（或有规定）定义为"10""最弱"（或无规定）定义为"0"；在数值情形，将"50 万元"定义为"1"，依比例类推，"100 万元"为"2"，"300 万元"为"6"。

　　在取证手段方面❷，由于知识产权的无形性、易销毁性等特征，取证难是当事人在知识产权维权过程中所面临的一个主要问题，知识产权证据责任制度改革是理论界和实务界长期以来的研究热点，但目前只有2013 年第三次修改的《商标法》第 63 条第 2 款新增了当事人的文书提出义务。❸

　　再来看赔偿力度的立法规定。《著作权法》和《专利法》规定的法定赔偿上限分别为 50 万元和 100 万元，二者均未规定惩罚性赔偿。2013 年第三次修改的《商标法》将商标损害赔偿的法定赔偿上限从 100 万元提高至 300 万元，并增设惩罚性赔偿。在赔偿力度方面，商标权保护的立法强度大于著作权和专利权。

---

　　❶　参见《商标法》第 63 条第 2 款。

　　❷　事实上，法院的认证以及其他证据规则的运用对知识产权保护力度的影响远远超出预期，有研究表明：专利侵权案件中权利人维权成本的判赔比例与法院类别、专利类型等关系不大，最重要的是受到证据效力的影响。见吴汉东、黄庆等：《知识产权侵权损害赔偿案例实证研究报告》（2012 年 9 月），第 70 页。

　　❸　人民法院为确定赔偿数额，在权利人已经尽力举证，而与侵权行为相关的账簿、资料主要由侵权人掌握的情况下，可以责令侵权人提供与侵权行为相关的账簿、资料；侵权人不提供或者提供虚假的账簿、资料的，人民法院可以参考权利人的主张和提供的证据判定赔偿数额。

就法院没收权而言，法院在著作权民事案件、专利权民事案件和商标权民事案件中的权限并不相同。根据《著作权法》第 52 条规定，在启动著作权司法保护的程序中，人民法院可以没收违法所得、侵权复制品以及进行违法活动的财物。《专利法》没有规定人民法院有权没收违法所得、侵权复制品以及进行违法活动的财物。❶《商标法》也未授权人民法院没收、销毁侵权商品或工具，但却在商标法司法实践中较为常见。❷

（二）行政执法权的强度比较（见表 2）

《著作权法》第 48 条❸、《著作权法实施条例》第 36 条❹对著作权执法部门授予了"责令停止侵权行为，没收违法所得，没收、销毁侵权复制品，并可处以罚款"的权力。《商标法》第 60 条第 2 款对执法部门所作的授权内容几乎相同。❺ 但《专利法》对专利执法部门的授权内容均区别于《著作权法》和《商标法》，《专利法》第 60 条仅仅规定了"责令停止侵权"。

---

❶ 值得说明的是，专利保护司法实践中经常可看到销毁侵权产品的责任承担方式，通常认为这是停止侵权的执行内容，"销毁侵权产品亦属于停止侵权的执行内容"，见济南市中级人民法院（2014）济民三初字第 296 号民事判决书。有些判决认为，停止侵权已足以制止侵权行为，所以不再支持销毁侵权产品及工具的诉请，见山东省高级人民法院（2014）鲁民三终字第 179 号民事判决书。

❷ 如南阳市中级人民法院（2014）南知民初字第 12 号民事判决书。《最高人民法院关于审理商标民事纠纷案件适用法律若干问题的解释》第 21 条规定，法院可以作出罚款，收缴侵权商品、伪造的商标标识和专门用于生产侵权商品的材料、工具、设备等财物的民事制裁决定。

❸ 著作权执法部门对所列八种违法行为且损害公共利益的，有权责令停止侵权行为，没收违法所得，没收、销毁侵权复制品，并可处以罚款；情节严重的，著作权行政管理部门还可以没收主要用于制作侵权复制品的材料、工具、设备等。

❹ 细化了行政处罚的额度，非法经营额 5 万元以上的，著作权行政管理部门可处非法经营额 1 倍以上 5 倍以下的罚款；没有非法经营额或者非法经营额 5 万元以下的，著作权行政管理部门根据情节轻重，可处 25 万元以下的罚款。

❺ 工商行政管理部门认定侵权行为成立的，有权责令立即停止侵权行为，没收、销毁侵权商品和主要用于制造侵权商品、伪造注册商标标识的工具，违法经营额 5 万元以上的，可以处违法经营额 5 倍以下的罚款，没有违法经营额或者违法经营额不足 5 万元的，可以处 25 万元以下的罚款。对 5 年内实施两次以上商标侵权行为或者有其他严重情节的，应当从重处罚。销售不知道是侵犯注册商标专用权的商品，能证明该商品是自己合法取得并说明提供者的，由工商行政管理部门责令停止销售。

表 2　三大类知识产权行政执法权立法强度表

	著作权行政执法	专利行政执法	商标行政执法
权力类型	责令停止侵权（10）	责令停止侵权（10）	责令停止侵权（10）
	没收违法所得（10）		
	销毁侵权复制品（10）		销毁侵权商品和侵权工具（10）
	罚款（10）		罚款（10）
	没收侵权复制品和侵权工具（10）		没收侵权商品和侵权工具（10）
总值	50	10	40

赋值说明：有法律的明确授权则定义为"10"，没有法律规定则定义为"0"。

（三）刑事法律保护的强度比较（见表 3）

《著作权法》第 48 条对著作权提供刑事保护，相应地，《刑法》第 217 条、第 218 条分别对侵犯著作权罪和销售侵权复制品罪的犯罪构成进行了规定。《商标法》第 61 条也规定了商标权刑事保护，《刑法》第 213 条、第 214 条和第 215 条分别规定了假冒注册商标罪，销售假冒注册商标的商品罪，非法制造、销售非法制造的注册商标标识罪。《专利法》第 63 条和《刑法》第 216 条规定了假冒专利罪，根据罪刑法定原则，侵犯专利权的行为不为罪。

表 3　三大类知识产权刑事保护立法强度表

	罪名	入罪条件	刑罚	法条
著作权刑事保护：6	侵犯著作权罪	主观：营利目的	a. 3 年以下或者拘役，并处或单处罚金；b. 3 年至 7 年，并处罚金	《刑法》第 217 条
		客观：未经许可 a. 对作品的复制发行；b. 对录音录像制品的复制发行；c. 出版他人享有专有出版权的图书；d. 制作出售假冒他人署名的美术作品		
		a. 违法所得较大或其他严重情节；b. 违法所得巨大或其他特别严重情节		
	销售侵权复制品罪	主观：明知	3 年以下或者拘役，并处或单处罚金	《刑法》第 216 条
		客观：销售侵权复制品		
		数额：违法所得数额巨大		

	罪名	入罪条件	刑罚	法条
专利权刑事保护：2	假冒专利罪	假冒他人专利	3年以下或拘役，并处或单处罚金	《刑法》第216条
		情节严重		
商标权刑事保护：8	假冒注册商标罪	未经许可，在同种商品上使用相同商标	a.3年以下或者拘役，并处或单处罚金；b.3年至7年，并处罚金	《刑法》第213条
		a.情节严重；b.情节特别严重		
	销售假冒注册商标罪	明知是假冒注册商标的商品	a.3年以下或拘役，并处或单处罚金；b.3年至7年，并处罚金	《刑法》第214条
		销售上述商品		
		a.销售数额较大；b.销售数额巨大		
	伪造、擅自制造他人注册商标标识罪；销售伪造、擅自制造的注册商标标识罪	a.伪造、擅自制造他人注册商标标识；b.销售伪造、擅自制造的注册商标标识	a.3年以下或拘役，并处或单处罚金；b.3年至7年，并处罚金	《刑法》第215条
		a.情节严重；b.情节特别严重		

赋值说明：对知识产权侵权行为的《刑法》规定进行比较，"无规定"的保护强度为"0"，有规定者则根据入罪条件和刑罚轻重来赋值。"侵犯专利权的行为不为罪"，但鉴于《刑法》仍为假冒专利的行为提供了刑事保护，专利权的刑事保护强度为"2"；就侵犯著作权罪和假冒注册商标罪而言，均为数额犯，且根据"数额较大"和"数额巨大"分别设定法定刑为"3年以下或拘役、并处或单处罚金""3年至7年，并处罚金"。两者入罪条件的客观条件不同，取决于著作权侵权行为和商标权侵权行为的不同特点，只对典型和严重的侵权行为规定为犯罪。因此，就侵犯著作权和商标权的行为而言，应当认为著作权刑事保护强度与商标权的刑事保护强度相当。但是应注意到，《刑法》不仅将严重侵犯商标权的行为入罪，还将侵犯商标权的上游行为（制造销售标识）和下游行为（销售商品）均入罪，而侵犯著作权的下游（销售）行为构成犯罪，因而商标权的刑事保护强度是最强的，笔者认为可以对著作权的刑事保护强度和商标权的刑事保护强度分别赋值为"6"和"8"。

（四）中国知识产权立法强度类型比较小结（见表4）

上文通过对各类型知识产权民事保护的立法规定、行政执法权的立法规定和刑事犯罪的立法规定分别赋值，将这三大赋值结果相加即可得出三大类知识产权的立法保护强度。可见，与商标权和著作权比较，专利权立法强度最低。需要说明的是，由于衡量标准不一，某一类型知识产权体系内部无法比较。如著作权行政执法权的立法强度是 51，而民事保护立法强度是 21，事实上无法得出著作权行政执法权的立法强度是民事保护立法强度的两倍以上（见图 2）。

表 4　三大类知识产权立法强度比较表

	著作权	专利权	商标权
民事保护立法强度	21	12	36
行政执法权立法强度	50	10	40
刑事保护立法强度	6	2	8
立法强度总值	77	24	84

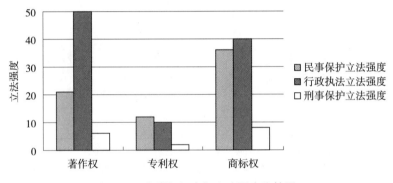

图 2　三大类知识产权立法强度比较图

二、中国知识产权行政执法强度类型比较

（一）行政执法案件的办案周期比较

关于三大类型知识产权案件的行政执法周期，通过现有文献观察，只能检索到专利行政案件的文本规范情况。《专利行政执法指南》第 2.5.2 条规定，行政裁决程序是 6 个月审限，延期一般不超过 3 个月；《专利行政执法指南》第 3.4.3 条规定，行政查处程序的期限为 3 个月，经延长后的总期限不得超过 6 个月；《专利行政执法指南》第 4.5.3 条规定，专利调解纠纷的期限是 60 天。笔者未能检索到商标和著作权行政执法的规范性文件，没有在现有文献中查询到商标和著作权行政执法案件

的办案周期（包括文本规范层面和操作层面），因而无法进行有效的比较。

（二）近5年行政执法案件数比较

著作权执法方面。执法部门较为分散，没有权威机构对每年度的著作权执法案件总量进行统计，只能通过《白皮书》中公布的著作权管理部门和文化执法部门查处的案件，观察全国著作权执法案件的大体总量。且由于官方发布的数据缺失和统计口径欠缺连续性，本文主要以文化执法部门发布的数据为观察对象。❶ 2009年，全国文化执法部门和文化市场综合行政执法机构共办结案件65 049件；2010年，全国文化执法部门和文化市场综合行政执法机构共办结案件51 248件；2011年，全国文化行政部门和文化市场综合行政执法机构共办结案件57 000件；全国著作权行政执法部门2012年共查办案件2 249件、文化行政部门和文化市场综合执法机构共办结知识产权案件9 492件，总计11 741件；2013年全国著作权行政执法部门查办案件3 567起，没有文化执法部门的统计数据。

商标权执法方面。根据《白皮书》的统计数据，全国工商系统2009年查处各类商标违法案件总计51 044件，其中商标一般违法案件7 448件，商标侵权假冒案件43 596件；2010年共查处各类商标违法案件56 034件，其中商标一般违法案件7 486件，商标侵权假冒案件48 548件；2011年共查处各类商标违法案件79 021件，其中查处商标一般违法案件10 185件、商标侵权假冒案件68 836件；2012年共立案查处商标侵权假冒案件120 400件、罚处金额8.51亿元；2013年共立案查处83 100件侵权假冒案件。

专利权执法方面。根据国家知识产权局发布的《白皮书》，2009年各地知识产权局共受理专利执法案件1 541件，其中专利侵权纠纷937件、其他专利纠纷26件、查处假冒专利案件30件、查处冒充专利案件548件；2010年全国知识产权系统受理专利行政执法案件1 841件，其中裁决专利侵权纠纷案件1 095件、查处假冒专利案件728件、其他专利纠纷

---

❶ 全国较多省市已经将著作权行政执法权转移到文化执法部门。从2012年《白皮书》公布的数据看，著作权行政管理部门的行政执法案件数量并不多，因此，以文化执法部门的案件数量为主进行分析，应具有一定的合理性。

18 件；2011 年共办理专利案件 3 017 件（没有具体案件构成的有效数据）；2012 年共受理专利案件 9 022 件，其中专利侵权纠纷 2 232 件、其他专利纠纷 278 件、查处假冒专利案件 6 512 件；2013 年共受理专利案件 16 227 件，其中专利侵权纠纷 4 684 件，查处假冒专利案件 11 171 件（见图 3）。

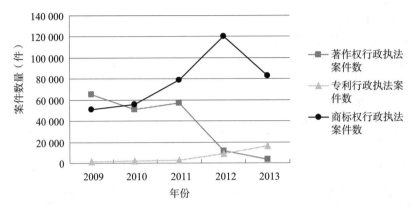

图 3　近 5 年三大类知识产权行政执法案件数及强度

表 5　近 5 年三大类知识产权行政执法案件数及强度表

		2009 年	2010 年	2011 年	2012 年	2013 年	总值
著作权	行政	65049	51248	57000	11741	3567	
	赋值	6.50	5.12	5.70	1.17	0.35	18.84
专利权	行政	1541	1841	3017	9022	16227	
	赋值	0.15	0.18	0.30	0.90	1.62	3.15
商标权	行政	51044	56034	79021	120400	83100	
	赋值	5.10	5.60	7.90	12.04	8.31	38.95

赋值说明：以 10000 为基点，按比例赋值。

　　通过比较近 5 年三大类知识产权行政执法案件数容易发现：著作权行政执法案件数逐年递减，在一定程度上体现了国内著作权市场的规范化程度提升以及著作权产品利用者著作权意识的提高；相比之下，专利行政执法案件数逐年递增，在一定程度上体现了专利权受社会关注程度正在逐年上升，专利行政保护可能将成为未来几年知识产权行政保护的热点；商标权行政执法案件一直居高不下，商标假冒侵权现象在全社会仍然多发，全民的品牌意识还有待进一步提升（见表5）。

据中国专利保护协会对全国 730 家企事业单位的调查数据，"31.6％的企业表示在经营和发展中遭遇过专利侵权"。反映出专利侵权现象比较多。启动专利行政执法的"公共利益"条件逐渐得到公众认同。❶就专利行政执法案件的发展趋势而言，创新驱动发展战略、权利人制止专利侵权行为的需求，以及专利行政执法的社会认同度提升，必将推动专利行政执法案件的增多。从国家知识产权局新发布的数据来看，2014 年中国专利行政执法办案总量首次突破 2 万件，达到 2.447 9 万件，同比增长50.9％，这些数据也体现了上述分析趋势。

（三）近 10 年知识产权专项执法行动梳理（见表6）

从《白皮书》发布的信息看，三大执法机构在 2003 年之前很少开展知识产权专项治理行动。从 2003 年开始，国家版权局每一年均针对特定主题开展 17 次专项治理行动，主要围绕盗版教材、盗版软件、音像制品盗版以及互联网盗版，社会影响较为强烈，如"剑网 2014"关闭字幕网站"射手网"和"人人影视"，引起较为强烈的社会反响。深圳市市场监督局对"快播"的盗版行为处以 2.6 亿元罚款，更反映了著作权行政执法力度。

国家知识产权局从 2008 年开始启动专项治理，相继开展过"雷雨""天网"和"护航"等 8 次行动，主要针对恶意侵权、反复侵权、群体侵权以及专利假冒。国家工商行政管理总局共开展过 7 次专项治理行动，主要针对制假售假、涉农商标、食品药品商标、驰名商标、地理标志以及大型批发零售市场。2010～2011 年，国务院还部署过打击侵犯知识产权和制售假冒伪劣商品专项行动，由国家版权局、国家知识产权局和国家工商行政管理总局落实实施。从专项行动的开展次数来看，著作权的执法强度是专利权、商标权执法强度的两倍。

---

❶ 如舆论指出："专利实施不当制造出的缺陷产品危害广大消费者的合法权益，专利侵权纠纷背后折射的产业创新保护不足，更是攸关我国产业能否成功转型升级。由专利行政部门代表社会公共利益，提供公共服务，加强专利行政执法，有利于维护竞争秩序，激励和促进创新。"http：//finance.china.com.cn/roll/20140811/2601661.shtml，2014 年 11 月 1 日访问。

表 6　三大类知识产权执法专项行动表

年份	国家版权局	国家知识产权局	国家工商行政管理总局
2003 年	1. 打击侵权盗版专项治理； 2. 打击盗版教材、教辅读物的专项治理； 3. 打击盗版软件专项治理行动	无	无
2004 年	1. 打击盗版教材教辅专项治理行动； 2. 软件盗版专项整治	无	1. 统一部署七省市打击制假售假、保护知识产权专项行动； 2. 保护注册商标专用权专项行动 3 次
2005 年	1. 打击盗版光盘春季专项治理行动； 2. 打击盗版音像制品专项治理行动； 3. 网络侵权盗版专项治理行动	无	1. 侵犯食品和药品商标案件； 2. 侵犯涉农商标案件； 3. 以企业名称侵犯驰名商标权益案件； 4. 侵犯农产品商标和地理标志案件
2006 年	1. 打击非法预装计算机软件专项治理行动； 2. 打击网络侵权盗版专项行动	无	重点组织了对中外公众所关注的商品批发零售市场的集中整治
2007 年	1. 打击非法预装计算机软件专项行动，严厉打击计算机生产、销售等领域未经授权预装盗版软件的非法行为； 2. 打击网络侵权盗版专项行动	无	无
2008 年	打击网络侵权盗版专项行动	1. 雷雨：打击恶意、群体及反复侵权、假冒、冒充； 2. 天网：打击涉及专利的诈骗行为	无

年份	国家版权局	国家知识产权局	国家工商行政管理总局
2009 年	剑网：打击网络侵权盗版专项治理	雷雨、天网：针对群体侵权、反复侵权和专利诈骗、大型展会等环节知识产权执法	无
2010 年	剑网：打击网络侵权盗版	雷雨、天网：遏制群体侵权、反复侵权与专利诈骗	无
2012 年	剑网：网络盗版	护航：重点整治流通环节、生产环节的专利执法	无
2013 年	剑网：网络盗版	护航：打击涉及民生、重大项目等领域的专利侵权假冒行为	无
赋值	17	8	7

赋值说明：一次专项行动赋值为"1"。

（四）中国知识产权行政执法强度类型比较小结

将上文中案件数量所体现的执法强度值与专项行动所体现的执法强度值相加，可得出知识产权执法强度值分别为：著作权 54.23（37.23＋17）、专利权 15.19（7.19＋8）、商标权 54.05（47.05＋7）（见图 4）。

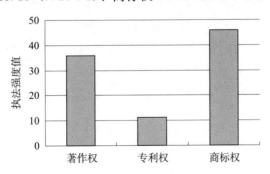

图 4　三大类知识产权执法强度

三、中国知识产权司法保护强度类型比较

（一）知识产权案件的判赔均值比较（见表7）

据 2006～2010 年的统计资料表明，专利侵权案件的损害判定平均值为 130 564 元，著作权侵权案件的平均值为 28 486 元，商标侵权案件的平均值为 112 744 元。[1] 另外一份统计数据也表明，我国专利侵权的判赔额均值为 158 787 元，著作权侵权案件的判赔平均额为 15 413 元，商标侵权案件的判赔平均额为 62 018 元。[2] 从两份报告均可看出，专利侵权案件的平均损害判赔金额最高、商标侵权案件次之、著作权侵权案件最低，第二份统计数据甚至表明商标侵权案件的平均损害判定金额是著作权的 10 倍。

表 7　三大类知识产权判赔均值比较表

	判赔均值（元）	判赔强度
著作权	15 413	1.54
专利权	158 787	15.88
商标权	62 018	6.20

赋值说明：判赔强度＝判赔均值/10000。

（二）知识产权案件的数量比较

2009 年，全国法院新收著作权民事案件 15 302 件、行政案件 4 件，共计 15 306 件；2010 年全国法院新收著作权民事案件 24 719 件、行政案件 2 件，共计 24 721 件；2011 年全国法院新收著作权民事案件 35 185 件、行政案件 2 件，共计 35 187 件；2012 年全国法院新收著作权民事案件 53 848 件、行政案件 3 件，共计 53 851 件；2013 年全国法院新收著作权民事案件 51 351 件、行政案件 3 件，共计 51 354 件。

2009 年全国法院新收商标民事案件 6 906 件、行政案件 1 376 件，共

---

[1]　http：//www.ciela.cn/Content2.aspx？pageId＝14&ppId＝3&language＝cn，2014-10-29.

[2]　吴汉东、黄庆等：《知识产权侵权损害赔偿案例实证研究报告》，2012 年 9 月第 52、55、57 页。

计 8 282 件；2010 年全国法院新收商标民事案件 8 460 件、行政案件 2 026 件，共计 10 486 件；2011 年全国法院新收商标民事案件 12 991 件、行政案件 1 767 件，共计 14 758 件；2012 年全国法院新收商标民事案件 19 815 件、行政案件 2 150 件，共计 21 965 件；2013 年全国法院新收商标民事案件 23 272 件、行政案件 2 161 件，共计 25 437 件。

从近 5 年三大类知识产权司法案件数可知，著作权司法案件数量最多、商标司法案件次之、专利权司法案件最少。需要说明的是，案件数量本身不能说明某种权利的保护力度问题，因为各种类型权利有其固有特点，著作权民事纠纷涉案金额少、更容易出现串案、连案等，专利权涉案金额大、案件数量本来就少。案件数量只能说明某领域案件发生的密集程度（见表 8）。

表 8　近 5 年三大类知识产权司法案件数及强度

		2009 年	2010 年	2011 年	2012 年	2013 年	总值
著作权	司法	15306	24721	35187	53851	51354	
	赋值	1.53	2.47	3.51	5.39	5.14	18.04
专利权	司法	5110	6336	8473	10440	9892	
	赋值	0.51	0.63	0.85	1.04	0.99	4.02
商标权	司法	8282	10486	14758	21965	25437	
	赋值	0.83	1.05	1.48	2.20	2.54	8.10

赋值说明：以 10000 为基点，按比例赋值。

（三）中国知识产权司法保护强度类型比较小结

现将本部分中的"判赔均值"与"案件数量"的赋值结果相加，可大致得出著作权、专利权、商标权的司法保护强度。

表 9　三大类知识产权司法保护强度

	著作权	专利权	商标权
判赔均值的赋值结果	1.54	15.88	6.20
司法案件数的赋值结果	18.04	4.02	8.10
赋值	19.58	19.90	14.30

四、中国知识产权保护强度的宏观比较

将上文研究得出的中国三大类知识产权立法强度值、行政执法强度值以及司法强度值相加，可大致观察出中国三大类知识产权保护强度类型比较情况，进而可得出知识产权的保护系数（见表 10）。

表 10　三大类知识产权保护强度比较表

	著作权	专利权	商标权
立法强度值	77	24	84
执法强度值	35.84	11.15	45.95
司法强度值	19.58	19.90	14.30
保护强度总值	132.42	47.05	141.25
保护强度系数	0.662	0.275	0.721

说明：保护强度系数＝保护强度/200。

通过上述中国知识产权保护强度指标容易发现：①目前知识产权保护强度值最高的是商标权，最低的是专利权，著作权居中。②著作权的保护强度低于商标权保护强度，主要因素是著作权的立法强度落后于商标权的立法强度，2013 年《商标法》的修改对提升商标权保护强度贡献巨大。③无论立法强度还是执法强度，专利权均远远落后于著作权和商标权；但从司法赔偿力度看，专利权的司法保护力度最强。

需要说明的是，尽管上述强度指标清晰表明中国专利保护强度落后于著作权和商标权保护强度，但并不必然可以得出中国需要加强专利保护的结论。同样，当观察到专利司法保护强度最强时，也并不必然意味着专利司法保护无需再有所作为。事实上，我国专利侵权赔偿力度——体现专利司法保护强度的重要指标——还不能反映专利的市场价值，来自国内外产业界诟病的声音还很多。是否要加强某一类型知识产权的保护力度，要具体区分立法、司法、执法的特点，以分别进行考察。这个问题的考量属于价值判断和政策选择的过程，上文提出的各类型知识产权保护强度的指标是作出这种价值判断的考量因素，其他因素至少还应包括国内技术水平和知识产权的政策性。

中国专利保护强度的
国际比较实证研究[*]

许春明[❶]

摘　要

专利保护强度是专利保护立法强度与执行强度的乘积，专利保护执行强度表示了专利保护立法强度被实际执行的比例。中国的专利保护立法强度分阶段阶跃式提高。目前，中国专利保护立法强度已经处于世界前列，但是由于专利保护执行强度不足，中国最终的专利保护强度大打折扣。

关键词

专利保护强度　立法强度　执行强度　国际比较

---

[*]　本文为 2014 年国家知识产权局研究课题"中国特色专利制度理论与实践研究"的阶段性成果。本文也是对笔者于《知识产权》杂志 2008 年第 1 期发表的《中国知识产权保护强度的测定及验证》一文的完善和延伸，主要完善了部分赋值方法并计算保护强度延伸至 2014 年。为保持论文的完整性，本文的部分论述重复了 2008 年一文，特此说明。

❶　作者单位：上海大学知识产权学院。

专利制度的实施有赖于完善的专利立法和有效的执行。因此，专利保护强度应是专利保护立法强度与专利保护执行强度的综合。一个国家的专利保护强度是该国专利保护立法强度与执行强度的乘积，可以表示为：$P(t) = L(t) \times E(t)$，其中，$P(t)$ 表示一个国家在 t 时刻的专利保护强度，$L(t)$ 表示该国在 t 时刻的专利保护立法强度，$E(t)$ 表示该国在 t 时刻的专利保护执行强度。如果设执行强度 $E(t)$ 的值介于 0 到 1 之间，0 表示法律规定的专利保护条款完全没有执行，1 表示法律规定的专利保护条款被全部执行。因此，专利保护执行强度 $E(t)$ 就是影响专利保护实际执行效果的变量，表示法律规定的专利保护强度被实际执行的比例。

一、专利保护立法强度的国际比较

（一）Ginarte & Park 专利立法强度评分法

比较现有专利保护立法强度的评分方法[1]，Ginarte & Park 方法有效地克服了其他方法的不足，也避免了问卷调查法的主观性、弱再现性的缺陷，而且，Ginarte & Park 指数已被大量的研究所采用（Falvey，Foster & Greenaway（2004）[2]，Fink & Primo-Braga（2005）[3]，Kumar（2001）[4]，Smarzynska（2004）[5]，Yang & Maskus（2001）[6]，Xu &

---

[1] 许春明，陈敏. 中国知识产权保护强度的测定及验证 [J]. 知识产权，2008（1）.

[2] Rod Falvey, Neil Foster, David Greenaway, Intellectual Property Rights and Economic Growth. January 2004. Avaliable at：http：//www. nottingham. ac. uk/economics/leverhulme/research_papers/04_12. pdf.

[3] Fink, C. and C. A. Primo Braga, How Stronger Protection of Intellectual Property Rights Affects International Trade Flows, in C. Fink and K. E. Maskus（eds.），Intellectual Property and Development：Lessons from Recent Economic Research, Washington, DC：The World Bank /Oxford University Press，2005.

[4] KUMAR，N. Determinants of Location of Overseas R&D Activity of Multinational Enterprises：The Case of US and Japanese Corporations [J]. Research Policy，2001（30）：159-174.

[5] SMARZYNSKA，B. The Composition of Foreign Direct Investment and Protection of Intellectual Property Rights：Evidence from Transition Economies [J]. European Economic Review，2004（48）：39-62.

[6] YANG，G.，K. E. MASKUS. Intellectual Property Rights and Licensing：An Econometric Investigation [J]. Weltwirtschaftliches Archiv，2001（137）：58-79.

Chiang（2005）❶）。因此，本文采用 Ginarte & Park 方法计算我国的专利保护立法强度，并直接引用已有研究所得出的各国专利保护立法强度，便于国际比较。

Ginarte & Park 以专利法为评价对象，其指标体系包括三个指标，每个指标满分 1 分，每个指标下面又分 n 个二级指标，满足其中一个二级指标则获得 1/n 分，所以总得分分数范围从 0 分到 5 分，多不为整数，分数越高表示某一国家专利立法保护强度越高。这五个指标分别如下所示。❷

1. 保护范围

在这个分类指标中，要测度以下七个方面的可专利性：药品、化学品、食品、动植物品种、医疗器械、微生物、实用新型。满足这项得分，专利法中必须规定上述几项可以被授予专利，而且没有明确不授予专利的条款。满足一项得 1/7 分，满足全部 7 项得 1 分。

2. 国际条约成员资格

三个主要条约是：①1883 年《保护工业产权巴黎公约》（以及后来的文本）；②1970 年《专利合作条约》（PCT）；③1961 年《植物新品种保护国际条约》（UPOV）。加入所有三个条约的国家得分为 1，只加入一个条约的国家只得 1/3 分。《保护工业产权巴黎公约》为外国提供专利权的国民待遇——即非歧视待遇。PCT 的主要目的是便利简化专利申请程序，它允许在任一成员国专利局提出一个有效的专利申请。UPOV 规定了一种类似于专利权的育种者权。

3. 保护的丧失

本部分测评排除因三种情况导致的保护丧失：（1）实施要求；（2）强制许可；（3）专利无效宣告。一个国家排除所有三项记分为 1。

实施要求是指对发明或实用新型专利的实施。例如，国家可能会要求专利产品应该被制造，如果该专利是授予给外国人的，该专利产品应该进口进入该国。一些国家规定发明必须在一个特定期间内予以实施。强制许可要求专利权人与第三人共同实施发明，这往往限制了专利权人从其

---

❶ XU，B.，E. P. CHIANG，TRADE. Patents and International Technology Diffusion [J]. Journal of International Trade and Economic Development，2005（14）：115-135.

❷ GINARTE，J.C.，W. G. PARK. Determinants of patent rights：A cross-national study [J]. Research Policy，1997（26）：283-301.

发明中获得适当回报的能力（特别是如果在专利授权后的较短时间内就给予强制许可）。如果专利没有实施，一些国家可以完全宣告专利无效。

4. 执行机制

没有适合的执行机制的法律是无效率的。本部分的有关条件是存在：（1）诉前禁令；（2）帮助侵权；（3）举证责任倒置。具备所有三个条件的国家记分为 1。

5. 保护期限

专利期限的长短是确保创新活动获得足够回报的重要因素。如果一个国家达到美国商会规定的最小保护期限就记分为 1。最小保护期限为自专利授权之日起 17 年或者自专利申请之日起 20 年。保护期限小于这一最小期限的国家得分等于其与最小期限的比例，超出最小保护期限的记分为 1。

Ginarte & Park 经计算得出 120 个国家在 1960～1990 年的指数，后由 Mahadevanvijaya 和 Park（1999）❶ 增加 10 个前社会主义国家并全部更新至 1995 年。

（二）中国专利保护立法强度的计算及评价

根据 Ginarte & Park 方法，对 1985～2014 年中国的专利保护立法强度进行评定，各指标的详细统计及计算结果列于表 1。

表 1　中国专利保护立法强度（Ginarte & Park 指数）的时间序列（1985～2014 年）

		1985～1992	1993	1994～1998	1999～2000	2001～2014
保护范围	实用新型	√	√	√	√	√
	药品	×	√	√	√	√
	化学制品	×	√	√	√	√
	食品	×	√	√	√	√
	动植物品种	×	×	×	×	×
	微生物	×	√	√	√	√
	医疗器械	√	√	√	√	√

---

❶ Mahadevanvijaya and W. G. Park, Patent Rights Index：Update. 1999. 转引自：Measuring Global Patent Protection, available at：http：//oldfraser. lexi. net/publications/forum/1999/03/patent_protection. html。

续表

		1985~1992	1993	1994~1998	1999~2000	2001~2014
	得分	2/7	6/7	6/7	6/7	6/7
国际条约成员资格	《巴黎公约》	√	√	√	√	√
	PCT	×	×	√	√	√
	UPOV	×	×	×	√	√
	得分	1/3	1/3	2/3	1	1
排除保护丧失条款	无实施要求	×	√	√	√	√
	无强制许可	×	×	×	×	×
	无不实施无效宣告	√	√	√	√	√
	得分	1/3	2/3	2/3	2/3	2/3
执行机制	诉前禁令	×	×	×	×	√
	帮助侵权	×	×	×	×	×
	举证责任倒置	√	√	√	√	√
	得分	1/3	1/3	1/3	1/3	2/3
	保护期限得分	3/4	1	1	1	1
	总计	2.03	3.19	3.52	3.86	4.19

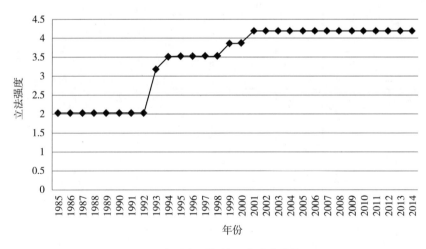

图 1　中国专利保护立法强度曲线

从上述中国专利保护立法强度指数的变化可以看出（见图 1），中国的专利保护的立法强度分阶段阶跃式提高。《专利法》的修改和国际条约的加入使中国专利保护的立法强度不断提高。

1993 年 1 月 1 日实施的第一次修改后的《专利法》扩大了专利保护的技术领域，对化学物质、药品、食品、饮料和调味品给予专利保护，同时，又延长了专利权的保护期限，取消了专利实施义务的规定，大幅度提高了专利保护立法强度，从 2.03 提高到 3.19，增强幅度达到 57%。

1994 年中国加入 PCT，1999 年加入 UPOV，又两度提高专利保护立法强度至 3.86。

2000 年，为加入 WTO，中国第二次修改《专利法》并于 2001 年 7 月 1 日实施，增加了诉前禁令的规定，将中国的专利保护立法强度提升至较高的 4.19。

2008 年，中国进行了《专利法》的第三次修改，但按照 Ginarte & Park 方法，相关的指标并无变化，因此，Ginarte & Park 指数保持不变。

（三）专利保护立法强度的国际比较

根据已有研究文献，欧美和亚洲部分国家的专利保护立法强度如表 2 所示。

表 2　欧美和亚洲部分国家的专利保护立法强度表（Ginarte & Park 指数）

	1960	1965	1970	1975	1980	1985	1990	1995
美国	3.86	3.86	3.86	3.86	4.19	4.52	4.52	4.86
德国	2.33	2.66	3.09	3.09	3.86	3.71	3.71	3.86
法国	2.76	3.10	3.24	3.24	3.90	3.90	3.90	4.04
意大利	2.99	3.32	3.32	3.46	3.71	4.05	4.05	4.19
加拿大	2.76	2.76	2.76	2.76	2.76	2.76	2.76	3.14
日本	2.85	3.18	3.32	3.61	3.94	3.94	3.94	3.94
韩国	2.80	2.80	2.94	2.94	3.28	3.61	3.94	3.94
新加坡	2.37	2.37	2.37	2.37	2.37	2.57	2.57	3.91
印度	1.85	1.85	1.42	1.62	1.62	1.62	1.48	1.17
马来西亚	2.37	2.37	2.37	2.37	2.57	2.90	2.37	2.84

数据来源：Ginarte, J.C., W.G. Park, *Determinants of patent rights: A cross-national study*. Research Policy, 1997，（26）：283-301. R. Mahadevanvijaya, W.G. Park, *Patent Rights Index: Update*, 1999.

比较表 1 和表 2 可以发现，中国在第一次修改《专利法》和加入 PCT 后的 1994 年，其专利保护立法强度（Ginarte & Park 指数为 3.52）

就已经接近部分发达国家的 1990 年的保护强度，已超过其他发展中国家的专利保护立法强度，见图 2。

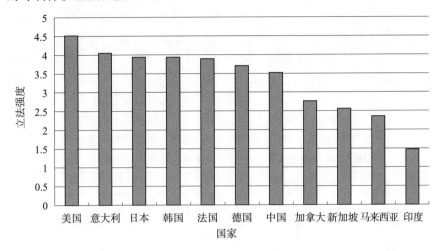

图 2　中国 1994 年专利保护立法强度国际比较（1990 年）

至中国第二次修改《专利法》后的 2001 年，中国的专利保护立法强度（Ginarte & Park 指数为 4.19）已达到绝大多数发达国家 1995 年的专利保护立法强度（只略逊于美国），已全面超出其他发展中国家的保护立法强度，见图 3。

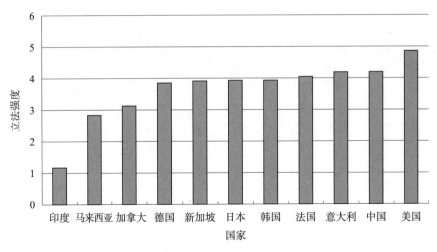

图 3　中国 2001 年专利保护立法强度国际比较（1995 年）

　　表 3 是全球 109 个国家 1995 年专利保护立法强度指数，以中国同期专利保护立法强度 3.52 比较排序，中国列第 25 位，低于欧美和日本、韩国、新加坡等发达国家，高于巴西等新兴国家；按照中国第二次修改《专利法》后的 2001 年立法强度 4.19 比较排序，中国专利保护立法强度排名并列第 5，仅略低于美国、奥地利、荷兰和瑞典，与芬兰、意大利并列，已高于法国、西班牙、挪威、澳大利亚等发达国家，也已超出日本、韩国、新加坡等亚洲国家。考虑到发达国家专利法立法较为稳定，即使修改也基本不影响 Ginarte & Park 指数（以下简称"GP 指数"）计算指标值，因此，可以认为，中国专利保护立法强度已经处于世界前列。

表 3　中国及 108 个国家的专利保护立法强度（1995 年）

序号	国家	GP 指数	序号	国家	GP 指数	序号	国家	GP 指数
1	美国	4.86	21	以色列	3.57	41	俄罗斯	3.04
2	奥地利	4.24	22	南非	3.57	42	乌克兰	3.04
3	荷兰	4.24	23	英国	3.57	43	特立尼达	3.01
4	瑞典	4.24	24	巴拿马	3.53	44	爱尔兰	2.99
5	中国（2001）	4.19	25	苏丹	3.52	45	葡萄牙	2.98
6	芬兰	4.19	26	赞比亚	3.52	46	肯尼亚	2.91
7	意大利	4.19	27	阿尔及利亚	3.38	47	加纳	2.90
8	法国	4.04	28	加拿大	3.24	48	坦桑尼亚	2.90
9	西班牙	4.04	29	哥伦比亚	3.24	49	津巴布韦	2.90
10	日本	3.94	30	马拉维	3.24	50	毛里求斯	2.89
11	韩国	3.94	31	波兰	3.23	51	贝宁	2.86
12	挪威	3.91	32	阿根廷	3.20	52	布隆迪	2.86
13	新加坡	3.91	33	捷克共和国	3.19	53	牙买加	2.86
14	比利时	3.90	34	海地	3.19	54	卢旺达	2.86
15	澳大利亚	3.86	35	斯洛伐克	3.19	55	马来西亚	2.84
16	德国	3.86	36	越南	3.13	56	委内瑞拉	2.75
17	新西兰	3.86	37	斯里兰卡	3.12	57	智利	2.74
18	瑞士	3.80	38	巴西	3.05	58	乍得	2.71
19	匈牙利	3.75	39	卢森堡	3.05	59	厄瓜多尔	2.71
20	丹麦	3.71	40	尼日利亚	3.05	60	罗马尼亚	2.71

序号	国家	GP指数	序号	国家	GP指数	序号	国家	GP指数
61	菲律宾	2.66	78	叙利亚	2.46	94	孟加拉国	1.99
62	斐济	2.61	79	多米尼加	2.4	95	埃及	1.99
63	保加利亚	2.57	80	摩洛哥	2.38	96	巴基斯坦	1.99
64	喀麦隆	2.57	81	秘鲁	2.37	97	玻利维亚	1.98
65	中非共和国	2.57	82	希腊	2.32	98	博茨瓦纳	1.90
66	刚果	2.57	83	马达加斯加	2.28	99	突尼斯	1.90
67	加蓬	2.57	84	印度尼西亚	2.27	100	马耳他	1.89
68	立陶宛	2.57	85	乌拉圭	2.26	101	土耳其	1.79
69	马里	2.57	86	布基纳法索	2.24	102	洪都拉斯	1.76
70	毛里塔尼亚	2.57	87	尼加拉瓜	2.24	103	格林纳达	1.70
71	塞内加尔	2.57	88	尼日尔	2.24	104	安哥拉	1.65
72	乌干达	2.57	89	泰国	2.24	105	哥斯达黎加	1.47
73	萨尔瓦多	2.53	90	多哥	2.24	106	圭亚那	1.42
74	墨西哥	2.52	91	斯威士兰	2.19	107	约旦	1.33
75	尼泊尔	2.52	92	冰岛	2.12	108	印度	1.17
76	塞拉利昂	2.52	93	沙特阿拉伯	2.05	109	危地马拉	1.08
77	巴拉圭	2.46						

数据来源：GP指数来源于 R. Mahadevanvijaya and W. G. Park, *Patent Rights Index*: *Update*, 1999. 转引自：*Measuring Global Patent Protection*, available at: http://oldfraser.lexi.net/publications/forum/1999/03/patent_protection.html。

　　当然，我们不能因此而感到自豪，也难于以此为证据向美国等发达国家主张我国的专利保护强度已经完全甚至超过了发达国家的保护强度。应该清醒地看到，Ginarte & Park 指数只是对一个国家的专利立法水平的衡量，而并非是专利保护强度的度量。

　　上述结果只能说明，我国的专利保护立法强度已经完全达到甚至超过部分发达国家的保护立法强度。这与我国的客观情况完全相符。1992年以后，尤其是为加入 WTO，2000 年中国对《专利法》作了全面的修改，专利保护标准在立法上已全面符合以 TRIPS 协定为核心的国际标准。但是，由于中国的法律体系本身还不够完备，立法与法律执行之间还没有完全同步，加上人们对知识产权保护的意识不可能在朝夕之间得到强化，因此，专利保护强度还需要由专利保护执行强度来体现。

二、中国专利保护执行强度的计算

（一）专利保护立法强度的不足

显然，Ginarte & Park 方法仍然存在忽视专利立法执行因素的问题。当然，对于司法制度比较健全的西方国家，采用立法指标所度量出的保护强度与实际的保护强度不会出现显著的差异，但是，对于司法体系正在完善的转型期国家，如中国，由于立法与立法的执行尚不完全同步，采用立法指标所度量出的保护强度与实际的保护强度可能并不一致。在知识产权国际化背景下，特别是在 TRIPS 协定框架下，仅仅以一国（或者地区）的立法中所体现的专利保护范围、参加国际条约数、保护例外、执法措施以及保护期限等因素对专利保护强度进行测评，已不具可比性，甚至产生令人困惑的结果。

（二）专利保护执行强度指标

专利保护执行强度主要是由一个国家的内外部环境因素决定的，这些内外部环境因素包括社会文化环境、司法制度环境、社会诚信体系以及社会发展现状等，当然，国际社会的监督与制约机制也是强化专利保护执行强度的重要保证。❶

决定专利保护执行强度的因素主要包括五个方面：司法保护水平、行政保护及管理水平、经济发展水平、社会公众意识以及国际监督制衡。

1. 司法保护水平及其度量

司法保护是专利纠纷得以解决的主要途径，司法水平的高低直接影响专利立法强度在现实中的实现。缺乏完善的司法体系、足够的高素质司法人员，必然严重制约专利立法的良好运行和有序实施。

一般来说，律师占总人口的比例是衡量一个国家司法保护水平的重要指标，英美等西方发达国家，律师占总人口的比例都超过了千分之一，而其他工业化国家也都超过了万分之五。一般认为，当一个国家的律师

---

❶ 韩玉雄、李怀祖. 关于中国知识产权保护水平的定量分析 [J]. 科学学研究，2005 (3).

人数达到万分之五时，该国司法保护水平已到了较高的水平。

以"律师比例"作为度量司法保护水平的指标，当律师占总人口的比例达到或超过万分之五时，"律师比例"的分值为1，当律师占总人口的比例小于万分之五时，"律师比例"的分值等于实际的比例除以万分之五。

2. 行政保护及管理水平及其度量

行政保护及管理是政府切实保障专利权利人的关键，高效、廉洁、专业的政府机关及其公务人员是专利立法实施的保证。政府行政保护和管理水平的高低取决于国家完善的法律体系，法律体系越完备，行政保护和管理的职责越明晰，监督制约越强，执法不力等腐败现象就越少。

任何国家的法律体系都是在长期的实践中不断发展、完善的。西方发达国家在经过数百年的实践后，法律体系才基本完备。对于转型期的中国，虽然新中国第一部《宪法》1954年就开始实施，但现有的法律体系还存在一定不足，某些领域还存在法律真空，不同法律条款之间的规定仍存在相互冲突的问题。

一般而言，立法时间越长，司法、执法实践就越充分，法律体系也就越完备。所以，可以用"立法时间"来度量一个国家法律体系的完备程度。参照世界各国的立法史，假设一个国家法律体系的完善需要经历100年时间❶，而中国立法的起始点是1954年❷，但真正的能得到实施的立法始于十一届三中全会的1978年，以1978年《宪法》为标志。当立法时间达到或超过100年时，"立法时间"的分值为1，当立法时间小于100年时，"立法时间"的分值等于实际立法时间除以100。

3. 经济发展水平及其度量

一个国家的专利保护强度应当与其经济发展水平相适应。我们很难想象，一个温饱问题还没有解决的人会把专利保护放在较高的地位，在解决温饱与专利保护的选择上，解决温饱是必然的优先选择。可见，当

---

❶ 欧美等西方国家的法律体系在经历了200多年的法律实践后才逐步完善，但新兴的工业化国家，如日本、新加坡等，因为有西方法律可借鉴，法律体系的完善时间明显缩短。总的来说，100年这个假设对新兴工业化国家来说是合理的。

❷ 在此，以1954年新中国首部《宪法》的颁布实施为标志，认为中国立法的起始点是1954年。当然，中国在清末民初已开始现代中国成文法的制定，1949年新中国成立后也有一些重要立法。

一个国家处在较低的经济发展水平时，专利保护的执行力度必然也是低水平的。

采用"人均 GDP"作为度量一个国家经济发展水平的指标。中等发达国家的人均 GDP 为 1 万美元左右，当人均达到或超过 1 万美元时，"人均 GDP"的分值为 1，当人均小于 1 万美元时，"人均 GDP"的分值等于实际人均 GDP（美元）除以 1 万。

4. 社会公众意识及其度量

社会公众的知识产权意识是知识产权法实施的基础。正是由于社会公众知识产权意识的淡薄，在我国知识产权侵权群发、盗版泛滥，高水平的知识产权立法形同虚设。只有尊重和保护知识产权的观念深入公众人心，成为人们自觉遵守的行为规范，专利保护才能真正落到实处。所以，社会公众的知识产权意识是影响专利保护执行强度的重要因素。

一般认为，社会公众的受教育程度越高，其知识产权意识随之提高。因此，可以用"成人识字率"❶ 来度量公众知识产权意识。发达国家的"成人识字率"均超过 95％。当"成人识字率"达到或超过 95％时，"成人识字率"分值为 1，当"成人识字率"小于 95％时，"成人识字率"分值为实际的比例除以 95％。

5. 国际监督制衡及其度量

专利保护不仅是一个国内问题，更是一个国际问题。WTO 将知识产权作为其三大支柱之一，在 WTO 框架下具体而明确地规定了知识产权保护的最低标准及争端解决机制。WTO 成员在享受双边贸易低关税的同时，也必须履行知识产权保护的相关义务。WTO 的争端解决机制是监督成员知识产权保护执法力度的有力武器，任何成员在执行力度上的偏差都能在争端解决机制下得到及时、有效的调整。以美国为代表的西方发达国家正是采用 WTO 争端解决机制要求我国不断提高知识产权保护执行强度。

因此，可以用"WTO 成员"作为对国际社会监督制衡的度量指标，若一个国家是成员，则"WTO 成员"的分值为 1，否则为 0。但是在事实上，一个国家并非一加入 WTO，其专利保护执行强度就会突然出现一个跃变达到完全执行状态，而是在加入 WTO 之前就已不断从弱到强地渐

---

❶ 成人识字率，即 15 岁及 15 岁以上识字人口占 15 岁及 15 岁以上人口的比重。

进提高。假设一个国家成为 WTO 成员 5 年（发展中国家就享有 5 年过渡期）后，其执行强度才达到完全状态。对我国而言，自复关谈判开始，中国政府就一直致力于加强知识产权保护，不断努力以适应 WTO 的要求，这是一个逐步加强的过程。所以，我们假设从 1986 年复关谈判开始至入世第 5 年的 2005 年，"WTO 成员"指标从 0 均匀地变化到 1。

（三）中国专利保护执行强度的时间序列

借鉴 Ginarte & Park 方法，设定以上五个指标对执行强度的权重是相等的，因此，专利保护执行强度就等于以上五个指标得分的算术平均值。根据上述的度量方法，1985～2012 年中国专利保护执行强度计算结果如表 4 所示。其中，"律师比例""人均 GDP"及"成人识字率"指标的数据根据国家统计局网站公布数据以及历年《中国统计年鉴》有关数据统计计算获得。

从计算所得的表 4 以及图 4 可知，中国专利保护执行强度逐年持续提高，从 1985 年实施专利法时的 0.173 执行强度，逐年提高到 2012 年的 0.631 执行强度，执行强度增幅达到 2.65 倍。专利保护执行强度的不断提高，意味着我国专利保护立法强度实际执行的程度不断提高。这一结论与我国专利保护的实际效果应当是相符的。

表 4 1985～2012 年中国专利保护执行强度时间序列表

年份	律师比例（/万）	律师比例得分	立法时间（年）	立法时间得分	人均GDP（美元）	人均GDP得分	成人识字率（%）	成人识字率得分	WTO成员得分	执行强度
1985	0.128	0.026	6	0.06	106.625	0.011	73.00	0.768	0.00	0.173
1986	0.165	0.033	7	0.07	119.500	0.012	82.80	0.872	0.05	0.207
1987	0.202	0.040	8	0.08	138.000	0.014	75.00	0.789	0.10	0.205
1988	0.237	0.047	9	0.09	169.375	0.017	76.00	0.800	0.15	0.221
1989	0.271	0.054	10	0.10	189.000	0.019	77.00	0.811	0.20	0.237
1990	0.301	0.060	11	0.11	204.250	0.020	77.00	0.811	0.25	0.250
1991	0.403	0.081	12	0.12	234.875	0.023	79.00	0.832	0.30	0.271
1992	0.504	0.101	13	0.13	285.875	0.029	81.00	0.853	0.35	0.293
1993	0.602	0.120	14	0.14	367.375	0.037	81.50	0.858	0.40	0.311
1994	0.698	0.140	15	0.15	490.375	0.049	80.60	0.848	0.45	0.327

续表

年份	律师比例 (/万)	律师比例得分	立法时间 (年)	立法时间得分	人均GDP (美元)	人均GDP得分	成人识字率 (%)	成人识字率得分	WTO成员得分	执行强度
1995	0.748	0.150	16	0.16	606.750	0.061	80.80	0.851	0.50	0.344
1996	0.819	0.164	17	0.17	697.000	0.070	81.50	0.858	0.55	0.362
1997	0.800	0.160	18	0.18	756.750	0.076	82.20	0.865	0.60	0.376
1998	0.811	0.162	19	0.19	754.750	0.075	82.80	0.872	0.65	0.390
1999	0.885	0.177	20	0.20	818.875	0.082	83.50	0.879	0.70	0.408
2000	0.926	0.185	21	0.21	885.750	0.089	84.20	0.886	0.75	0.424
2001	0.960	0.192	22	0.22	956.375	0.096	86.80	0.914	0.80	0.444
2002	1.064	0.213	23	0.23	1026.750	0.103	88.37	0.930	0.85	0.465
2003	1.103	0.221	24	0.24	1138.875	0.114	89.05	0.937	0.90	0.482
2004	1.117	0.223	25	0.25	1320.125	0.132	89.68	0.944	0.95	0.500
2005	1.177	0.235	26	0.26	1773.170	0.177	90.89	0.957	1.00	0.526
2006	1.252	0.250	27	0.27	2062.463	0.206	92.10	0.969	1.00	0.539
2007	1.090	0.218	28	0.28	2521.183	0.252	93.31	0.982	1.00	0.546
2008	1.180	0.236	29	0.29	2963.464	0.296	93.70	0.986	1.00	0.562
2009	1.299	0.260	30	0.30	3200.941	0.320	93.99	0.989	1.00	0.574
2010	1.456	0.291	31	0.31	3751.881	0.375	93.99	0.989	1.00	0.593
2011	1.596	0.319	32	0.32	4399.724	0.440	95.00	1.000	1.00	0.616
2012	1.716	0.343	33	0.33	4807.434	0.481	95.00	1.000	1.00	0.631

数据来源:《中国统计年鉴》。

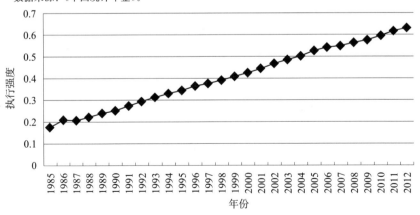

图 4　1985~2012 年中国专利保护执行强度曲线

三、中国专利保护强度及其国际比较

根据 $P(t) = L(t) \times E(t)$ 以及计算所得的专利保护立法强度值和专利保护执行强度值，可以计算得出 1985~2012 年我国专利保护强度值，如表 5 所示。

为更直观地观察中国专利保护立法强度、执行强度以及保护强度的时间序列变化，作中国专利保护强度曲线图，见图 5。

表 5　1985~2012 年中国专利保护强度

年份	立法强度	执行强度	保护强度
1985	2.03	0.173	0.35
1986	2.03	0.207	0.42
1987	2.03	0.205	0.42
1988	2.03	0.221	0.45
1989	2.03	0.237	0.48
1990	2.03	0.250	0.51
1991	2.03	0.271	0.55
1992	2.03	0.293	0.59
1993	3.19	0.311	0.99
1994	3.52	0.327	1.15
1995	3.52	0.344	1.21
1996	3.52	0.362	1.28
1997	3.52	0.376	1.32
1998	3.52	0.390	1.37
1999	3.86	0.408	1.57
2000	3.86	0.424	1.64
2001	4.19	0.444	1.86
2002	4.19	0.465	1.95
2003	4.19	0.482	2.02
2004	4.19	0.500	2.09
2005	4.19	0.526	2.20

续表

年份	立法强度	执行强度	保护强度
2006	4.19	0.539	2.26
2007	4.19	0.546	2.29
2008	4.19	0.562	2.35
2009	4.19	0.574	2.40
2010	4.19	0.593	2.49
2011	4.19	0.616	2.58
2012	4.19	0.631	2.64

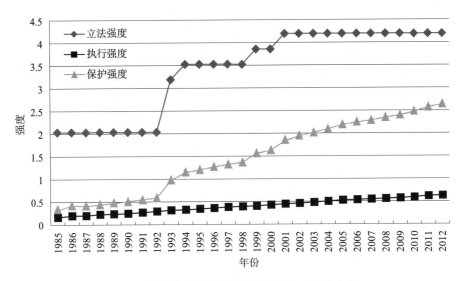

图 5　中国专利保护强度曲线（1985～2012 年）

可见，中国的专利保护强度随时间逐年提高，从 1985 年的 0.35 提高到 2012 年的 2.64，增幅达到 6.5 倍之大。其中 1992 年前后及 2001 年前后出现两个快速上升的阶段，这与 1992 年、2000 年中国两次修改《专利法》的事实是一致的。

中国的专利保护立法强度已接近西方发达国家水平，但由于执行强度不足，致使最终的专利保护强度大打折扣。

1985 年中国专利保护执行强度仅为 0.173，意味着 1985 年的专利立法强度（2.03）只得到了 17% 的执行，专利保护强度仅为 0.35，与同期发达国家专利保护强度❶比较，差距巨大，见表 6 和图 6。

表6　1985 年专利保护强度的国际比较

国家	中国	新加坡	加拿大	韩国	德国	法国	日本	意大利	美国
1985 年专利保护强度	0.47	2.056	2.208	2.888	2.968	3.12	3.152	3.24	3.616

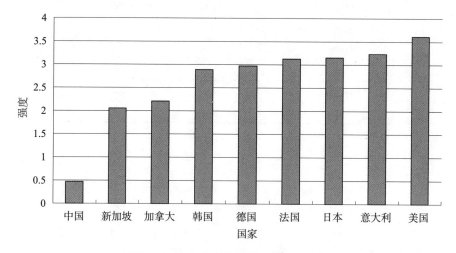

图6　1985 年专利保护强度的国际比较

至 1995 年中国专利保护立法强度已提高至 3.52，执行强度达到 0.344，专利保护强度为 1.21，与 1985 年相比，专利保护强度提高了 2.45 倍，但是与同期发达国家相比仍具有较大差距，见表 7 和图 7。

表7　1995 年专利保护强度的国际比较

国家	1995 年专利保护强度
中国	1.21
加拿大	2.592
英国	2.856

❶　对于发达国家而言，由于其高度发达的经济、完备的法律体系、良好的公众法制意识，其专利立法往往能得到较高程度的实现，在此，假设发达国家的专利保护执行强度为 0.8，下同。

续表

国家	1995 年专利保护强度
德国	3.088
澳大利亚	3.088
新加坡	3.128
日本	3.152
韩国	3.152
法国	3.232
西班牙	3.232
意大利	3.352
芬兰	3.352
美国	3.888

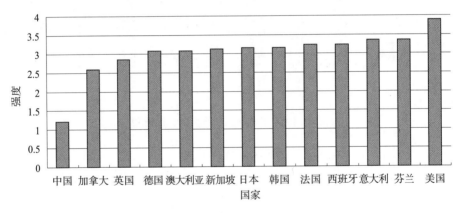

图 7　1995 年专利保护强度的国际比较

至 2001 年，中国专利立法强度已高达 4.19，但同期的执行强度也只为 0.444，意味着高水平的专利立法强度只得到 44.4% 的执行，专利保护强度达到 1.86，与发达国家相比还具有一定的差距，❶ 接近于加拿大 1990 年的水平，相当于新加坡 1990 年的水平，远低于美国等发达国家。

---

❶　基于发达国家专利法立法较为稳定，在此假设发达国家在 1995 年后的专利保护强度基本保持不变。

这与中国的专利保护现实状况是相符的，也很好解释美国等发达国家对我国知识产权保护现状不满的原因。随着中国专利保护执行强度的不断提高，至 2012 年，在专利保护立法强度保持高位 4.19 不变的情况下，专利保护执行强度逐年提高至 0.631，意味着专利保护立法强度得到了 63.1% 的执行，专利保护强度达到 2.64，接近日本、韩国、新加坡和德国的水平，略低于美国、法国等国家，见表 8 和图 8。

表 8   2012 年专利保护强度的国际比较

国家	2012 年保护强度
加拿大	2.512
中国	2.64
英国	2.856
德国	3.088
澳大利亚	3.088
新加坡	3.128
日本	3.152
韩国	3.152
法国	3.232
西班牙	3.232
意大利	3.352
芬兰	3.352
美国	3.888

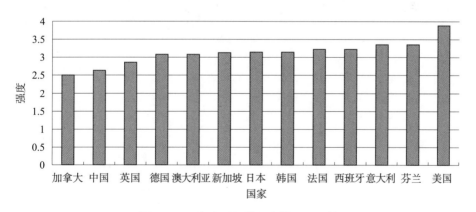

图 8   2012 年专利保护强度的国际比较

123

以专利保护执行强度修正 Ginarte & Park 指数，解决了 Ginarte & Park 指数存在的一个不合实际的缺点，即在一国立法未作修改的情况下，如果简单地以专利立法强度表征保护强度，其专利保护强度就显示为无任何变化，这显然与实际情况是不相符合的。例如，图 1 显示，我国 1985～1992 年的专利保护立法强度曲线为一水平线，恒等于 2.03；2001～2014 年的专利保护立法强度曲线也为一水平线，恒等于 4.19。如果就此认为我国在该期间的专利保护强度无任何提高，显然是名不副实的。事实上，我国做了大量的努力，不断加强专利保护执行力度，专利保护强度的提高是有目共睹的。图 4 表明，我国的专利保护强度在 1985～2012 年，从 0.35 提高到 2.64，增幅达到 6.5 倍之大，进步是显著甚至惊人的，一定程度上反映了我国在加强专利保护执行强度上的努力，这符合我国的专利保护的实际。

当然，在专利保护强度的度量指标的选取上，还需深入研究。例如，以"律师比例"作为度量司法水平的指标，以"成人识字率"作为度量社会公众意识的指标，是否科学恰当。的确，能直接真实反映司法水平的应该是司法系统的完善程度、法官业务素质的高低；能直接反映社会公众意识指标可以选取近年已开展的知识产权公众意识社会调查结果。但是，由于缺乏可获得的相应数据和序列化历史数据，本文只能选取能间接反映司法水平的"律师比例"和"成人识字率"指标。

知识产权基本法框架体系研究

房绍坤❶ 宋红松❷ 李阁霞❸ 毕荣建❹ 王超政❺

摘 要

　　研究制定知识产权基本法的必要性和可行性，既是呼应《国家知识产权战略纲要》的要求，也是我国现行知识产权法律制度的内在需求。本文从我国知识产权法律制度系统化、协调化的实际需要出发，探讨了知识产权基本法立法的必要性和可行性，并借鉴现有的国内外知识产权法体系化、法典化的研究成果，对知识产权基本法制定中的几个具体问题进行了论证分析。

关键词

　　知识产权基本法　知识产权战略纲要　法律制度体系化

❶❷❺　作者单位：烟台大学法学院。
❸❹　作者单位：山东省知识产权研究院。

　　"知识产权基本法"的概念对应的是《国家知识产权战略纲要》中提出的"知识产权基础性法律"。然而《国家知识产权战略纲要》仅规定了"知识产权基础性法律"的概念，对于其究竟应为"民法典知识产权编""知识产权法典"或"知识产权基本法"尚未有定论。至于其性质究竟应为私法还是公法，又抑或为公法私法融合，更是存在较大争议。❶

　　探讨知识产权基本法的框架体系就好像为知识产权法的大厦勾勒一张蓝图。要完成这张蓝图，首先需要了解我们的起点，即这座大厦目前处于什么状况；其次要了解我们的目标，即要将这座大厦建设成什么样子。唯有如此，才能为建设和维护知识产权法大厦提供一套有针对性而又行之有效的方案。

　　目前我国知识产权法大厦的状况是，各主要知识产权领域已经制定了较为完善的法律规范，即主体结构已经基本完成。但知识产权法是从国外移植的舶来之物，由于我国缺乏相应制度文化支撑，基础尚不牢固。著作权法、商标法和专利法等各个主要组成部分，分别由不同的政府部门各自建造，相互联结还不够紧密。还缺乏一部能够涵盖整个知识产权法领域的上位法律，也就是说知识产权法大厦尚未封顶。因此，制定知识产权基本法应从加固基础、强化联结和封顶完工三个方面着眼。出于这三个方面的目的，知识产权基本法至少应具备三方面性质：一是基础性。知识产权基本法应为整个知识产权领域提供共同基础。这一功能主要通过为整个知识产权领域确立共同的基本原则加以实现。二是联结性。知识产权基本法还应为整个知识产权领域提供普遍适用的共同规范，加强各知识产权单行法之间的联结。三是涵盖性。知识产权基本法还确立涵盖整个知识产权的最高价值。作为整个知识产权法体系中价值位阶最高的原则，对整个知识产权法体系起到统摄作用。

　　本文将围绕知识产权基本法的性质，从以下几个方面探讨其框架体系结构。

一、知识产权基本法所要解决的主要问题

　　我国知识产权制度经过几十年的发展完善，已经涵盖了国际社会公

---

　　❶　参见上海大学知识产权学院，国家知识产权局课题"我国知识产权基本法与法典化立法研究"研究报告。

认的全部知识产权领域，具体规则也已达到或超过了国际条约设定的最低标准。但这并不意味着现有的知识产权法律体系已经不存在重大问题了。相反，由于我国知识产权管理分散于不同的行政部门，立法也由各部门分头推进，在知识产权宏观政策、管理体制、法律规范以及法律实施等重要的基础领域都存在需要统一协调的问题，而解决这些问题或者为解决这些问题提供指导也理所当然地成为知识产权基本法的主要任务。

（一）协调知识产权法基本政策目标

第一，知识产权基本法能够进一步协调知识产权保护与鼓励创新之间的关系。知识产权制度具备双重功能：其一，属于保护智力成果或智慧财产的民事法律制度；其二，还是国家鼓励科技、文化和商业创新，实现创新驱动发展战略的政策法律机制。总体上看，这两种功能是相互协调的，但两者之间并非总是处于一种正相关的状态。知识产权保护强度过高，会提升下游创新及未来创新的成本，反而可能对创新产生抑制作用。对于知识产权保护强度与鼓励创新之前潜在的冲突可能性，知识产权基本法可以从原则上确立知识产权保护应适合鼓励创新目标的政策导向，以引导知识产权立法通过对我国自身经济社会发展目标的整体考量实现具体规则层面上的平衡。

第二，知识产权基本法能够进一步协调知识产权保护与其他公共政策目标之间的关系。知识产权保护通过增进创新的供应虽然总体上有助于推动经济发展和社会进步，从而有利于改善公众福利，但过高的保护也因提高知识或科技利用的成本而损及教育、健康和科学研究等其他公共政策目标。我国知识产权法虽然在具体制度上对上述政策目标有所照顾，但尚未在基本原则的层面上确立协调知识产权保护与其他公共政策目标的政策导向。知识产权基本法可以通过设定利益平衡原则，为建立知识产权保护强度与其他重要公共政策目标之间更加协调的关系提供依据。

第三，知识产权基本法能够进一步协调知识产权私权保护与其他创新鼓励政策之间的关系。知识产权私权保护通过界定知识的财产权利，依赖市场机制起到鼓励创新的作用。但由于对知识产权促进创新的实现机制认识不够，试图以非市场手段对创新进行过度干预的做法还大量存在。这类措施虽然能够起到暂时提高知识产权授权量的作用，但其与知识产权制度所赖以发挥作用的市场机制无法相容，从长期效果看会破坏或削弱市场机制对知识产权利用的有效性。知识产权基本法可以对非市场手段的知识产权促进政策加以限制，从而对知识产权保护与其他创新鼓励政策进行协调。

第四，知识产权基本法能够促进知识产权立法适应我国经济社会发展和改革的新形势。我国经济社会发展进入新阶段，对知识产权制度在经济社会发展中所发挥的作用的要求也与以前不同，加强知识产权保护以促进创新的政策目标与其他重要社会经济政策目标之间的矛盾更加突出，需要通过知识产权基本法立法体现相关公共政策的变化，并对不同政策目标进行平衡和协调。

（二）协调知识产权管理执法体制

我国知识产权行政管理体制存在管理分散、各自为政，管理与执法职能不分、执法权限设置不合理，以及级别不高、力量不足等问题。这一问题不仅导致无法实现高效统一的知识产权行政管理，也难以实现知识产权宏观政策方面的统一协调。知识产权基本法的立法则是彻底解决这一问题的难得契机。在知识产权基本法中应对知识产权行政管理和执法体制进行统一协调，彻底解决这一长期困扰我国知识产权领域的难题。我们认为，可以从以下三个方面对知识产权管理执法体制进行统一协调：一是通过建立国家知识产权战略委员会，提高知识产权在政府工作中的地位，并实现知识产权宏观政策和战略制定权力的统一；二是统一知识产权行政管理机构，对现有的专利、著作权、商标等分散的知识产权管理机构进行整合；三是实现知识产权管理与执法权力的分离，建立专业的知识产权行政执法机构，规范、统一并合理设置知识产权行政执法权力。

（三）协调知识产权法律规范体系

知识产权法作为一个相对独立的法律领域，具有自身独特的性质和规律。虽然知识产权法学建立了较为统一的理论，但在法律规范层面尚未达到体系化的要求。由于缺乏上位法律的统摄，知识产权法律规范呈现零散和缺乏系统性的问题，部分领域存在空白。各知识产权部门法之间法律规范存在明显的重复，针对同一问题的规定存在明显差异或明显冲突。对各知识产权单行法进行分别修订不仅无法解决上述问题，甚至随着单行法的修订，这种差异还有扩大的趋势。

制定知识产权基本法则可以从以下几方面解决知识产权法律体系化

的问题：❶ 一是知识产权法律概念的体系化。知识产权基本法可以通过界定"知识产权"的概念，对著作权、专利、商标和商业秘密的具体知识产权类型进行涵盖，同时通过对知识产权效力、知识产权限制和知识产权保护等下位阶概念的界定，使知识产权法的概念体系更为完整，以便以之为基础构建知识产权法的规范体系。二是知识产权法律规范的体系化。与法律概念的体系相适应，法律规范之间也依抽象程度及负载价值的不同形成位阶关系。在整个知识产权法律体系中，知识产权基本法具有总则的功能，规定整个法律领域的基本原则和共性规则，消除知识产权单行法中法律规范重复、冲突以及不必要的差异，并对法律空白和漏洞进行填补。三是知识产权法律价值的体系化。通过对各知识产权法律领域的考察，知识产权基本法可以抽象出普遍适用于整个知识产权法领域的价值和原则，并将其规定于总则之中。通过在总则中规定鼓励创新和制止不正当竞争等基本原则和一般条款，知识产权基本法可以为整个知识产权法律领域提供价值补充和价值修正的功能，使知识产权法真正成为能够适应社会经济发展和技术进步的开放的法律体系。

（四）协调知识产权法律实施

知识产权的法律实施也存在协调统一方面的诸多问题。知识产权保护标准、执法权限、救济措施以及不同的知识产权执法程序等方面均有待进一步协调。通过制定知识产权基本法，能够在保证知识产权法落实方面采取措施，统一协调不同知识产权领域的保护标准、完善知识产权救济措施、优化行政执法权限，从而提高知识产权执法的效率和知识产权保护的有效性。

在协调知识产权领域的保护标准方面，知识产权基本法可以对侵权损害赔偿计算方法、法定赔偿和惩罚性赔偿的标准等加以统一，避免相似侵权行为在不同知识产权领域的赔偿标准方面存在明显差异。在完善知识产权救济措施方面，知识产权基本法可以增加除损害赔偿外的其他救济措施，如返还不当得利、停止即发侵权等。同时，还可以完善临时措施的类型和适用条件，改善临时措施与永久措施以及行政保护与司法保护之间的衔接。在优化行政执法权限方面，通过制定知识产权基本法，能够采取统一知识产权执法权限，限缩目前不合理的执法权限设置，赋

---

❶ 宋红松. 知识产权法的体系化与法典化［J］. 中华商标，2003（1）：38-42.

予执法机关一定的调查或侦查权，并将知识产权行政执法的主要措施限定为扣押、查封等临时措施。

二、知识产权基本法立法的可行性

经过 30 年的知识产权法律制度建设，制定知识产权基本法的条件已基本具备。首先，知识产权基本法已经具备了比较坚实的政策和立法基础。我国不仅在所有主要具体知识产权领域都制定了单行法律规范，还针对整个知识产权领域制定了《国家知识产权战略纲要》，为知识产权基本法立法准备好了法律、政策条件。其次，知识产权基本法立法具备了比较坚实的实践基础。经过 30 年的知识产权行政执法和司法实践，行政和司法部门对知识产权领域面临的共性问题以及各知识产权单行法的协调问题的解决积累了丰富的实践经验。很多实践中的做法都可以为知识产权基本法提供可行的操作方案。最后，知识产权基本法立法也具备了比较坚实的理论基础。通过对知识产权法典和知识产权基本理论的深入研究，知识产权基本法涉及的理论问题，如基本原则，知识产权的效力、运用、保护等，学术研究成果都比较丰富，对于一些争议较大的问题也形成了比较一致的意见。虽然一些涉及复杂公共政策选择的疑难问题以及一些新出现的问题还存在学术争议，知识产权基本法立法的理论基础已经基本具备。

三、知识产权基本法的立法模式

从上文探讨的知识产权基本法所要解决的主要问题来看，我国知识产权基本法应对知识产权宏观政策、管理体制、法律规范以及法律实施等诸多方面进行协调统一。其中，知识产权宏观政策和管理体制主要属于公法问题，而法律规范和法律实施等主要属于私法问题。因此，笔者认为，我国知识产权基本法既不宜照搬日韩仅将国家知识产权促进措施通过基本法加以确立的公法式的立法模式，也不宜采取法国等将各知识产权部门法统一编纂的法典式立法模式，而应采取公私法融合，为各知识产权单行法制定上位法的立法模式。

我国的知识产权基本法首先应当包括知识产权促进的法律规范，这部分内容属于公法或经济法性质，主要是将国家促进知识产权创造、保护和利用有关措施、计划和机构设置等通过立法加以明确，属于国家知识产权战略的法律化。其次，知识产权基本法还应当包括知识产权法一般规则。这部分内容属于私法，主要需要将能够普遍适用于专利、商标及著作权等各知识产权部门法的原则性和一般性条款纳入进来，起到统摄和协调现有各知识产权单行法的作用。

四、知识产权基本法制定中的几个具体问题

（一）知识产权的定义与范围

为知识产权下定义并不容易，尤其是在法律文件中为知识产权下一个准确的定义更为困难。日韩知识产权基本法以及主要知识产权国际公约，均采取简单列举知识产权或知识产权保护对象的方式进行定义。学术研究虽然给出了不少知识产权的定义，但由于出发点和侧重点不同，并不一定适合立法采用。❶ 对目前国内国际存在的知识产权定义方式和具体的定义内容进行比较，在此基础上探讨我国知识产权基本法应当采纳的定义方式。

内涵式定义是通过属加种差的方式，即确定被定义对象所属的上位阶属概念，将被定义对象与同该属概念下的其他并列种概念进行比较，找出被定义对象不同于其他种概念所反映的对象的特有属性，然后运用所发现的被定义对象的特性对其上位阶属概念进行限定，从而为被定义对象界定准确的定义。

将知识产权定义为某种私权或民事权利目前争议不大，且能够得到《民法通则》和《侵权责任法》、世界贸易组织的《与贸易有关的知识产权协定》（以下简称"TRIPS协定"）的支持，应属于比较妥当的解决方案。因此，建议知识产权基本法对知识产权进行界定时还是以"民事权利"作为属概念。

对于知识产权的客体或对象学界存在较大争议，目前主要有知识、❷

---

❶ PETER DRAHOS. The Universality of Intellectual Property Rights：Origins and Development，Goldstein's International Copyright：Principles，Law & Practice［M］. New York：Oxford Uni Press，2001.

❷ 刘春田. 知识产权解析［J］. 社会观察，2003（2）：109-121.

信息、❶ 知识产品、❷ 知识财产、❸ 智力成果❹或创造性智力成果与识别性工商标记❺等几种不同表述，还有学者主张知识产权保护对象包括创造性成果、经营性标记和经营性资信等三部分❻。

不同学者总结的知识产权特点也有所不同。郑成思认为应包括无形性、专有性、地域性、时间性和可复制性；❼ 郭寿康持四特点说，包括无形性、专有性、地域性和时间性；❽ 吴汉东则认为应包括专有性、地域性、时间性；❾ 刘春田则提出无形性、专有性和地域性并非知识产权独有的特点，仅认同时间性和权利内容的多元性和多重性为知识产权的特点。❿

外延式定义主要以列举知识产权的类型作为定义方法。一些综合性的知识产权公约主要采取这种定义方式。《建立世界知识产权组织公约》采取的是列举知识产权保护对象的定义方式。而世界贸易组织的 TRIPS 协定的知识产权定义为名列举知识产权的类型，但除版权及专利，实际上列举的都是各类知识产权的保护对象。郑成思先生在主持起草《民法典（专家意见稿）知识产权篇》时也发现了这一问题，认为列举知识产权的类型不易做到逻辑上的一致，因此采取了列举知识产权保护对象的做法。⓫

鉴于知识产权的内涵式定义和外延式定义各有优势，也都面临一些难以解决的问题。我们认为，知识产权基本法中应结合两种定义方式，使用混合式的定义方式。即在列举知识产权客体类型的同时，对一些不易具体指称的客体使用较为抽象的上位阶概念。比如，著作权法中邻接权的客体不易处理，就将著作权客体称为作品及相关智力成果；商号、

---

❶ 郑成思，朱谢群. 信息与知识产权的基本概念［J］. 中国社会科学院研究生院学报，2004，19（5）：39-45.

❷ 吴汉东，闵锋. 知识产权法概论［M］. 北京：中国政法大学出版社，1987.

❸❻❾ 吴汉东. 关于知识产权本体、主体与客体的重新认识——以财产所有权为比较研究对象［J］. 法学评论，2005（5）：3-13.

❹ 郑成思. 知识产权法教程［M］. 北京：法律出版社，1993.

❺ 刘春田. 知识产权法［M］. 北京：高等教育出版社，2000.

❼ 郑成思. 知识产权法［M］. 北京：法律出版社，1997.

❽ 郭寿康. 知识产权法［M］. 北京：中共中央党校出版社，2002.

❿ 刘春田. 知识产权解析［J］. 社会观察，2003（2）：109-121.

⓫ 郑成思. 民法典（专家意见稿）知识产权篇第一章逐条论述［J］. 环球法律评论，2002，24（3）：308-329.

产品包装、装潢等不易处理，就称为商标及相关商业标志；未披露信息中的提交行政审批的药品信息不易处理，就称为商业秘密及其他未披露信息。

（二）与上位和下位法的关系

由于知识产权属私权，知识产权基本法主要内容除体现国家知识产权战略和反垄断的内容之外，大部分是私法性规范，这部分内容应属于《民法通则》的下位法，应在总则中明确基本法的这一性质，设置专门条款界定知识产权作为民事权利（私权）的性质，并在该条款中明确基本法与《民法通则》之间的位阶关系。

同时，知识产权基本法具有协调各具体知识产权领域的功能，属于著作权法、专利法和商标法等具体知识产权法律的上位法。

（三）知识产权基本法的基本原则

知识产权基本法总则最主要的任务应当是针对知识产权领域的最根本问题确立一些最重要的基本原则，这也是体系化立法所必须采用的立法技术。我们认为，基本法至少需要确立以下几项基本原则，即鼓励创新的原则、利益平衡原则、制止不正当竞争的原则以及制止滥用知识产权和限制竞争的原则。

这四条原则实际上是两对原则，具有两两对应的关系。通过赋予并有效充分保护排他性权利鼓励创新，但要同时防止排他性权利过于限制公众对创新的合理利用，从而对其他公共政策目标的损害，因而要同时规定利益平衡原则作为对鼓励创新原则的限制；知识产权法还通过赋予排他性权利及制止不正当竞争维护各领域市场秩序，防止通过侵权进行恶性竞争，同时又要通过制止权利滥用避免权利人运用知识产权限制竞争。

1. 鼓励创新原则

应确立"鼓励创新"作为知识产权基本法立法的最基本价值取向，并将知识产权保护作为实现这一目标的最有效手段。鼓励创新作为知识产权制度的最基本的功能和目标以得到学术说和立法的公认。❶《国家知

❶ FISHER，WILLIAM. "Theories of Intellectual Property" New Essays in the Legal and Political Theory of Property ［M］. Cambridge University Press，2001.

识产权战略纲要》也承认知识产权激励创新的重要作用。❶《建立世界知识产权组织公约》和 TRIPS 协定等主要综合性知识产权国际公约对于鼓励创新原则也有不同程度的体现。

鼓励创新不仅要鼓励智力成果的创造，更重要的是鼓励对创新成果的推广应用和传播。因此，鼓励创新原则应强调创新成果的转让、利用与传播。从法律的角度来看，鼓励创新的实现主要依靠充分有效地保护知识产权，但知识产权基本法还要体现《国家知识产权战略纲要》规定的鼓励创新的政策手段。因此，应将保护知识产权和制定有利于创新的法律政策作为鼓励创新的保障措施加以规定。

2. 利益平衡原则

保护知识产权、促进创新并非最终目的，只是实现造福人类这一最终目标的手段。除有助于鼓励创新之外，知识产权制度还应有助于创造者和使用者的互利，并与其他公共政策目标相协调，以有利于社会和经济福利以权利与义务平衡的方式加以实现。❷

实现这一目标需要在权利和义务之间实现细致周到的平衡；即在为纠正市场失灵而赋予的排他性权利与培育竞争作为创新的主要推动力的需求之间实现细致周到的平衡。在权利义务以及知识产权和竞争之间的恰当平衡不仅是可持续发展的关键，对于新技术的进步以及在任何国家避免结构性垄断都同样重要。❸

规定利益平衡原则的难点在于确定与鼓励创新同等重要的其他公共政策目标的范围和具体表达方式。从我国的现实需要以及国际谈判的重点来看，至少应将公共健康和营养、公共教育、科学研究、传统知识、生物多样性及遗传资源等重要的公共政策目标涵盖在内，并建议作兜底性规定，对其他至关重要领域的公共利益作概括性涵盖。

这一原则之中还应明确知识产权保护应有必要的限制与例外，作为利益平衡原则的具体实现机制。❹虽然在一些知识产权单行法中已经存在

---

❶ 《国家知识产权战略纲要》前言第（2）部分。

❷ TRIPS 协定序言：认识到各国知识产权保护制度的基本公共政策目标，包括发展目标和技术目标。

❸ Thomas Cottier, Pierre Veron, International and European IP Law: TRIPS, Paris Convention, European Enforcement and Transfer of Technology, Kluwer Law International, 2008.

❹ 吴汉东. 试论知识产权限制的法理基础 [J]. 法学杂志, 2012, 33 (6): 1-6.

比较广泛的权利限制和例外的制度和条款，但在一些法律，如商标法中，权利限制和例外制度并未系统建立起来。因此，有必要在总则之中进行统一规定，以便作为知识产权特别法制定具体限制与例外的立法依据。

3. 制止不正当竞争的原则

反不正当竞争法的基本原则："经营者在市场交易中，应当遵循自愿、平等、公平、诚实信用的原则，遵守公认的商业道德"，实际上也是各具体知识产权部门法共同遵循的原则。各知识产权部门法实际上都确立了相似的利益分配规则，即权利人有权独占因知识财产而产生的商业利益，禁止他人对其商业利益进行不正当竞争。实际上各知识产权特别法都是相应领域的公平交易法。创造公平的商业交易环境是所有知识产权法的基本任务之一。

制止不正当竞争的原则一方面作为知识产权法体系中价值位阶最高的基本原则之一，对整个知识产权法体系起到统摄作用，使得知识产权法体系在价值取向上更为协调，并获得形式上的一致性和合理性；另一方面作为整个知识产权法体系的基础，制止不正当竞争的原则可以对具体知识产权法的不足起到补充作用。同时，确立制止不正当竞争的原则还可以使知识产权法体系具有开放性，使之能够应付社会变动和创新对知识产权保护带来的挑战。❶

一般条款在反不正当竞争领域乃至整个知识产权领域属于兜底条款，起到补充作用。一般条款对整个反不正当竞争和知识产权领域均起到支配作用，在法律规定的具体事实构成不敷适用的所有地方，都应当适用一般条款。通过一般条款的适用可以对具体知识产权规则和具体反不正当竞争规则的不足之处加以补充。反不正当竞争法对于知识产权保护的补充作用也得到了世界知识产权组织的赞同。❷ 我国《反不正当竞争法》的司法实践也贯彻了这一理念。❸

出于上述原因，尽管一些国际公约，如《巴黎公约》和《建立世界知识产权组织公约》等，将反不正当竞争作为知识产权的一种类型加以

---

❶ 宋红松. 反不正当竞争与知识产权保护 [J]. 烟台大学学报：哲学社会科学版，2002，15（3）：259-267.

❷ WIPO, Model Provisions on Protection Against Unfair Competition：Articles and Notes，1996，p. 63.

❸ 王跃文诉湖南等侵犯著作权及不正当竞争案，最高人民法院公报 2005 年第 10 期。

规定，但我们认为反不正当竞争与其他知识产权客体并列无法体现出反不正当竞争作为兜底条款对整个知识产权法律部门的补充作用，因此有必要将其作为基本原则加以规定，而不是放在知识产权定义条款之中。

4. 防止滥用知识产权排除限制竞争的原则

知识产权制度通过赋予创新者排他性权利实现对创新的鼓励，这一制度安排可能会抑制市场竞争。市场竞争是创新的主要推动力量，同时也是实现消费者福利和健康经济发展的主要机制。应当在基本法总则中确立原则性规定，制止权利人对排他性权利的滥用，避免或减弱知识产权对市场竞争的限制。

不可否认知识产权滥用的定义比较混乱，因此在知识产权基本法中规定禁止权利滥用原则重点应准确界定权利滥用的定义。知识产权属于私权，知识产权滥用本质上属于民事权利滥用或私权滥用的一种表现形式。一般来说，包括知识产权在内的任何私权，权利人在法律规定的限度内可以任意主张或行使其权利，其他任何人都无权加以限制或提出异议。但如果权利行使违背了法律设定权利的目的，超出了法律所通常设定的正当限度，就会对其他人的权利或社会公共利益造成不当的影响或损害，从而产生权利滥用的问题。我们认为，权利滥用的真正含义是权利的行使内在地突破了设定知识产权的目的和宗旨。❶ 上文中所探讨的鼓励创新和制止不正当竞争原则反映了知识产权法的两项基本目的，再加上对知识产权构成限制的反垄断法律，可以作为对知识产权进行内在限定的条件对知识产权滥用进行界定。上文所述利益平衡原则体现了对知识产权进行合理限制的原理和方式，也能够从某种程度上支持禁止权利滥用的原则。

因此，应当在总则中与知识产权制度的目的和宗旨条款相协调，规定权利滥用的抽象原则和条件。当然，条件成熟时，还在基本法的其他部分对遭受知识产权滥用侵害者提供适当救济，真正提高知识产权滥用原则的可操作性。

---

❶ 郭禾. 知识产权的滥用及其法律规制 [EB/OL]. （2007-10-14）[2013-08-05]. http：//www. civillaw. com. cn/article/default. asp? id=35533.

以案观法

——美国专利实用性审查标准研究初探

李新芝[❶]

摘　要

美国专利法中关于实用性的要求在具体审查实践中体现为操作实用性、有益实用性以及后期发展起来的特定实用性和实质实用性。这些实用性要求与美国专利法中的可实施性及书面说明之间关系密切，深入研究美国专利实用性、可实施性和书面说明的审查标准及内在关联性对于我们把握好现行《专利法》第 22 条第 4 款、第 26 条第三四款的审查必然具有很大的指导作用。

关键词

美国　专利　实用性　审查标准

---

❶　作者单位：国家知识产权局专利复审委员会。

美国专利法关于实用性（utility）的要求规定于第 101 条和第 112 条（35 U. S. C. § 101 和 § 112）❶ 中，但在美国关于专利实用性的要求在很大程度上是以普通法的形式发展起来的，因此，研究美国最高法院和美国巡回上诉法院（CAFC）的有关实用性典型案例对于我们了解和掌握美国专利实用性的审查标准必然具有很大的指导价值。

从相关实用性案例来看，美国专利关于实用性的要求体现为三部分内容：操作实用性（Operable Utility）、有益实用性（Beneficial Utility）以及后期发展起来的特定实用性和实质实用性（Specific Utility/Substantial Utility）。此外，在案件的具体审查过程中，由于专利实用性的要求与专利的可实施性（enablement）以及专利书面说明（written description）之间密切相关，故下面分别对上述实用性的三部分内容以及专利的实用性与可实施性、书面说明之间的关系以相关案例进行阐释。

一、专利的实用性要求

（一）操作实用性

操作实用性的要求在具体的审查实践中包括两种类型：一种就是所谓的异想天开的发明（fantastic invention），如违背能量守恒定律的永动机等。在 *Newman v. Quigg* 案❷中，发明人就要求保护一种"能量输出大于能量输入的能量产生系统"。目前 USPTO 的审查员在审查实践中都是以 § 101（实用性）和 § 112（可实施性）为由驳回该类专利申请。另外一种缺乏操作实用性的案例类型是专利申请人因过失产生的错误而导致技术方案缺乏可操作性。如在 *Process Control Corp. v. Hydreclaim*

---

❶　§ 101：Whoever invents or discovers any new and useful process, machine, manufacture, or composition of matter, or any new and useful improvement thereof, may obtain a patent therefor, subject to the conditions and requirements of this title.

　　§ 112：The specification shall contain a written description of the invention, and of the manner and process of making and using it, in such full, clear, concise, and exact terms as to enable any person skilled in the art to which it pertains, or with which it is most nearly connected, to make and use the same, and shall set forth the best mode contemplated by the inventor or joint inventor of carrying out the invention.

❷　877 F. 2d 1575 (Fed. Cir. 1989).

Corp. 案❶中，专利权人承认由于权利要求的语言随意错误导致"毫无意义的结果"，法院在该案的判决书中也认为，基于物质守恒定律，加工机械的处理速度必然等于进料漏斗的进料速率。由于本专利权利要求 1 的 d 部分的方法实际上是在 B 不等于的情况下使 A＝A＋B，包含了违背物质守恒定律的不可能操作的方法，因此该权利要求不符合§101 和§112 的实用性及可实施性的要求。

需要说明的是，在实用性的举证责任方面，USPTO 的审查员会负有初步举证责任，即提供本领域技术人员合理质疑发明实用性的证据。在这种情况下，举证责任转移至专利申请人，由专利申请人提供可使本领域技术人员信服的充分证据来证明专利的实用性。❷

此外需要说明的是，在证据时间方面，证明实用性的证据时间为专利申请日。在 *Gary H. Rasmusson and Glenn F. Reynolds v. Smithkline Beecham Corporation* 案❸中，Rasmusson 寻求保护施用治疗有效量的非那司提（finasteride）治疗前列腺癌的方法。该方法在后证明确实有效，而且 Rasmusson 也争辩称其专利是可实施的，因为本领域普通技术人员无需任何实验即可实施在本专利中所公开的方法步骤，但 USPTO 和联邦巡回上诉法院均认为 Rasmusson 的专利无法实施，这是因为基于专利申请时 Rasmusson 所拥有的证据，本领域技术人员无法相信非那司提能够治疗前列腺癌，"本领域普通技术人员不会相信非那司提可有效治疗前列腺癌"，申请日后获得的证据太迟了（too late）。"当推测之一在后被证明属实时，如果发明人获得该思想火花的奖励而不是在后证明方法确实有用的人，这不符合专利法的要求，即发明人负有使专利可实施的责任而不仅是提出未经证明的假设。"❹

（二）有益实用性

有益实用性，即判断发明是否具有对社会有害的目的。关于有益实

---

❶　190 F. 3d 1350，1359.

❷　《Patent Law and Policy：Cases and Materials》，6th，2013，Robert Patrick Merges，LexisNexis.

❸　413 F3d. 1318（Fed. Cir. 2005）.

❹　When one of the guesses later proved true，the "inventor" would be rewarded the spoils instead of the party who demonstrated that the method actually worked. That scenario is not consistent with the statutory requirement that the inventor enable an invention rather than merely proposing an unproved hypothesis.

用性的概念可追溯到 1817 年的 *Lowell v. Lewis.* 案❶。在该案中，Mr. Jacob Perkins 拥有关于泵的构造的发明并将其专利权转让给本案原告 Lowell，Lowell 诉被告 Lewis 侵权。Lewis 认为原告的泵的使用会使其他在用的泵作废，从而主张该专利不具有实用性。联邦巡回上诉法院主审法官斯托里（Story）在本案中深入诠释了"有益实用性"标准的基本内涵："法律所要求的是发明不应毫无意义或伤害社会福祉、良好政策或健全道德。因此，专利法中的术语'有用的'是与有害的或不道德对照而言的。例如，毒害人类、促使道德败坏或便利偷袭的新发明不能获得专利，但假如发明远离上述目标，则其用处大小是事关专利权所有人利益的事情，对公众并不重要。如果专利不是很有用，则该专利会变得无声无息，引不起人们的关注"。❷ 在该有益实用性标准确定以后，法院相继以不符合道德标准无效一些赌博设备，如 *Brewer v. Lichtenstein* 案❸和 *Schultze v. Holtz* 案❹等，但以专利不道德或服务于非法目的作为无效理由在近年来并没有广泛应用。尤其是在 *Juicy Whip，Inc. v. Orange Bang，Inc. and Unique Beverage Dispensers，Inc.* 案❺以后。在该案事实上否定了道德实用性的适用，认为当发明仅仅具有某种可用于非法用途的可能性时，不能因此而否定发明的实用性。原告专利 No. 5575405 为后混合饮料机（Post-Mix Beverage Dispenser），但该饮料机前面放置有预混合好的饮料。被告主诉原告的专利产品会使消费者误认为其所购买的饮料是预混合饮料，该专利产品所生产的饮料对消费者具有欺骗性，因此认为该专利不具备实用性而应无效。地区法院以缺乏实用性为由将本专利无效。巡回上诉法院法官 Bryson 针对本案认为，"实用性的门槛

---

❶ 15 Fed. Cas. 1018 （C. C. D. Mass. 1817）.

❷ All that the law requires is, that the invention should not be frivolous or injurious to the well-being, good policy, or sound morals of society. The word "useful", therefore, is incorporated into the act in contradistinction to mischievous or immoral. For instance, a new invention to poison people, or to promote debauchery, or to facilitate private assassination, is not a patentable invention. But if the invention steers wide of these objections, whether it be more or less useful is a circumstance very material to the interests of the patentee, but of no importance to the public. If it be not extensively useful, it will silently sink into contempt and disregard.

❸ 278 F. 512 （7th Cir. 1922）.

❹ 82 F. 448 （N. D. Cal. 1897）.

❺ 185 F. 3d 1364 （Fed. Cir. 1999）；51 U. S. P. Q. 2D （BNA） 1700.

并不高：只要发明能够提供某些可识别的益处，则发明满足专利法第 101 条的实用性要求"❶；"专利法中的实用性要求并不是指导 PTO 或法院作为欺骗性商业活动的仲裁者。其他机构如联邦商务部和 FDA 被赋予在食品销售中保护消费者免受欺诈和欺骗的任务。"❷ "当然，国会有权因各种原因如欺骗性声明特定类型的发明是不能授权的。但在国会作出如此声明之前，我们认为第 101 条并没有规定仅仅因为发明能够愚弄部分公众而不具备实用性，所以不能获得授权"。❸

在该案以后，USPTO 的审查程序手册（MPEP）也明确排除了以发明毫无意义、具有欺骗性或不符合公共政策为理由而驳回专利申请。❹

（三）特定实用性和实质实用性

在实际的审查实践中，不符合操作实用性或有益实用性的案例是极少数的，诚如前述法官所言，满足操作实用性和有益实用性的门槛并不高。但在 *Edward J. BRENNER v. Andrew John MANSON.* 案❺和 *In re Dane K. FISHER and Raghunath v. Lalgudi.* 案❻以后出现了大量关于特定实用性和实质实用性的问题，这在一定程度上提高了实用性的门槛。特定实用性和实质实用性问题在化学和生物领域表现得尤其突出。在化学领域，研究人员常常会合成一系列用途在脑海中并不明确的化合物，在生物领域同样如此，生物学家通常会对用途未知或并不

---

❶　The threshold of utility is not high: An invention is "useful" under section 101 if it is capable of providing some identifiable benefit.

❷　The requirement of "utility" in patent law is not a directive to the Patent and Trademark Office or the courts to serve as arbiters of deceptive trade practices. Other agencies, such as the Federal Trade Commission and the Food and Drug Administration, are assigned the task of protecting consumers from fraud and deception in the sale of food products.

❸　Of course, Congress is free to declare particular types of inventions unpatentable for a variety of reasons, including deceptiveness. Cf. 42 U. S. C. § 2181 (a) (exempting from patent protection inventions useful solely in connection with special nuclear material or atomic weapons). Until such time as Congress does so, however, we find no basis in section 101 to hold that inventions can be ruled unpatentable for lack of utility simply because they have the capacity to fool some members of the public.

❹　MPEP 706.03 (a): A rejection under 35 U. S. C. 101 for lack of utility should not be based on grounds that the invention is frivolous, fraudulent or against public policy.

❺　86 S. Ct. 1033.

❻　421 F. 3d 1365 (Fed. Cir. 2005).

充分了解的感兴趣基因或基因片段进行鉴定。在上述研究人员申请上述化合物专利或基因专利时，就会遇到所谓的特定实用性和实质实用性问题。

在 1966 年的 *Edward J. BRENNER v. Andrew John MANSON.* 案中，申请人 Manson 于 1960 年申请了类固醇类化合物的方法专利，并举证说在 1956 年 11 月发行的《有机化学杂志》中已经披露了与之结构接近的类固醇化合物具有治疗小鼠癌症的效果。USPTO 的审查员以其并不了解其所要求保护的方法产品的用途为由驳回了该专利申请，"我们的观点是，专利法的产品实用性要求不能因为该产品碰巧与另一已知有用的化合物结构接近而推测出来"❶。海关与专利上诉法院（CCPA）推翻了 USPTO 的决定。美国最高法院经提审后 认为，首先，正如被告所承认的，相近结构化合物具有相同的活性的假设因类固醇化合物具有更大的不可预期性而遇到挑战；其次，对于被告所言的方法可行以及产物可作为科研对象的问题，最高法院认为，"但是，考虑到高度发达的权利要求撰写技巧，因此发明人尽可能少地公开有用信息——但尽可能宽地扩大权利要求的范围——基于公开优点的证据必须被谨慎评价。"❷ "不管鼓励公开和抑制保密的价值多么重要，我们认为更值得关注的是化学领域的方法专利所产生的知识垄断。方法专利直到被证明为有用产品的生产过程后才能够准确描述出方法专利的垄断边界。这样的专利无需补偿公众利益就被赋予了阻碍科技发展的权利。"❸ "专利并不是狩猎许可证，它不是对科学探索的奖赏，而是对成功结论的补偿。专利制度必须与商业世

---

❶ It is our view that the statutory requirement of usefulness of a product cannot be presumed merely because it happens to be closely related to another compound which is known to be useful.

❷ However, in light of the highly developed art of drafting patent claims so that they disclose as little useful information as possible—while broadening the scope of the claim as widely as possible—the argument based upon the virtue of disclosure must be warily evaluated.

❸ Whatever weight is attached to the value of encouraging disclosure and of inhibiting secrecy, we believe a more compelling consideration is that a process patent in the chemical field, which has not been developed and pointed to the degree of specific utility, creates a monopoly of knowledge which should be granted only if clearly commanded by the statute. Until the process claim has been reduced to production of a product shown to be useful, the metes and bounds of that monopoly are not capable of precise delineation. It may engross a vast, unknown, and perhaps unknowable area. Such a patent may confer power to block off whole areas of scientific development, 22 without compensating benefit to the public.

界而非哲学王国相联系。"❶

该案实际上明确了特定实用性和实质实用性的概念。也就是说，对于保护新化合物的方法专利而言，由该方法所获得的产品的用途必须是特定、明确和现实的。对于缺乏特定实用性和实质实用性的专利申请，由于尚无直接利用的可能，所以仍然处在思想王国的范畴之内，不符合授予专利权的条件。

在 *In re Dane K. FISHER and Raghunath v. Lalgudi.* 案中，CAFC 进一步阐述了关于特定实用性和实质实用性的概念。在该案中，专利权利要求要求保护编码玉米蛋白或其片段的纯化核苷酸序列（通常称之为 ESTs）。在 Fisher 申请专利时，其声称 ESTs 与开花期玉米叶片组织的基因表达相关，但 Fisher 并不知道基因或编码蛋白的准确结构和功能。仅泛泛声称 ESTs 具有七种用途，如作为分子标记物、测量 mRAM 的量、作为聚合酶链反应的引物等。对此，USPTO 的审查员认为，其所公开的用途对 ESTs 而言并不是特定的，而是对任何 EST 而言的泛泛用途，因此权利要求 1 的 ESTs 缺乏特定实用性。另外，由于申请人并不知道其所产生的蛋白质的已知用途，认为权利要求 1 也缺乏实质实用性。Fisher 上诉至联邦巡回上诉法院。法院审理后认为，"申请必须证明该发明当前状态下所公开的内容是对公众有用的，而不是进行深入研究后证明将来有用。简言之，为满足'实质实用性'的要求，所声称的用途必须证明发明对公众而言具有重要的当前可得利益。"❷ 由于 Fisher 不能证明所要求保护的 ESTs 能够用于其所主张的七种用途，因此不具有实质实用性。关于特定实用性，由于任何转录自玉米基因组中的基因的 EST 均具有潜在的上述用途，因此 Fisher 仅仅是公开了 ESTs 的通用用途，不符合特定实用性的要求。

由此可见，特定实用性是指用途对要求保护的物质而言是特定的，这是与通用用途或一般用途相对而言的概念。也就是说，专利申请所公

---

❶ But a patent is not a hunting license. It is not a reward for the search, but compensation for its successful conclusion. (A) patent system must be related to the world of commerce rather than to the realm of philosophy.

❷ It thus is clear that an application must show that an invention is useful to the public as disclosed in its current form, not that it may prove useful at some future date after further research. Simply put, to satisfy the "substantial" utility requirement, an asserted use must show that that claimed invention has a significant and presently available benefit to the public.

开的化合物的用途不能模糊不清以至于毫无意义，其所提供的用途应该是界定清晰并有特别益处的。实质实用性又被称为实践实用性（practical utility），强调所要求保护的物质在现实世界中的用途。凡是需要进行进一步研究以确认或合理确信其在现实世界之用途的实用性不符合实质实用性的要求。❶ "实质实用性是使所要求保护的物质贡献现实世界价值的捷径。换言之，本领域技术人员能够以向公众提供直接利益的方式使用所要求保护的发明"。❷ 因此，对于所要求保护的发明而言，说明书对于用途的公开或披露必须特定、具体现实和可信。正如 MPEP 关于实用性部分所言，"如果申请人不能确认任何特定和实质的用途或者对发明的特定和实质用途的断言是不可信的，则审查员可据此以实用性驳回专利申请。"❸

二、专利实用性与可实施性、书面说明之间的关系

从相关案例来看，美国专利的实用性要求与专利的可实施性要求及专利书面说明之间既存在交叉重叠，也存在某些明显差异。三者之间的关系可用下图来说明：

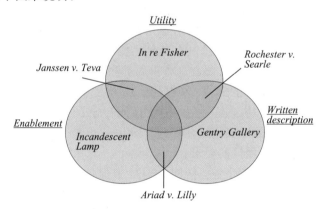

---

❶ MPEP and Utility guideline.

❷ 626 F. 2d [853,] 856 [(CCPA 1980)].

❸ MPEP 706. 03（a）: A rejection on the ground of lack of utility is appropriate when （1）it is not apparent why the invention is "useful" because applicant has failed to identify any specific and substantial utility and there is no well established utility, or （2）an assertion of specific and substantial utility for the invention is not credible.

（一）专利实用性与可实施性之间的关系

专利的可实施性要求规定于美国专利法的第 112 条（35 U. S. C. §112）中。可实施性要求的目的主要有两条：①丰富知识以确保 PHOS-ITA 能够制造和使用发明；②限制权利要求的范围，使权利要求的保护范围与说明书公开的内容相匹配。可实施性目的的第①条就体现出可实施性与实用性之间的共性，即"如果一项专利因为无用或不具有操作性而不符合实用性的要求，那么从如何使用（how-to-use）的角度来看其也不符合可实施性的要求。"❶

Janssen Pharmaceytica v. Teva Pharms. USA Inc. 案❷就很好体现出了二者的共性。在 *Janssen Pharmaceytica v. Teva Pharms. USA Inc.* 案中，Janssen 的 4663318 号专利（以下简称 318 专利）涉及用加兰他敏治疗阿尔茨海默病的方法。地区法院基于以下两点认为 318 专利缺乏可实施性而应无效：（1）说明书因相关动物实验没有完成而缺乏实用性；（2）说明书仅仅推测如何使用，而没有提供充分的加兰他敏剂量信息，因此说明书和权利要求书没有教导 PHOSITA 如何使用所要求的方法。联邦巡回上诉法院经审理后认为，本案既没有提供应用加兰他敏治疗阿尔茨海默病的体外测试结果，也没有动物测试结果，而且本发明的实用性也不能从申请中所描述的现有技术推断得到。截止到申请日，说明书仅仅陈述了一种假设并建议测试以确定假设的准确性。因此 318 专利因不满足实用性而不符合可实施性的要求。

如前所言，虽然专利的实用性与可实施性之间存在交集，但二者之间还是存在一些区别：专利的实用性要求侧重于前面所述的特定实用性和实质实用性，而专利的可实施性则与本领域普通技术人员（PHOS-ITA）密切相关，要求发明公开的内容必须使得 PHOSITA 无需过度实验即可制造和使用发明的技术方案，其更侧重于发明的实施，并通过该要求来达到限缩权利要求范围的目的。

在 *Consolidated Electric Light Co. v. Mc Keesport Light Co.* 案❸中，原告 Sawyer 和 Man 起诉爱迪生公司侵犯其专利 No. 317676。权利要

---

❶ 《patent law and policy: cases and materials》，6th，2013，Robert Patrick Merges，Lexis-Nexis.

❷ 583 F. 3d 1317 (Fed. Cir. 2009).

❸ 16 S. Ct. 75.

求 1 如下所述：电灯用白热化导体，由碳纤维或纺织纤维制成并具有弓形或马蹄形，基本上如上文所述。最高法院认为，如果专利权人发现纤维或织物的共性使它们区别于其他材料如矿物等，并且这种共性或特征使他们专用于白热化导体，那么这种权利要求可能不是特别宽。而本案 Sawyer 和 Man 发现碳化纸是白热化导体的最好材料，但没有将权利要求限制为碳化纸，而是要求了每种纤维或织物的宽泛范围，但事实上对6000 多种织物进行的检验表明，它们都不具有适用于白热化导体的独特性能。难道每个人都因此被该权利要求排除在做进一步研究的范围外吗？答案当然是否定的。此外，任何对纤维或织物材料的使用都侵犯专利权的话，该专利权也会由于上述任一材料的在先使用而具有可预期性。最后，法院一致认为，该专利的权利要求 1 因过于宽泛而成为无效垄断的内容，因缺乏可实施性而无效。

（二）专利实用性与书面说明之间的关系

专利书面说明的要求规定于美国专利法第 112 条（35 U.S.C.§112）中，该条要求发明人对发明的公开必须足够详细以使本领域技术人员认为发明人已经完成了所要求保护的发明或使本领域技术人员合理相信发明人已经拥有所要求保护的发明。其强调发明人在专利申请时已经客观上拥有了发明（actual possession）。某些发明在不满足书面说明的同时也不符合实用性的要求，如 *Uni. of Rochester v. Searle&Co. , Inc.* 案。❶

在该案中，原告 Rochester 大学的专利 No.6048850（以下简称 850 专利）的权利要求 1 如下：在人宿主中选择性抑制 PGHS-2（即 COX-2）活性的方法，该方法包括给需要治疗的人施用可选择性抑制 COX-2 基因产物活性的非类固醇类化合物。纽约地区法院认为，850 专利没有公开前述化合物，也没有提供任何制造该类化合物的教导或除纠错研究外可获得的途径。事实上，法院也没有发现任何证据表明发明人在申请时知道此类化合物，因此该专利因不符合书面说明的要求而被无效。此外，"地区法院还发现，所要求保护的方法的实践需要本领域普通技术人员进行过度实验，但仍不能确保成功。"❷ Rochester 上诉至联邦巡回上诉法院

---

❶ 358 F. 3d 916 (Fed. Cir. 2004).

❷ The district court also found that practice of the claimed methods would require "a person of ordinary skill in the art…to engage in undue experimentation, with no assurance of success".

后，法院认为，基于以下两点，850 专利没有充分公开其要求保护的权利要求：①850 专利没有公开可用于其方法的任何化合物，因此，即使考虑本领域技术人员的知识，其所要求保护的方法也不能实施；②Rochester 没有提供任何证据来证明普通技术人员基于本专利模糊的功能性描述"可选择性抑制 PGHS-2 基因产物活性的非类固醇类化合物"可识别化合物。"尽管某些案例表明，专利申请在满足书面说明要求的模式选择方面具有某些弹性，但 Rochester 所引用的这些案例和其他案例并没有削弱该要求，即专利说明书应充分详细说明以使得本领域普通技术人员理解所要求保护的内容并承认发明人已经完成发明。"❶ 总之，由于 850 专利没有提供本领域技术人员可用于实施本发明方法的化合物的指导——专利权利要求的重要因素——也没有提供任何证据证明任何该类化合物在当时处于本领域技术人员的知识范畴内，因此支持了地区法院的判决。

由该案可见，该案说明书因缺乏对类固醇类化合物的记载而不满足书面说明的要求，同时该化合物的获得需要本领域普通技术人员的过度劳动方可实现，并无直接利用的可能或对公众而言重要的现实利益，也就不满足实用性的要求。但与实用性不同的是，书面说明与可实施性一样，也是限制权利要求保护范围的一种方式，只是可实施性从使用和制造的角度来说，而书面说明从占有或完成的角度来说罢了。

如在 *Gentry Gallery，Inc. v. The Berkline Corp.* 案❷中，原告 Gentry 拥有美国专利 No. 5064244（以下简称 244 专利）。该专利通过设置控制台（console）来解决分段沙发中两同向躺椅必须置于两端的放置问题。法院认为，该专利所公开的内容并不支持控制装置在控制台以外的权利要求。为满足书面说明的要求，专利说明书必须使本领域普通技术人员清楚地认识到发明人已经发明出其所要的发明。发明人必须用所有限制来描述发明以满足书面说明的要求。虽然权利要求并不需要限制到优选实施方案，但在特定案例中，垄断权的范围受到窄范围公开的限

---

❶ Although［some］cases demonstrate that patent applicants have some flexibility in the "mode selected for compliance" with the written description requirement，neither those cases nor any other cases cited by Rochester eliminate the requirement that the patent specification set forth enough detail to allow a person of ordinary skill in the art to understand what is claimed and to recognize that the inventor invented what is claimed.

❷ 134 F. 3d 1473（Fed. Cir. 1998）.

制。在本案中，原始的公开内容清楚地表明控制台是控制设备的唯一可能位置，而且控制台的唯一目的是安装控制设备。此外，法院认为，"申请人可不受锁的准确位置的限制自由撰写宽泛的权利要求（不受现有技术的限制），这只是因为发明人认为锁的准确位置不是发明因素"。而本发明躺椅的控制装置在控制台上是发明的一项重要因素，因此其原始公开的内容限制了在后撰写的权利要求的允许范围。总之，本案不支持这种观点，即权利要求的范围可宽泛到仅受现有技术的约束，相反，权利要求与其可支持的公开范围一样宽，因此窄的公开可限制权利要求的范围。由于专利权人未明确限制控制装置在控制台上，因此权利要求1～8、11、16～18无效。

同样，在 *Aria Pharmaceuticals，Inc. v. Eli Lilly&Co.* 案❶中，原告 Aria 以其美国专利6410516（以下简称516专利）起诉被告 Lily 公司侵犯其专利权80/95/144/145。516专利涉及用转录因子（NF-kB）进行的基因表达调控方法，其说明书仅仅假设了三种分子类型可能降低NF-kB的活性。法院在该案中认为，"但仅仅沿着所声称的类（genus）的外周画出藩篱并不能完全代替对组成该类的各种物质的说明并证明发明人已经发明了该类而不仅是其中一个种（species）。"❷ 描述是否充分的测试标准是，所依赖的发明公开内容是否使得本领域技术人员合理确信发明人已经拥有申请日时所要求保护的主题。"我们承认，判断专利是否符合书面说明的要求取决于不同的环境。具体来说，满足书面说明要求的详细程度取决于权利要求的性质和范围以及有关技术的复杂性和预期性。"❸ 为满足充分公开的要求，说明书必须通过充分公开具有降低 NF-kB 活性的分子来证明发明人拥有所声称的方法，从而满足发明人公开专利技术知识的义务并证明专利权人拥有所要求保护的发明。本专利说

---

❶ 598 F. 3d 1336 (Fed. Cir. 2010).

❷ But merely drawing a fence around the outer limits of a purported genus is not an adequate substitute for describing a variety of materials constituting the genus and showing that one has invented a genus and not just a species.

❸ We have recognized that determining whether a patent complies with the written description requirement will necessarily vary depending on the context. *Capon v. Eshhar*, 418 F. 3d 1349, 1357-1358 (Fed. Cir. 2005). Specifically, the level of detail required to satisfy the written description requirement varies depending on the nature and scope of the claims and on the complexity and predictability of the relevant technology.

明书因没有公开能够实现任一假设的特定分子，因而不满足书面说明的要求。

三、美国专利实用性审查标准对我国的借鉴意义

我国专利实用性规定于我国《专利法》的第 22 条第 4 款，即实用性，是指该发明或者实用新型能够制造或者使用，并且能够产生积极效果。同时在《专利审查指南 2010》中做了进一步细化规定，"在产业上能够制造或者使用的技术方案，是指符合自然规律、具有技术特征的任何可实施的技术方案。能够产生积极效果，是指发明或者实用新型专利申请在提出申请之日，其产生的经济、技术和社会的效果是所属技术领域的技术人员可以预料到的。这些效果应当是积极的和有益的"。《专利审查指南 2010》中还给出了不符合实用性的几种主要情形：无再现性；违背自然规律，利用独一无二的自然条件的产品；人体或者动物体的非治疗目的的外科手术方法；测量人体或者动物体在极限情况下的生理参数的方法。❶

从上述相关规定及我国的审查实践来看，与美国专利法关于实用性的要求相比，我国专利法关于实用性的要求与美国实用性实践中的"操作实用性"和"有益实用性"更为接近，即强调技术方案的再现性和有益社会效果，而较少关注实质的"特定实用性"和"实质实用性"问题。因此，尽管在我国实用性条款与新颖性、创造性条款一样并列作为我国专利授权的三大实体条件之一，并共同构筑了获取专利权的重要门槛，但在实践过程中却存在法条被束之高阁或虚化的问题。美国专利实用性审查标准的应用具有提高专利质量和进行利益权衡的功能，USPTO 和法院通过对实用性标准进行灵活掌握实现了专利权人与社会公众之间的利益平衡，因此其运用专利法基本制度作为实现价值权衡工具的做法值得我国借鉴。

此外，从美国的专利实践来看，美国专利实用性的要求与专利的可实施性和书面说明要求之间关系密切，在一些案例中经常体现为一个问题的两个方面，而从上述关于专利可实施性和书面说明的案例来看，上

---

❶ 《专利审查指南 2010》第二部分第五章。

述可实施性和书面说明的审查标准又与我国现行《专利法》第 26 条第 3、第 4 款有关说明书充分公开以及权利要求的支持问题密切相关,因此,深入研究美国专利实用性、可实施性和书面说明的审查标准及内在关联性对于我们把握好现行《专利法》第 22 条第 4 款,第 26 条第 3、第 4 款的审查必然具有很大的指导作用。

基因专利相关问题分析

——从美国联邦最高法院 "人类基因专利" 案说起

王　暾[❶]

摘　要

本文通过分析美国联邦最高法院对 ASSOCIATION FOR MOLECULAR PA-THOLOGY 等诉 MYRIAD GENETICS，INC. 案作出终审判决，结合日本、欧洲和我国立法和实践，分析了基因的可专利性及与此相关的问题。

关键词

基因　专利性　DNA

---

❶　作者单位：国家知识产权局专利局材料工程发明审查部。

基因是否可授予专利权长久以来都受到业界广泛关注，与此相关的讨论从未平息。2013 年 6 月 13 日，美国联邦最高法院对广受关注的 Association For Molecular Pathology 等诉 Myriad Genetics，Inc. 案作出终审判决，引起了人们对基因可专利性的再次讨论。

一、Myriad 基因专利案

Myriad 公司是美国的一家诊断公司，其发现了两个基因即 BRCA1 和 BRCA2 在人类染色体中的定位，并测得其碱基序列和所编码的氨基酸序列。Myriad 公司还发现，当个体的这两个基因包含某些特定突变时，会有更高的概率患上乳腺癌。根据这些研究结果，Myriad 公司申请了多项专利并获得授权，其中包括要求保护分离的 DNA 的权利要求。通过这些专利，Myriad 公司取得了从基因组中分离 BRCA1 和 BRCA2 基因的独占权。

在进行基因检测时，从人体分离待测基因是必不可少的步骤。Myriad 公司认为，未经其同意，任何操作 BRCA1 和 BRCA2 基因的行为均将侵犯其专利权，因此其起诉数家进行 BRCA1 基因检测的公司侵犯其专利权。在被诉侵权后，Ostrer 等人联合向法院起诉，要求法院判决 Myriad 公司的上述几项专利无效，理由是分离的基因不符合美国专利法中有关保护客体的要求，不能被授予专利权。

几经周转，2013 年 6 月 13 日，美国联邦最高法院对该案件作出了终审判决，判定分离的 DNA 不能被授予专利权。在判决书中，美国联邦最高法院指出，Myriad 公司没有制造或改变相关基因编码的任何遗传信息。这些基因的位置和核苷酸序列在 Myriad 公司发现它们之前即已存在。Myriad 公司也没有制造或改变 BRCA1 和 BRCA2 基因的结构，其所做贡献仅在于发现了这两个基因的位置和核苷酸序列。尽管 Myriad 公司发现了两个很有用的基因，但将基因从其周围的遗传物质中分离出来并不是发明行为。而且，通过打破化学键从基因组中分离 DNA 并未产生非天然存在的物质，因为涉及 DNA 的权利要求并非仅涉及化学组合物本身，而是本质上要求保护由该基因编码的遗传信息，但分离后 DNA 的遗传信息和分离前完全一样。

二、主要国家和地区的实践

目前全球主要国家和地区，包括日本、欧洲和中国，均对基因的可专利性持肯定态度。在美国联邦最高法院就 Myriad 基因案作出终审判决后，其他国家和地区也没有改变此前的政策和实践。

1. 欧洲专利局

欧洲专利局（EPO）专利审查指南规定，对自然界存在物质的发现属于科学发现，不能被授予专利权；但如能显示所发现的物质具有技术效果，则该物质本身是可以授权的。对于基因而言，如果揭示了基因具有某些技术效果，例如编码蛋白、基因治疗等，则该基因可以被授予专利权。[1]

EPO 专利审查指南还明确，对于人类基因而言，尽管单纯对基因序列的发现不构成可授权的主题，但从人体分离或通过其他技术方法获得的基因或其片段在具备工业实用性的情况下属于可授权主题，哪怕该基因的序列与天然存在的序列结构完全一样。[2] 为满足实用性的要求，申请人应当在说明书中明确说明基因的工业实用性，例如对于蛋白质编码基因而言，应当说明所编码的蛋白质及该蛋白质的用途；对于非蛋白质编码蛋白，则应当说明其他用途，例如转录起始活性等。[3]

也就是说，EPO 原则上肯定了基因的可专利性，未将分离的基因作为"发现"而将其排除在可授予专利权主题之外。与此同时，EPO 在审查中尤其关注对实用性的审查，要求所分离的基因是"有用的"才能被授予专利权。

2. 日本

日本专利审查指南规定，仅仅是对自然界存在物质的发现由于不满足工业实用性的要求而不能被授予专利权，但从其自然环境中通过人工分离出来的物质则能被授予专利权。[4] 这一规则在实践中也适用于基因专利，包括要求保护 DNA 片段和 cDNA 或其片段的发明。

---

[1] 《欧洲专利审查指南》2013（2013 年 9 月），G 部分第 II 章第 3.1 节。
[2] 《欧洲专利审查指南》2013（2013 年 9 月），G 部分第 II 章第 5.2 节。
[3] 《欧洲专利审查指南》2013（2013 年 9 月），G 部分第 III 章第 4 节。
[4] 《日本专利审查指南》（2009 年 10 月），第 II 部分第 1 章第 1.1 节。

同时，日本专利审查指南还对基因专利申请的实用性、说明书充分公开等提出了明确的要求。其中该指南指出，如果未在说明书中明确说明、也不能从现有技术推断出基因的用途时，要求保护基因的权利要求不具有工业实用性。❶

3. 中国

我国专利审查指南规定，从自然界中找到以天然形式存在的基因或 DNA 片段，仅仅是一种科学发现，不能被授予专利权。但是，如果是首次从自然界分离或提取出来的基因或 DNA 片段，其碱基序列是现有技术中不曾记载的，并能被确切地表征，且在产业上有利用价值，则该基因或 DNA 片段属于可给予专利保护的客体。❷

由此可知，根据我国专利法规定及实践，分离的基因片段在满足新颖性、创造性、实用性等实体授权条件的情况下，也是可以被授予专利权的。

三、有关问题分析

1. 基因及基因专利权

基因是 DNA 分子的功能片断。DNA 分子由脱氧核糖及四种含氮碱基组成，因此作为 DNA 片段的基因从构成上来说也是由脱氧核糖及四种含氮碱基组成的有机分子。基因功能体现于其所包含的遗传信息，而这种遗传信息是由组成基因的四种含氮碱基的排列方式来编码的。人们通常通过碱基序列来描述基因，这一碱基序列一方面代表了基因的物质组成，另一方面又体现了其所包含的遗传信息。因此，当人们提及基因时，实际上包含了两层含义，一是作为 DNA 分子片段的物质，另一层含义则是其所编码的遗传信息。也就是说，与其他有机化学分子不同，"基因"同时体现了物质性和信息性双重属性。

每一生物体中存在大量不同的基因，这些基因各司其职、相互关联，维持着复杂生命体的各种生理功能。就其功能而言，每一基因在生物体中是唯一的、不可替代的。这就使得依赖于特定基因的技术一般不存在

---

❶ 《日本专利审查指南》（2009 年 10 月），第Ⅶ部分第 3 章第 1.3.1 节。

❷ 《专利审查指南 2010》第二部分第十章 9.1.2.2。

具有相同效果的可替代技术，基因诊断技术尤其如此。例如，就乳腺癌基因诊断而言，BRCA1 和 BRCA2 基因的作用无法被其他基因所取代。即使发现了可用于诊断乳腺癌的其他基因，也无法替代 BRCA1 和 BRCA2 基因的作用。这是基因区别于其他化学物质的又一特点。我们知道，对于一般有机化合物而言，能够实现某一特定功能的化合物可能有很多种，这些不同的化合物有可能是可以相互替代的。正是由于基因唯一性和不可替代性，基因专利权所产生的独占效果远远强于其他化合物专利权。

另外，基因之间又存在相互作用、相互关联的关系。以基因诊断为例，疾病的发生往往是多个基因缺陷联合作用的结果，这就使得在基因诊断中往往需要检测多个基因进行联合分析才能得到有意义的结果。对其中任何一个基因的独占实际上都可起到对整个诊断方法的独占的效果，这无疑也增强针对基因专利权的"独占"效果。

2. 分离的基因：发现还是发明

无论是美国联邦最高法院对 Myriad 基因案的判决，还是其他国家和地区的立法和审查实践，基因可专利性的争议焦点均在于其属于科学发现还是发明。在主要国家和地区均已普遍接受分离的化合物可被授予专利权的今天，分离的基因是否属于可授权主题仍存争议的原因之一即在于基因所体现的双重性，即物质性和信息性。作为一种物质而言，分离的基因即 DNA 片段在自然界中是不存在的，从这一意义上而言分离的基因和分离的普通化合物是一样的；但与普通化合物不同，基因还包含了其编码的遗传信息，而遗传信息显然不是可授予专利权的主题。

在 Myriad 基因案中，美国联邦最高法院认为，要求保护基因的权利要求并非仅涉及化学组合物本身，而是本质上要求保护由该基因编码的遗传信息，而分离后 DNA 的遗传信息和分离前完全一样，因此从基因组分离 DNA 片段的过程并未产生非天然存在的物质。显然，美国联邦最高法院在判决中更多地是从基因的信息性角度来看待基因的，认为基因权利要求本质上是要求保护遗传信息，并由此认为分离的基因片段不是非天然存在的物质，因此属于发现而非发明。

但如前文所述，分离的基因片段不仅具有信息性，其同时还具有物质性，甚至物质性是第一位的，因为其所包含的遗传信息是通过物质来体现的，而不是相反。基因权利要求通常通过碱基序列来描述。碱基序列不仅可以表示遗传信息，也同样表明了基因的化学组成结构，因此认为基因权利要求所要求保护的仅是遗传信息并不妥当。遗传信息本身确实不属于可授予专利权主题，但不能以此否定作为 DNA 片段这一化学物质的基因的可专利性。而且，这一化学物质在自然状态下并不单独存在，需要发明人通过一定的技术手段从其自然环境中分离出来，在这一意义上来说其与分离的其他化合物并不存在明显区别。也就是说，在讨论基因是否可被授予专利权时，如果将其所包含的遗传信息剥离出去，而仅考虑其物质性时，结论是显而易见的，即作为物质的分离的基因应当属于发明而非科学发现。实际上，包括欧洲专利局、日本和中国在内的多数国家和地区的立法和实践也支持了这一观点。

3. 专利制度对基因研究的创新作用

专利制度的目的在于促进创新。专利制度通过给予发明人一定期限的独占权，使发明人能够收回其创新成本，并从中获得一定的利益回报，从而促进和鼓励其不断创新。发现、鉴定和分离新的功能基因需要投入大量的人力和物力，如果创新者的创新成果不能获得知识产权保护，则很难从其创新活动中获得相应回报，其创新积极性必将受到影响。

但专利制定并不总是促进创新的。如果专利制度存在不当之处，专利权也容易被滥用，从而不合理地阻碍技术进步和创新。专利制度经过几百年的发展完善，总体而言是能够促进技术进步的。但是，这一建立于传统机械、化学领域的制度遇到近几十年来才出现的基因技术时，就可能面临新的问题。

与从自然界中分离其他化合物相比，基因的分离相对容易。尤其是随着大规模测序技术和生物信息技术的发展，通过软件分析即能初步分析出基因结构甚至功能，在此基础上能很容易地通过 PCR（聚合酶链式反应）等技术从基因组中分离出单个基因。在这种情况下，如果基因专利授权门槛过低，将很容易导致"跑马圈地"现象的出现。一个基因获得专利保护从而被专利权人"独占"后，将可能降低他人对该基因的进一步研究热情。而且，不同基因之间存在相互关联、相互作用的关系，一个基因被"独占"后，还可能在事实上产生对其他相关基因的"独占"效果。此外，尽管基因数量极大，但对于某一物种（例如人类）而言其数量总归是有限的。这就使得对基因的"跑马圈地"的危害性大大超过其他领域，有必要通过适当的方式避免和规制基因领域"跑马圈地"现象的出现，例如适当提高基因专利的授权门槛。

尽管基因的分离较为容易，但对基因功能的发现和研究则困难得多。为此，主要国家和地区专利局在立法和实践中均明确要求专利申请书中应明确记载基因的用途，才能被授予专利权，例如欧洲专利局要求被授予专利权的基因应当是"有用的"。这也是各国和地区提高基因专利授权门槛、防止基因领域"跑马圈地"的具体实践。

4. 基因专利保护的利益平衡分析

专利保护政策合理性的考量标准之一是其是否能合理地平衡权利人与社会公众之间的利益。专利制度经常长期的发展完善，已经在权利人和公众利益之间建立了精妙的平衡关系。然而，当这一设计精巧的制度用于基因领域时，权利人和公众利益之间的平衡却有可能被打破。

一项技术被授予专利权后，权利人能从中获取利益，而公众利用这一技术的成本将更高。就疾病诊断基因而言，专利权的授予可能导致诊断价格极其昂贵，使一般公众难以承担。例如，Myriad 对于 BRCA1 和 BRCA2 基因的标准测试收费高达 4000 美元。[1] 从表面上看，这似乎并不是基因专利所独有的现象，因为其他领域也存在同样的问题。但如果结合前文所分析的基因唯一性的特点，则会发现这与其他领域又存在本质区别。基因具有不可替代性，这一特点导致基因专利实质上不可能存在可替代技术，他人无法"绕开"某一特定基因而通过其他基因实现同样的目的、达到同样的效果。而在其他领域中，即使暂时不存在可替代技术，这也仅是技术发展的问题，而不是由于技术本身的性质所决定的。因此，与其他领域中的专利相比，基因专利赋予权利人的独占效果更强得多。

此外，不同基因之间具有相互作用、相互关联的特性，这也会扩张专利权人所享有的独占权，影响公众利益。举例而言，疾病的基因诊断往往需要对多个基因进行联合分析才能得出有意义的结论。如果某一基因的专利权人拒绝许可他人实施其专利，则将导致无法进行多基因联合

---

[1]　Sandra S. Park, Gene Patents And The Public Interest: Litigating *Association for Molecular Pathology v. Myriad Genetics* and Lessons Moving Forward, North Carolina Journal of Law & Technology Volume 15, Issue 4: June 2014.

分析，无法获得诊断结果，将损害后续研究者及社会公众的利益。

也就是说，基因本身的特点使得基因专利在一定程度上打破了专利制度长久以来所建立的平衡，使得天平朝着更有利于权利人的方向倾斜。为维护公众利益，重建平衡，必然需要对基因专利权作出适当的限制。当然，这种限制不应当是任意的，也不宜突破现有专利制度框架，而是应从基因本身的特点出发，对法律的适用作出合理、适当的解释。

基因作为一种物质被授予专利权后，权利人享有制造、使用、销售、进口等独占权。这其中最重要的两项权利是制造和使用。"制造"基因指的是将其从基因组中分离出来，或对已分离的基因进行扩增。而基因的"使用"则一般包括基因诊断、构建载体、表达基因产物等。基因具有物质性和信息性双重属性，但信息不属于专利保护客体，专利制度保护的仅是其物质本身。因此，分析某一行为是否属于对受专利保护的基因的"制造""使用"时，也需要考虑制造和使用的对象是物质本身，还是其所体现的遗传信息。基因可授予专利权的基础在于其物质性，那么在基因获得授权后，其保护范围也应当仅限于物质本身，而不应当扩张至其所编码的遗传信息。例如，在基因诊断中，尽管需要首先分离受试对象的特定基因片段，但分离该片段的目的不是获得基因片段本身，而是获得其所包含的遗传信息。分离基因后，对其所进行的分析和利用也不是针对物质组成本身，而是针对其包含的遗传信息。因此，对基因所编码的遗传信息进行分析利用的行为是否侵犯基因专利权就值得重新审视和探讨。

四、结 论

相对于已经有几百年历史的专利制度而言，基因技术是一项非常新的技术。当基于传统机械、化学领域建立起来的专利制度用于新的基因技术时，难免"水土不服"，产生诸多不适。从化学组成上来说，基因属于天然有机分子，分离的基因应当和其他分离的有机化合物一样，属于可授予专利权的主题。然而，基因具有诸多不同于其他化合物的特点，使得针对基因授予的专利权在效果上也不同于其他化合物的专利权，在一定程度上破坏了专利制度本应保持的权利人和公众利益之间的平衡，并可能对创新起到阻碍作用。为此，需要根据基因的特点，在现有专利制度框架下对基因专利政策作出适当的调整。例如，为避免对基因的"跑马圈地"，应适当提高基因专利的授权门槛；为平衡权利人与社会公众的利益，需对基因专利权人的独占权作出适当的限制。

澳大利亚《创新专利制度评价》述评

——兼论对我国实用新型专利制度的评价研究

程文婷❶

摘 要

澳大利亚知识产权咨询委员会受澳大利亚创新、工业、科学与研究部部长委托，自2011年起，对澳大利亚创新专利制度在刺激中小企业创新中的作用进行了调查。2014年6月《创新专利制度评价：最终报告》发布。本文对澳大利亚创新专利制度进行简单介绍之后，对《最终报告》以及《创新专利经济价值》中的主要论点进行了回顾，进而讨论了报告对于我国实用新型制度评价和研究的借鉴意义。今后的研究可以进一步分析实用新型制度对我国现阶段创新和经济发展的意义，以及实用新型授权标准和侵权救济之间的关系，从而为更科学合理的制度设计奠定基础。

关键词

创新　专利标准　专利　澳大利亚　实用新型

---

❶ 作者单位：澳大利亚国立大学亚太学院在读博士。

一、澳大利亚专利制度简介

澳大利亚作为英联邦的成员之一，其专利法大部分参照了英国的模板。在各个殖民地州颁布自己的专利法之前，发明人只能向英国申请专利并获得保护。1852 年，新南威尔士州颁布了第一部《专利法》，并于 1854 年 1 月 1 日起生效。维多利亚州于 1854 年颁布了自己的专利法，授予专利 14 年的保护期。在成立联邦之前，澳大利亚的每一个殖民地州相继根据英国专利法颁布了自己的专利法。1901 年，澳大利亚宪法给予新成立的联邦议会有关"版权、有关发明和设计的专利以及商标"的立法权。❶ 1903 年，联邦议会制定了 1903 年专利法案。自 1904 年 6 月 1 日起，各州专利法案统一交由联邦管辖。和英国的专利法一样，澳大利亚的专利法随着社会经济的变迁也经历了不断的修改，其中实质性的修改发生在 1952 年和 1990 年。1990 年的专利法是现行有效的法律，为澳大利亚的专利授权和管理提供了法律框架。

澳大利亚专利局成立于 1904 年，最早位于墨尔本，只负责专利的注册。后来，其业务范围逐渐扩展到商标和外观设计领域。1933 年，澳大利亚专利局迁址到新的首都堪培拉。

历史上，为了鼓励微小改进的创新，快速便捷地保护寿命较短的发明，澳大利亚曾根据国情在标准专利（standard patent，即发明专利）之外建立了次级专利制度，该制度包括小专利（petty patent）和创新专利（innovation patent）。小专利诞生于 1979 年，在实施了二十多年后在 2001 年被创新专利所取代。标准专利和创新专利构成了目前澳大利亚专利制度的基本框架。作出上述一系列调整背后的依据则是由指定组织如澳大利亚知识产权咨询委员会（ACIP）和澳大利亚知识产权研究院（IPRIA）所发布的评价报告。ACIP 近期发布的《创新专利制度评价》报告，其研究的思路和得出的结论对我国的实用新型专利制度有着重要的借鉴意义。

---

❶ Australian Constitution s 51（xviii）.

二、澳大利亚引入创新专利的原因及其基本特征

(一) 澳大利亚建立创新专利制度的原因

澳大利亚设立创新专利制度的初衷是通过对微小和改进的发明给予知识产权保护而鼓励中小企业的创新❶，因为创新专利创造性程度低，能够经济快捷地获得授权。❷ 更深层次的原因，则是为了适应澳大利亚本身的经济结构，促进创新。澳大利亚创新研究委员会发布的澳大利亚创新指标报告显示：对于澳大利亚 GDP 和出口的贡献最大的是资源密集型产业（农业以及采矿业）、低端和中低端的制造业以及服务业。在这些产业中，研发的投入普遍偏低。然而，澳大利亚又具有非常精锐的研发密集型高科技部门。❸ 专利制度的设计必须考虑存在明显差异的各个产业不同的创新程度，单一标准的专利保护显然不能满足所有产业的需求。创新专利制度的引入正是为了保护澳大利亚资源密集型产业（农业以及采矿业）、低端和中低端的制造业以及服务业中的创新。

(二) 创新专利的基本特征

创新专利制度设立的初衷是为了保护创造性还达不到标准专利的发明，其保护期为 8 年。由于不需要实质性审查，创新专利一般在申请提交 1 个月之后即可获得授权，而且费用也较低，因此创新专利具有快捷、经济的特点。

根据专利权人或者第三方的请求，或者专利局局长的决定，对创新专利可以进行实质性审查。虽然实质性审查不是创新专利获得授权的必要条件，它却是其具有法律执行力的必要条件。也就是说，只有经过实质性审查，授权后的创新专利才能够具有法律上的执行力（作为向法院起诉的依据）。对于技术生命周期较短的产品而言，产品可以通过创新专利的保护及时进入市场；只有在发现侵权之虞时才需要提请实质性审查，

---

❶ Advisory Council on Intellectual Property 2011, "Review of the Innovation Patent System: Issues paper", p. 4.

❷ Verve economics, p. 5.

❸ Arundel, A and O'Brien, KR (2009) Innovation metrics for Australia. Department of Innovation, Industry, Science and Research, Canberra, Australia.

以便执行。这对专利权人来讲是极其方便经济的。但是，创新专利也有其局限性。由于不经过实质性审查，专利的质量和有效性都更加不确定。因此，创新专利的许可和转让相较标准专利而言都更加困难。创新专利和标准专利的区别可以从表1体现出来。

表1　创新专利和标准专利的区别❶

	创新专利	标准专利
"三性"要求	具有新颖性、创造性和实用性	新颖性、创造性和实用性
申请的内容	名称、说明书、5个以下的权利要求、附图（如有必要）、摘要和表格	名称、说明、任意数量的权利要求、附图（如有必要）、摘要和表格
授权条件	满足形式要求即可获得授权（注意：获得授权的创新专利未经审查不具有法律上的执行力）	经过实质性审查后，满足1990年《专利法》规定的相关要件，即可获得授权
实质性审查	可选。实质性审查的请求可以由权利人或者任何第三人提出	必须。只有满足1990年《专利法》规定的相关要件才能获得授权。请求只能由申请人提出
认证	如果创新专利满足1990年《专利法》规定的相关要件才能获得认证；只有认证后创新专利才具有法律上的执行力	不需要
在澳大利亚专利公报上公开	授权时以及获得认证时	优先权日起18个月以及受理后
保护期	最多8年	最多20年（医药专利25年）
审查周期	大约1个月获得授权。实质性审查要求提出后6个月	6个月以上（视情况而定）

此外，申请人倾向于本人撰写和提交创新专利。由于标准专利的申请过程较为复杂，申请人通常需要委托专利代理。因此，创新专利能大大节省申请人的开支，该制度本身也鼓励了申请人自行申请专利。❷

---

❶ 来源于澳大利亚知识产权局官方网站：http：//www.ipaustralia.gov.au/（2014-10-08）。

❷ Verve Economics 2013，"The Economic Value of the Australian Innovation Patent：The Australian Innovation Patent Survey，p7.

三、《创新专利制度评价》的主要内容

既然创新专利制度的设计是为了保护创造性水平较低的发明，刺激中小企业的创新，那么制度运行十多年之后，效果究竟如何呢？2011 年 2 月，时任澳大利亚创新、工业、科学与研究部部长要求 ACIP 调查创新专利制度在刺激澳大利亚中小企业创新中的有效性。2014 年 6 月 16 日，ACIP 发布了《创新专利制度评价：最终报告》。❶ 由于整个研究过程历时两年多，除了最终报告之外，澳大利亚知识产权咨询委员会还在调查期间发布了《创新专利制度评价：问题报告》❷《创新专利制度评价：选择报告》❸❹，并且邀请第三方 Verve Economics 对创新专利的经济价值做了评估，发布了《创新专利的经济价值》报告❺。本文的述评将主要围绕《最终报告》以及《创新专利的经济价值》展开，在讨论具体问题时涉及其他报告。

（一）评价创新专利制度的背景

之所以要求 ACIP 对创新专利制度进行评价，是为了回应近年来对创新专利制度运行中产生的一些问题的担忧。2011 年 8 月发布的《问题报告》逐条列举了这些问题：第一，大部分的创新专利被用来保护高水平的发明，这些发明原本应该是标准专利应该保护的；第二，即使创造性程度低，1990 年《专利法》却给予创新专利和标准专利同样水平的救济；第三，创新专利被申请人用作"长青"战略：即申请人通过在相关的或者延伸的技术领域申请创新专利而不断延长专利的保护期；❻ 第四，创新专利被申请人用作战略目的。

---

❶ Advisory Council on Intellectual Property 2014，"Review of the Innovation Patent System：Final Report"，以下简称《最终报告》。

❷ Advisory Council on Intellectual Property 2011，"Review of the Innovation Patent System：Issues paper"，以下简称《问题报告》。

❸ Advisory Council on Intellectual Property 2013，"Review of the Innovation Patent System：Options paper"，以下简称《选择报告》。

❹ 上述所有报告的英文版都可以从澳大利亚知识产权咨询委员会网站下载：http：//www. acip. gov. au/reviews/all-reviews/review-innovation-patent-system/.

❺ Verve Economics 2013，"The Economic Value of the Australian Innovation Patent：The Australian Innovation Patent Survey"，以下简称《创新专利的经济价值》。

❻ Evergreening strategy：《问题报告》第 23 页。

可见，其中主要的考虑是两个方面：一方面是创新专利授权的创造性标准和救济措施的匹配程度：创新专利创造性水平要求非常之低，而给予的侵权救济却和标准专利相当。另一方面考虑是专利权人战略性运用创新专利制度，这主要表现在运用创新专利保护创造性水平很高的发明，延长专利的保护期，在标准专利待审期间提交很多创新专利的分案申请，排除竞争者。值得注意的是，在标准专利待审期间同时获得创新专利授权的做法在《2012年知识产权法修正案》出台后已经得到了控制。

（二）《最终报告》的主要观点

ACIP在调查的过程中探索了创新专利制度的三种可能性：保留制度、废除制度或者作出调整。这三种可能性是《选择报告》中探讨的核心内容。然而，对于委托的事宜，即创新专利制度是否有效刺激中小企业创新，ACIP最终并没有得出结论，理由是经验的数据不足以支撑任何一种结论的成立。ACIP进而认为其无法对于保留或则废除制度给出建议。而对于制度调整，报告给出了如下建议：

第一，关于创新专利创造性的高度，报告建议修改1990年《专利法》，提高创新专利的创造性高度。报告建议将创造性的高度提高到一个高于现有创新专利但是低于标准专利的水平。具体而言，要达到创造性，一项发明必须是非显而易见的，其参照标准是专利领域之内或者之外的公知常识，但是不包含在该项创新发明权利要求优先权日之前不在公知常识范围内的在先技术信息。该标准低于标准专利，因为对于标准专利而言，创造性需要参考公知常识和任何在先技术。《选择报告》指出，提高创造性标准的原因一方面是由于现有的创造性水平确实太低，另一方面也是为了增强专利的确定性。

第二，对于提请实质性审查的时间，报告建议将其限制在提交专利申请之后的3年之内。由于创新专利并不强制要求实质性审查，此前权利人或者第三方可以再申请提交后任何时间提出实质性审查的请求。但报告建议对提出实质性审查的时间进行限制，ACIP认为3年的时间足够权利人对于专利潜在的商业价值作出明确的评估。

第三，对于创新"专利"名称的适用。报告建议只有经过实质性审查及认证的，才能称之为"专利"。这主要是为了避免大众对于创新专利的误解：大众一般会认为"专利"一词代表着某种法律上可以执行的权利。从这个意义上讲，没有经过实质性审查的创新专利不能称之为"专利"。

第四，建议缩小创新专利保护的客体，将方法和过程和系统排除在外。这一改变主要是基于成本收益的考虑，使创新专利制度适应国际上（澳大利亚的主要贸易伙伴）对于次级专利制度的安排，同时也避免将创新专利适用于商业方法可能带来的不利后果。报告发现，很多发达的经济体对于方法和过程都采取更高水平的保护。因此，如果沿用之前的制度，那么保护范围将仅限于澳大利亚境内和少数发展中国家，这样不利于实现专利的经济价值。同时，相较于商业秘密，通过创新专利保护方法和过程将使权利人获得更多的价值，因此权利人将会更倾向于申请创新专利而不通过商业秘密的渠道保护。但这会导致在澳大利亚国境之外，受保护的方法和过程由于公开和缺乏匹配的制度将得不到任何保护，而商业秘密的保护可以延伸到国际层面。当然，这也是出于产业层面的考虑。在计算机软件领域，通过创新专利保护方法、过程和系统将会大大损害该领域的创新，尤其是中小企业的创新。

第五，报告建议，如果前四条建议可以被采纳，现有的侵权救济将保持不变。具体而言，如果创新专利创造性的高度进一步提高，保护的范围仅限于产品专利，而且拟执行专利的权利人已经在早期提出了实质性审查的要求，那么给予和标准专利相同的侵权救济是可行的。

（三）创新专利的经济价值

ACIP 除了自行研究之外，还委托了有专门经验的经济咨询公司 Verve Economics 对创新专利的经济价值进行评估，评估结果形成了《创新专利的经济价值》。该报告首先对于创新专利申请的基本情况、涉及的技术领域以及申请人的类型进行了分析，接着对此前分析次级专利制度经济价值的理论模型和实证研究进行了回顾，建立了分析框架。最后，报告根据澳大利亚创新专利调查的结果，对创新专利的经济价值作出了评估。本部分将着重对创新专利经济价值的分析框架和调查结果进行述评。

1. 评价次级专利制度经济价值的理论模型和实证研究

关于评价专利制度对研发、创新和经济福利的理论研究，主要的切入点有两个。一个是通过建立模型来考察专利制度的特点对于研发和经济增长的影响。[1] 另一个切入点是通过建立经济模型来决定最优的专利制

---

[1] 相关文献可参见 Chu，Angus C. 2009，"Macroeconomic Effects of Intellectual Property Rights：A Survey"，Institute of Economics，Academia Sinica，MPRA Paper No. 17342，September. Available at：at http：//mpra. ub. uni-muenchen. de/17342/，转引自《创新专利的经济价值》第 19 页。

度设计。❶ 在相关研究中，对于专利制度的特点一般从以下三个维度进行考察。

• 专利的长度，即法律规定专利有效的最长期限，该期限决定了权利人可以对一项发明获得垄断权的时间。

• 专利的高度，即一项新的发明可以获得授权所要达到的创造性高度。

• 专利的宽度，即一项专利可以包括的权利要求的数量以及每一项权利要求的宽度，它决定了专利垄断权排除其他竞争者的范围。

专利的高度和宽度相结合，构成了专利的"滞后度（lagging breadth）"，该指标决定了对公众而言专利可以被模仿的难易程度。当然，对权利人而言，高度和宽度的结合同样是一项专利的"领先度（leading breadth）"，该指标决定了权利人必须进行后续发明或者改进现有发明以维持其垄断权的程度。报告运用这两个指标，对创新专利在保护单独发现，持续创新和集成创新当中的作用进行了分析。对于单独发现而言，创新专利更容易被用来保护商业周期较短的发明，通常在创意产生过程相对较慢但是模仿成本相对较高的产业。对于持续创新而言，由于创新专利的滞后度和领先度都较低，因此不会被广泛地用于保护持续发明，尤其是当对现有技术的改进将会具有很长的生命周期，而且成本较高时。但是，当创新专利的成本相对较低，可以用来保护那些生命周期较短而且研发成本低的产品。对集成创新而言，报告认为创新专利由于其低成本，授权快，维权成本可能也相对较低或将鼓励专利丛林（patents thickets）的发展。

还有一些研究定义了广义上的"专利宽度"，这一概念事实上包含了上述三个维度，用来表征专利允许技术知识扩散的程度。❷ 报告认为，就创新专利而言，专利宽度较标准专利而言更窄，因为其创造性要求较低，权利要求的数量也受到限制（最多不能超过 5 个），而且保护期最长只有

---

❶ 相关文献可参见 Encaoua David，Dominique Guellec Catalina Martinez 2006，"Patent systems for encouraging innovation：Lessons from economic analysis"，Research Policy 35，9，pp. 1423-1440，转引自《创新专利的经济价值》第 19 页。

❷ Denicolò，Vincenzo 1996，"Patent Races and Optimal Patent Breadth and Length"，the Journal of Industrial Economics，Vol. 44，No. 3，pp. 249-265，转引自《创新专利的经济价值》第 20 页。

8 年。相反，标准专利的权利要求数量没有限制，而且保护期最长是
20 年。

报告对于实用新型制度保护的不同产业以及采用实用新型制度的不
同国家进行了案例分析。就产业发展而言，研究表明 20 世纪 80 年代，菲
律宾通过实用新型制度保护了其轻工业的发展，特别是农业机械、皮革
和鞋类、家具制造业和电气设备，而这些产业都是改进创新比较突出的
产业。❶ 在巴西，实用新型制度对于帮助本土的农业机械生产商占领市场
份额发挥了巨大的作用。❷ 另一个典型的案例是印度。研究显示，较短的
专利保护期是印度医药和化工产业发展的主要原因。当然，这一结果并
不是来源于实用新型制度，而是印度在 1970 年新修订的专利法中对于方
法专利给予 7 年的保护期。由于所有的化工产品都是通过一定的方法产
生的，方法专利事实上取代了化工和医药领域的产品专利，从而大大促
进了本土的医药和化工产业的发展。这些产业发展的案例说明，对于技
术滞后或者技术追赶阶段的国家和企业而言，次级专利制度能够促进其
创新。

报告对于国家的实证研究主要集中在一些东南亚国家，原因是这些
东南亚国家在引入实用新型制度的同时，也大都经历了经济起飞。对于
战后日本的多项研究表明，实用新型制度在当时的日本起到了促进技术
扩散的作用。因为该制度有利于保护反向工程和对现有技术的微小改进，
但是却不利于保护重大的技术进步。❸ 报告还援引了对于中国实用新型制
度的研究，得出实用新型制度对于经济增长的作用大于发明专利的结论。
韩国的案例显示，次级专利制度有利于保护改进创新，对于发展中国家
而言是鼓励进一步技术进步的垫脚石。韩国的案例还说明，在技术相对
落后的时代（1970～1988 年），实用新型制度能够提高企业绩效，而专利
制度对于提高企业绩效几乎没有作用。而在技术提高之后（1987～1995

❶ Medalla, Erliada M., Kent Mikkelsen and Robert E. Evenson 1982, "Invention Philippine Industry", Paper presented at the Third National Convention on Statistics, Philippine International Convention Centre, December 13-14, 转引自《创新专利的经济价值》第 26 页。

❷ Dahab, S. 1986, "Technological change in the Brazilian agricultural implements industry", Unpublished PhD dissertation, Yale University, New Haven, CT, 转引自《创新专利的经济价值》第 27 页。

❸ Ordover, J. A. 1992, "A patent system for both diffusion and exclusion", Journal of Economic Perspectives, 5 (1), pp. 43-60, 转引自《创新专利的经济价值》第 28 页。

年)，专利制度能够提高企业绩效，而实用新型制度则几乎没有作用。❶

对于一些发达经济体，例如德国、意大利、丹麦和奥地利，仍然保留着强有力的实用新型制度则说明该制度在一定情况下也会促进发达经济体的创新。尤其是对于澳大利亚，几乎所有的新技术都是首先在国外开发的，因此吸收能力显得尤为重要，创新专利对于促进吸收创新有着积极意义。

2. 澳大利创新专利调查基本结论

2011 年，Verve Economics 发放问卷对创新专利制度的运行进行了调查。此次调查共向创新专利的权利人发放问卷 3195 份，收回问卷 517 份，回收率为 16.2%。报告认为对于中小企业的发明人而言，这样的回收率是合理的。问卷的问题包括申请人及其专利的基本信息，企业的性质，发明产生的过程，商用化过程以及创新专利的价值。问卷还包括一个开放问题，用以收集权利人对于调查本身的反馈。但是收集到的答案大都是有关创新专利的利弊和行政管理制度，很少涉及调查本身。

调查结果显示，就企业类型而言，45% 的回复者为个人发明人，46% 为中小型企业。这样的结果符合了创新专利助推中小企业创新的初衷。就技术领域而言，从产业分布来看，回复问卷中比例最高的产业为制造业（占回复总量的 36.9%），和其他服务业（12.2%）。从技术领域来看，根据和澳大利亚知识产权局数据库的对接，70% 的回复都分布在以下七个技术领域：消费产品和设备（19%），民用工程、建筑和采矿（15.7%），信息技术（10.3%），交通（9.3%）电子设备和工程（6.8%），印刷和处理（5.6%），农业及产品机械（5.2%）。

就创新过程而言，有一半的回复称自己的创新专利是创造新产品，接近三成的回复认为自己的创新专利是改进已有产品；新方法专利和改进方法专利的比例相对较小，各占 15% 左右。但是报告认为应该审慎对待该结果，因为作为发明人本身的判断可能有失偏颇。就寻求创新专利保护的目的而言，问卷显示首要的目的是为了"排除他人复制新产品或者服务"以及"提高企业声誉"，相对比较重要的目的是为了"预防针对本企业的侵权诉讼""提高企业获得融资或者投资的机会""提高交叉许可中的谈判地位和结果"。相对标准专利而言，企业更加偏好创新专利的

---

❶ Kim，Yee Kyoung，Keun Lee，Walter G. Park and Kineung Choo 2012，"Appropriate Intellectual Property Protection and Economic Growth in Countries at Different Levels of Development"，Research Policy 41，pp. 358- 375，转引自《创新专利的经济价值》第 29 页。

首要原因是获得授权速度快以及成本低。作为创新专利的替代选择，企业会首先选择通过打入市场获得早期商业优势、商业秘密以及申请标准专利来保护其创新。

就潜在的商业化利用方式而言，作答的 503 份回复中，有 466 份回复表示其创新专利能够被用于产品、方法或者服务；348 份回复表示创新专利能被许可给第三方；257 份回复表示其创新专利能够用于帮助初创企业；222 份回复表示其创新专利能够被交叉许可。

但是，就问卷最核心的创新专利商业价值的问题，收到回复 487 份。其中 14 份回复认为其创新专利的商业价值低于 1000 澳元；37 份回复认为其创新专利的商业价值在 1 000～10 000 澳元之间；143 份回复认为其创新专利的价值在 10 001～100 000 澳元之间，171 份回复认为其创新专利的价值在 100 001～1 000 000 澳元之间，122 份问卷认为其创新专利的价值高于 1 000 000 澳元。

综上分析，大部分的发明人对于创新专利制度持肯定的态度。但是报告同时分析了这一结论的局限性：这仅仅代表了使用创新专利制度的申请人的意见。由于调查面不涉及标准专利的申请人，因此创新专利制度对于受标准专利或者商业秘密保护的发明的负面影响并不包含在其中。因此，这一结论不足全面评估创新专利对于澳大利亚创新和经济发展的影响。

四、《创新专利制度评价》
对我国实用新型制度评价研究的启示

根据世界知识产权组织的界定，澳大利亚的创新专利制度作为次级专利制度，虽然未被命名为"实用新型"，但实质上是一种实用新型制度。❶因此，对于建立了实用新型制度的国家，《创新专利制度评价》当中涉及的问题，以及分析问题的方法都有诸多的借鉴意义。根据世界知识产权组织的最新统计，世界上共有 75 个国家建立了实用新型制度❷，其基本特点就

---

❶ World Intellectual Property Organization 2012, 'Protecting Innovations by Utility Models'. Available at：http：//www. wipo. int/sme/en/ip_business/utility_models/utility_models. htm，最后访问时间：2014 年 10 月 8 日。

❷ WIPO 2013, "World Intellectual Property Indicators（2013 Edition）", p. 44, available at：http：//www. wipo. int/export/sites/www/ipstats/en/wipi/2013/pdf/wipo_ pub _ 941 _ 2013 _ section _ a. pdf，最后访问时间：2014 年 10 月 8 日。

是法定保护期短（通常为 7 到 10 年），不经过实质性审查即可获得授权以及权利具有地域性特点等等。因此，澳大利亚的创新专利制度和我国的实用新型制度设计上有很大的相关性。而且，我国对于澳大利亚的次级专利制度一直保持着较高的关注程度。2005 年澳大利亚官方发布对创新专利制度的评价报告❶。该报告主要研究了澳大利亚通过创新专利制度代替小专利之后的效果，认为创新专利制度达到了小专利和创新专利共同的目标。该报告曾被编译，在国内实务界曾产生过较大的影响。此次发布的《创新专利制度评价》应当也会得到重视和讨论。这也是本述评抛砖引玉的目的。

我国的实用新型专利近年来在数量上呈现井喷式增长。根据世界知识产权组织的统计数据，就申请量而言，向中国国家知识产权局提交的申请占全世界所有实用新型申请的比重从 2003 年的 4.2% 上升到了 2012 年的 89.5%。2012 年国家知识产权局收到的实用新型申请数量为 740 290 件，而处于第二位的德国申请量为仅为 15 497 件。❷ 可见，我国的实用新型数量已经占据了全世界的大多数。如此庞大的体量如果按照其惯性发展下去，究竟能够对我国的创新产生什么样的影响呢？这个问题也是《创新专利制度评价》所关注的，而且其研究方法和视角会对我国实用新型制度的思考起到借鉴的意义。

对于我国的实用新型专利制度，国家知识产权局 2012 年曾发布了《中国实用新型制度发展状况》。该报告说明了我国实用新型专利的宗旨，回顾了实用新型制度在我国的发展历程以及审查特点。通过对比说明我国实用新型制度和大多数国家保持一致，并且认为实用新型制度"激发了中小企业创新热情，促进了专利制度在中国的施行，促进了专利技术流通，促进了经济发展和科技进步，有效保护了国外在华专利技术和外企在华权益，且符合中国现阶段国情的需要。"不过报告在得出上述结论的同时论证的过程不甚详尽严密，视野还不够开阔。因此，参照《创新专利制度评价》，对我国实用新型专利制度的研究和评价有以下启示。

（一）从国际分工转移和产业（制造业）发展的视角看待实用新型制度在发展中国家的建立

《创新专利制度评价》在探讨专利制度经济价值的过程中，回顾

---

❶　Andrew F Christie and Sarah L Moritz 2004，"Australia's Second-Tier Patent System: A Preliminary Review"，IPRIA Report No. 02/04，November 2004（Revised April 2005）. Available at: www.ipria.org/publications/reports/AU_2nd-tier_Report-revised.pdf.

❷　WIPO 2013，"World Intellectual Property Indicators（2013 Edition）"，p. 93.

了东南亚国家的实用新型制度，原因是这些国家在引入创新专利的同时也经历了经济起飞，并得出该制度促进发展中国家经济增长的结论。虽然这种相关关系的论证还不够深入，却给了我们一个很好的视角从国际分工和制造业发展的角度来看待实用新型制度在发展中国家建立的原因。

工业革命以来，各国的国际分工地位不断变化，"世界工厂"逐渐从英国转到美国，再到日本、东南亚和中国。从 18 世纪 30 年代工业革命起，英国诞生了纺纱机、多轴纺纱机、蒸汽机等一系列重大技术发明。到 1860 年前后，英国工业发展达到鼎盛期，国内外贸易迅速扩大，成为举世闻名的"世界工场"和最大的殖民帝国。进入 20 世纪，全球性制造中心日渐移至美国。随着 T 型福特汽车、电除尘器、电冰箱、空调等民用产品相继面世，美国在第一次世界大战后成为世界上最重要的汽车、家电生产国。"二战"后，日本从战争废墟上开始经济复兴，在 20 世纪 60 年代实现了重化学工业化。到 20 世纪七八年代，"日本制造"风靡世界，"世界工厂"的桂冠转到了日本头上。20 世纪 80 年代，随着中国的改革开放，从纺织业、汽车制造，到高科技的电子产品，跨国公司纷纷把自己的生产基地从美国、日本、中国台湾地区乃至印尼、泰国、马来西亚移往中国大陆，中国成为"世界工厂"。

由于保护对象的特点，实用新型制度与制造业，或者从更广泛的意义上，劳动密集性产业的发展有着密不可分的关系。随着"世界工厂"的转移，实用新型制度也被播种到世界上更多的国家。在 1980 以前，设立实用新型制度的国家和地区总共只有十几个。面对全球化的浪潮，"世界工厂"重心的转移，制造业发展过程中积累起来的一些创造性不太高的小发明对一些后发国家的技术、经济发展的促进作用日益明显，并为其带来客观的商业价值，许多国家重新审视实用新型制度。这些都促进了实用新型制度在世界范围的扩展。到目前为止，实施实用新型制度或类似制度的国家和地区已有 75 个。

（二）认清实用新型保护微小、改进发明的制度价值，并以此为基础认识其对我国现阶段创新的意义

实用新型制度之所以能够受到发展中国家的广泛欢迎，是因为其适应了这些国家保护本土企业在引进和吸收外来技术的基础上再次创新的需要。而这些创新所产生的大都是微小、改进发明。相关研究也表明，

实用新型制度对那些希望通过中小企业的本地创新来发展自身技术能力的创新型发展中国家来说尤其有利。第一，实用新型制度可以使手工业者将他们那些达不到专利法中新颖性和创造性要求的发明创造得到保护。第二，实用新型制度使小规模创新者和手工业者在经济发展中的作用有可能得以提高，并且使他们在面对或许能够威胁到他们生计的新技术时得以在商业中立足。第三，实用新型制度能够提高创新水平。第四，获得实用新型比获得专利成本低廉。最后，实用新型制度可以成为创新活动以及技术管理中经验数据的来源。❶ 因此，实用新型制度对中国过去 30 年的创新和经济发展的积极影响举足轻重。

如果用动态的眼光来看待经济转型和技术发展，目前我们应当更加关注的是通过实用新型制度实现了技术提高和技术出口之后，该制度可能发挥作用的空间。《创新专利制度评价》在这一点上具有很大的借鉴意义，其探讨的核心问题也是对于技术较为先进的澳大利亚而言，实用新型制度是否有效。然而，这个问题并不好回答。问卷调查是最直接有效的方式，然而问卷调查发放的对象是制度的使用者，而不是"沉默的大多数（非申请人，标准专利的申请人）"，因此其观点具有片面性。另外，进行国别研究时要考虑到除了技术水平以外的其他制度因素。《创新专利制度评价》以日本和韩国为个案做了分析，但也仅仅停留在对已有文献的回顾。例如，《创新专利制度评价》引用了"韩国在技术提高之后实用新型制度对经济增长的贡献低于专利"的结论，进而认为：在一定条件下实用新型制度在发达国家也有积极意义。

可以看出，《创新专利制度评价》对于次级专利制度在已经实现技术进步的国家的制度价值分析并不是很透彻，但提出这个问题本身在中国现阶段语境下有着极为重要的意义：我国的技术水平发展到了哪一步？我国实用新型制度在现阶段是否还能继续助推我国的技术创新？如何评估实用新型制度对不同产业的影响？如何评估我国实用新型专利对保护创新的其他手段——发明专利、商业秘密等的影响？

（三）谨慎处理实用新型专利授权标准和侵权救济之间的关系

在《创新专利制度评价：问题报告》中，其中非常重要的一个问题

---

❶ Suthersanen, Uma 2006, "Utility models and innovation in developing countries", No. 13. International Centre for Trade and Sustainable Development (ICTSD).

就是授权标准和保护程度之间的关系：即使创造性程度低，仍然给予创新专利和标准专利同样的侵权救济是否合理？这一问题反映的是创新专利对公众的不确定性和权利人利益之间的冲突。报告在建议提高创造性高度、缩小保护范围、在称呼中不使用"专利"一词、3年之内强制要求实质性审查之后，认为现有的侵权救济是合理的。事实上，如果接受了上述建议，创新专利和标准专利之间的界限已经相当模糊，只剩下相对较低的创造性水平和法定保护期。纵观报告在这一问题上的态度，不难发现其内在的逻辑：专利的授权标准和保护程度之间必须成比例。这样的逻辑其实一直贯穿在创新专利制度当中：只有经过实质性审查和认证的创新专利才能向法院起诉。

"先实审，再起诉"是实体权利（实用新型专利权）和程序性权利（诉权）相互匹配的必然要求。这一点在我国的专利法当中也有体现。我国对于实用新型专利仅进行初步审查，这和发明专利实质性审查的差别还是相当大的。所以，相关司法解释要求提起侵犯实用新型专利权诉讼的原告，只有出具国家知识产权局作出的检索报告才能获得诉权。❶ 由此可见，检索报告和实质性审查一样，是确定实用新型专利权的依据。然而，实用新型的检索报告在内容和程序上都和实质性审查有较大差异。"对于不符合新颖性或者创造性规定的权利要求，审查员需要在检索报告中给出明确结论，并引证对比文件说明理由，同时附具所引证对比文件的复印件。但是，当经过检索没有发现影响实用新型专利新颖性和创造性的对比文件时，检索报告不会给出诸如"该实用新型专利具备新颖性和创造性"之类的结论，而是仅仅告知经过检索没有发现影响实用新型专利的新颖性和创造性的对比文件这一事实。因此"实用新型专利不一定具备专利法要求的新颖性、创造性等"。❷

再回到授权标准和侵权救济关系的问题，既然我国实用新型专利不一定都达到专利法要求的新颖性和创造性要求，那么确定地给予其和发明专利相同的救济程序是否合理？当然改革并非易事。这一平衡一方面

---

❶ 《最高人民法院关于审理专利纠纷案件适用法律问题的若干规定》第8条：提起侵犯实用新型专利权诉讼的原告，应当在起诉时出具由国务院专利行政部门作出的检索报告。

❷ "实用新型专利检索报告制度的由来及其内容"，中国知识产权报，来源国家知识产权局网站：http://www.sipo.gov.cn/mtjj/2007/200804/t20080401_360980.html，最后访问时间：2014年10月1日。

要考虑巨大的申请量和有限的审查资源之间的冲突对制度改革带来的压力，另一方面也要考虑由于授权标准和侵权救济不匹配而导致的权利人滥诉对司法资源的浪费。

（四）参照现有研究，科学设计实用新型制度

《创新专利的经济价值》中进一步总结了最优专利制度设计的经济模型。对于发明专利而言，由于 TRIPS 协定所规定的最低标准，各国自主设计制度的空间已经十分有限。然而，实用新型制度则不同，《巴黎公约》和 TRIPS 协定对于实用新型专利的规定只有国民待遇原则。这就意味着，实用新型专利的长度、高度和宽度可以由各国完全自主设计。因此，在分析清楚现有的实用新型专利制度能否继续助推我国现阶段技术创新之后，可以根据现阶段的技术创新的需求对其进行调整。《创新专利的经济价值》中总结的经济模型可以为我国的制度调整提供分析的框架。当然，也必须正确认识到制度调整的后果，尤其是科学地评价申请量所表征的含义。日本的实用新型专利申请的数量 1982～1987 年一直维持在 20 万件以上，但是到 1992 年则下降至不足 10 万件，又从 1993 年的 77 101 件下降至 1994 年的 17 531 件，又至 2004 年的 7 986 件。❶ 日本实用新型专利申请量的逐步下降，都是由于制度调整（放弃实质性审查）引起的，但并不能因为申请量下降就得出制度调整失败的结论。申请量只能表征权利人使用实用新型制度的程度，并不能用以评估制度本身的价值。

综上所述，ACIP 此次发布的《创新专利制度评价》在议题选择、研究思路和方法上对我国实用新型制度的评价和研究有着诸多的借鉴。今后的研究可以进一步分析实用新型制度对我国现阶段创新和经济发展的意义，以及授权标准和侵权救济之间的关系，从而为更科学合理的制度设计奠定基础。

---

❶ Kardam K S. Utility Model-A Tool for Economic and Technological Development：A Case Study of Japan，available at：http：//www. wipo. int/export/sites/www/about-wipo/en/offices/japan/research/pdf/india_2007. pdf.

美国外观设计图片文字
解释的释义、辨析与反思

李秀娟❶

摘 要

对发明专利而言，权利要求解释可以澄清技术术语的含义。但是，与此不同，以文字描述的图片内容并不会比外观设计本身更清晰。以美国判例为线索，澄清外观设计图片文字解释的释义、内容以及与发明专利权利要求解释的差异。外观设计图片的文字解释并非法律问题，而是引导事实发现、澄清授权设计中的装饰和功能特征。最后，以美国外观设计的图片文字解释的经验为借鉴，反思我国以文字描述外观设计图片内容时应当注意的问题。

关键词

外观设计 权利要求解释 功能特征 整体比较

---

❶ 作者单位：华东政法大学知识产权学院。

如判例所述，"专利就像不动产的契约，显示了专利权的财产疆域。"❶ 而专利的权利要求书告知社会公众，专利权人所拥有的权利范围。于此相应，在专利侵权判定中，有时需澄清技术术语的含义，从而确定专利权的范围。解释技术术语的含义以确定专利权保护范围的过程称为专利权利要求解释。❷ 应当注意的是，应当以授权外观设计图片或者照片为核心确定外观设计权的保护范围。但是，就外观设计侵权，美国亦以司法判例的形式肯定：❸ "应当与发明专利相似，首先合理地解释外观设计权利要求以确定其含义和范围。"继 Elmer 案之后，在作出外观设计的权利要求解释时，应当采用文字描述设计图片的内容，本文称之为外观设计的图片文字解释。❹ 与美国接近，我国在外观设计的侵权判定或者无效过程中亦需以文字描述外观设计图片的内容。例如，在"风轮"案中，最高人民法院在判决书中写道：❺ "本案专利与在先设计均由位于中央的轮毂以及轮毂两侧呈中心对称分布的两个扇叶组成……"显然，尽管我国并未明确规定应当作出外观设计的图片文字解释，或者外观设计的权利要求解释，但在司法实践中我国有大量的判例对外观设计的图片进行文字说明。

需要注意的是，"任何文字描述或者描绘都不如图片本身更清晰（intelligible）"。❻ 那么，外观设计的图片文字解释是否具有与发明专利权利要求解释接近的价值？即是否应当以外观设计图片文字解释为基础确定外观设计权的保护范围？进而是否应当以图片的文字解释为基础判断出是否侵犯外观设计权？针对以上问题，本文以美国的司法判例为线索，分析外观设计图片的文字解释的释义和内容，并且探讨外观设计的图片

---

❶ Motion Picture Patents Co. v. Universal Film Mfg. Co., 243U. s. 502 (1917).

❷ 权利要求解释的英文包括 patent claim construction、claim Interpretation 或 claim constructiond 等。

❸ Elmer & HTH v. ICC Fabricating, Inc., 67 F. 3d 1571, 1577, 36 U. S. P. Q. 2D (BNA) 1417, 1420 (Fed. Cir. 1995).

❹ 受实用专利影响，早在 1917 年的 Dietz Co. v. Burr & Starkweather 案美国即已涉及依据外观设计说明书等文件解释（construction）外观设计权利要求。但 Markman 案之后要求针对外观设计图片作出文字描述的权利要求解释。与发明专利相一致，外观设计的权利要求解释是区别于侵权判定的独立步骤。本文所称外观设计图片文字解释是外观设计权利要求解释中的组成部分，主要以文字描述授权外观设计图片的内容。

❺ 最高人民法院（2011）行提字第 1 号。

❻ Dobson v. Dornan 118 U. S. 10；6 S. Ct. 946；30 L. Ed. 63；1886 U. S. LEXIS 1892.

文字解释与发明专利权利要求解释的差异。

一、美国外观设计的图片文字解释之释义与溯源

1. 外观设计图片文字解释之释义

以文字方式描述外观设计内容时，应描述外观设计中的具体设计特征，还是设计概念，抑或描述设计所给出的视觉印象呢？美国在不同判例中的图片文字解释存在着较大的差异，例如 Lee 案❶："应是一个包括瘦长柄并且在一端有一对球的按摩器。"显然，该案以文字描述了授权外观设计产品的形貌。但是，在 Contessa 案中仅一句话"如图 1-3 所示盘子的设计。"❷

从美国的司法实践看，外观设计图片的文字解释应是外观设计所产生的整体视觉印象的描述，并非概括授权外观设计的一般设计概念（design concept）。以 Durling 案为例，该案中涉案授权沙发见图 1。判决中描述授权沙发❸："在基座附近具有双层衬垫的组合沙发，并且衬垫物弓形向上。尾桌具有非常小的垂直支撑。"此处"垂直支撑（vertical support)"的含义是"尾桌下的基座范围"。基于对授权外观设计的文字描述，一审判决认为现有设计，尤其是 Schweiger 的模型，与涉案设计近似。而授权设计与被诉产品的区别点在于，授权外观设计"具有较少的垂直支撑"。但是，联邦上诉巡回法院（CAFC）否定了一审判决。CAFC指出一审法院针对设计图片内容所作出的文字解释并不能唤起（evoke）与授权外观设计相一致的视觉印象。相反，一审法院的图片文字解释仅仅是带有尾桌的组合沙发的一般概念。CAFC强调："对 Durling 的权利要求作出的正确解释应当明确外观设计所产生的视觉印象（focuses on the visual impression it creates)。"

---

❶ Lee v. Dayton-Hudson Corp. , 666 F. Supp. 1072；1987 U. S. Dist. LEXIS 5715；2 U. S. P. Q. 2D（BNA）1300.

❷ Contessa Food Prods. , Inc. v. Conagra, Inc. , 282 F. 3d 1370, 1377, 62 USPQ2d 1065, 1067（Fed. Cir. 2002).

❸ Durling v. Spectrum Furniture Co. , 101 F. 3d 100, 103（Fed. Cir. 1996).

图 1　D339243 号设计

此外，与授权外观设计的"整体可视的外貌（visual appearance as a whole）"或外观设计产生的特殊视觉印象（the visual impression）的要求相应，外观设计的图片文字解释不应当专注于授权外观设计中的个别特征。正如在 Egyptian Goddess 案中，CAFC 强调❶："在尝试是否给出外观设计文字描述的权利要求解释时，法院应当认识到，如果过分地重视某一个设计特征，或者将重点集中在外观设计中的各个特征的文字描述而非将设计作为整体（as a whole），将会（给侵权判定）带来风险。"

综上可知，外观设计图片文字解释是指以文字描述授权设计图片的整体视觉效果。而且，外观设计图片的权利要求解释不应当仅仅是对外观设计图片内容中的设计概念或者设计构思的描述，亦不应仅仅针对个别设计特征。

2. 外观设计图片文字解释之溯源

美国外观设计图片的文字解释是受到发明专利判例影响而形成的。从判例发展的角度看，1995 年，美国 Markman 案澄清了专利权利要求解释的性质。其后，美国专利侵权分析包括两个步骤❷：首先，解释技术术语以确定专利保护范围；其次，在权利要求解释基础上作出是否侵权的判定。Markman 案不仅确定了专利侵权判定的两步分析步骤，也澄清了发明专利权利要求解释的法律性质。需要指出的是，Markman 案对外观设计的侵权分析也产生了重要影响。在美国联邦最高法院对 Markman 案调卷之前，没有援引任何先例的情况下，Elmer 案中，CAFC 肯定❸：

---

❶　Egyptian Goddess Incl. v. Swisa Inc. No 2006-1562，2008 WL 4290856（Fed. Cir. Sept. 22 2008）.

❷　Markman v. Westview Instruments，Inc.，et al.（95-26），517 U. S. 370（1996）.

❸　Elmer & HTH v. ICC Fabricating，Inc.，67 F. 3d 1571，1577，36 U. S. P. Q. 2D（BNA）1417，1420（Fed. Cir. 1995）.

"确定是否构成外观设计侵权与发明专利相似，需要首先合理地解释外观设计权利要求以确定其含义和范围。"而在 Elmer 案中外观设计的权利要求解释中即增加了以文字描述外观设计图形内容的图片文字解释。这样，在 Markman 案和 Elmer 案中，外观设计的图片文字解释成为外观设计权利要求解释的重要组成部分。

应当注意的是，即使在 Markman 案之前，外观设计的侵权判定中也需要以文字描述外观设计图形的内容。例如 Lee 案，被比的按摩器见图 2。在判定是否侵权的过程中，具体比对授权外观设计和被控侵权产品❶："a）授权设计木柄与旋转球相反方向的端部比较宽，而被诉设计相应位置大体上宽度相同，并不具有加宽的外观；b）被诉设计的木柄延伸到旋转球的位置，授权设计则呈现出 T 字与网球相衔接；c）被诉按摩器的木球上并没有金属套，而授权按摩器的金属套呈现出类似网球的外观；d）最明显的是授权设计与被诉产品的按摩球存在明显的不同。被控侵权产品采用木球，而授权设计采用具有不同色彩的网球，而且网球上具有复杂的外观和接缝，木质球表面光滑并且没有接缝。"显然，以上以文字描述授权外观设计与被控侵权产品的内容集中于两者之间的差异点。值得注意的是，此处对差异点的描述并非图片文字解释，而是以文字表述对比授权外观设计与被控产品外貌后的结果。此外，在 Lee 案中，权利人认为受保护范围应是："一个包括瘦长柄并且在一端有一对球的按摩器。"此处对授权外观设计整体外貌的文字描述应当属于对授权外观设计图片文字解释的范畴。

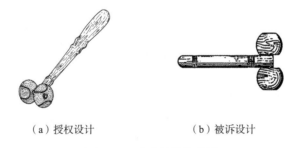

（a）授权设计　　　　　　　（b）被诉设计

图 2　Lee 案中涉及的设计

---

❶　Lee v. Dayton-Hudson Corp. , 666 F. Supp. 1072; 1987 U. S. Dist. LEXIS 5715; 2 U. S. P. Q. 2D (BNA) 1300.

二、美国图片文字解释与发明
专利权利要求解释之辨析

尽管外观设计的图片文字解释是按照发明专利的 Markman 案确立的。但是，外观设计的图片文字解释与发明专利的权利要求解释比较，存在着较大的差异，在法律性质和效力上均不同于发明专利的权利要求解释，具体比较见表1。

表1 美国图片文字解释与发明权利要求解释之差异点

	发明	外观设计
针对的对象	技术术语	授权外观设计图片
解释的内容	澄清术语以确定保护范围	描述外观设计的整体外貌
侵权判定基础	是	否
性质	法律问题	引导事实发现
可否上诉	可以	不可

首先，图片文字解释与发明专利的权利要求解释不同，图片文字解释并非外观设计侵权判定的基础。按照美国专利侵权判定的步骤，应当首先确定专利的保护范围，即在权利要求解释的基础上，进而判定是否侵权。但是，外观设计的保护范围体现在图片中，对于外观设计而言，是否与发明专利相同，以图片文字解释作为外观设计侵权判定的基础呢？对此，美国学者大多持反对意见。究其原因在于：图片解释通常与授权图片存在一定的差别，不如外观设计图片更清晰。如果直接以图片解释为基础，判断是否侵权，则无法正确比较授权设计与被控侵权设计，即不能实现授权设计与被诉外观设计的视觉效果是否存在差异的比对。甚至有学者认为图片文字解释会导致"Gorham 测试在垂死挣扎中缓慢死亡 (Gorham is dying a slow death)"。❶ 而且，以文字描述为主的图片文字解释根本不能确定外观设计权的保护范围。如果依据图片文字解释而判定是否侵犯外观设计权，会导致不存在专利法意义上的字面侵权（literateral

---

❶ Perry Saidman. Allison Singh, The Death of Gorham Co. v. White：Killing It Softly with Markman，Journal of the Patent and Trademark Office Society，86 (10)，2004：792-808.

infringement)。此外，文字描述与图片比较，抽象性更强，但直观性差。学者 George Raynal 通过研究发现，适用文字描述的图片解释为侵权判定依据会导致"不公平的限制外观设计的保护范围"。● 显然，从以上观点可知，因图片的文字解释与实际外观设计授权图片比较，不具备更清晰的优势，自然无法澄清外观设计的保护范围，不适合作为外观设计侵权判定的基础。

其次，与发明专利的权利要求解释可以作为上诉理由不同，外观设计图片文字解释并非上诉理由，而是法院可以自由裁量或者自行决定该如何作出的。以 Egyptian Goddess 案为例，该案中，权利人认为 Swisa 公司侵犯其指甲修磨器外观设计权。其中涉案的相关设计见图 3。根据授权 D467389 号外观设计，图片文字解释为●："一个具有方形截面的空框，方形部分的长度大约为 S，整个框子有大约 3S 长，并且框子的厚度大约 T＝0.1S⋯⋯大约厚度 T、长方形带有研磨料的垫被粘在框子的三个面上，框子的第四个面没有垫。"但是，CAFC 认定一审法院的图片文字解释有错误，并且一审法院基于错误的图片文字解释作出了错误的认定。Egyptian Goddess 案中 CAFC 明确指出，外观设计的保护范围应以图片为准，考虑到用文字描述图片所存在的困难，在司法实践中，法院可不作出图片的文字解释。CAFC 肯定："考虑案件中外观设计细节的程度是自由裁量权（discretion），当法庭判决一个相对细节的图片文字解释时，在先的图片文字解释并非一个需要反转的错误。"由此可知，图片的文字解释并非上诉的理由。

（a）授权设计　　（b）被诉设计　　（c）现有设计

图 3　Egyptian Goddess 案中涉及的外观设计

最后，与发明专利的权利要求解释属于法律问题完全不同，外观设计图片文字解释的主要价值在于引导事实发现。图片文字解释可以澄清

---

❶ Perry Saidman. The Crisis in the Law of Designs，Journal of the Patent and Trademark Office Society，89（4），2007：301-338.

❷ Egyptian Goddess Inc. v. Swisa Inc. No 2006-1562，2008 WL 4290856（Fed. Cir. Sept. 22 2008）.

外观设计图片中存在虚线的作用，并且可以澄清授权设计中的装饰和功能特征。❶ 此外，外观设计的图片文字解释可以用于评价申请过程文件对保护范围的影响。❷ 以 Egyptian Goddess 案为例，该案中的图片解释有利于区别现有设计和被控侵权设计的设计特征，可以提示陪审团授权设计仅三面粘有缓冲垫，而被诉产品所有的面上均有缓冲垫。

综上可知，发明专利的权利要求解释具有澄清、确定专利权保护范围的价值。但是，外观设计图片文字解释并不具备相同的价值。外观设计的图片文字解释具有引导事实发现，区分装饰和功能特征的价值。

三、美国图片解释与侵权判定测试标准之关联

美国外观设计的图片文字解释作为侵权判定中的组成内容，必然服务于侵权判定。就是否侵犯外观设计专利权，美国至今沿用在 1871 年 Gorham 案中确立的普通观察者测试标准。需要指出的是，外观设计的图片文字解释与普通观察者测试具有密切的关联。

1. 外观设计侵权判定之普通观察者测试标准

1871 年的 Gorham 案中权利人拥有应用于汤勺或者叉子柄部❸的外观设计。美国联邦最高法院援引英国上议院 Holdsworth v. McCrea 案，指出❹："可复制并表现在图片或形状中的外观设计的价值（merit of the invention），是对眼睛的吸引力（the appeal is to the eye），因此只有眼睛能判断这两个设计是否一样。""判断设计是否实质相同时，并没有否定考虑线条、形状或者模型间的区别，但是，最应当考虑（controlling consideration）（外观设计）结果的（视觉）效果。"究其原因在于：Gorham 案中肯定因外观设计带给消费者富于美感的视觉效果，从而增加了产品的交易或者商业价值。因此，采外观设计整体视觉效果是否相同或近似为标准判断是否构成侵犯外观设计专利权最为合理（most reasonable）。

---

❶ OddzOn Prods. , Inc. v. Just Toys, Inc. , 122 F. 3d 1396，1405 (Fed. Cir. 1997).

❷ Goodyear Tire & Rubber Co. Inc. , 122 F. 3d 1396，1405 (Fed. Cir. 1997).

❸ 美国外观设计法可以授予应用于产品局部的部分设计，Gorham 案涉及汤勺和叉子的柄部的装饰性设计。

❹ Gorham v. White，14 Wall. 511，81 U. S. 511，20 L. Ed. 731 (1871).

Gorham 案总结出的普通观察者检测标准为❶："如果在给予了一个购买者通常都会给予的注意力的普通观察者眼里，两个外观设计相似到如此的程度，以至于欺骗了观察者，诱导他以为是前一外观设计产品而购买了后一外观设计产品，那么，后一外观设计就构成了对前一外观设计的侵害。"此后，美国一直采用普通观察者检测标准为外观设计侵权判断的基本标准。

显然，普通观察者测试是对比对授权设计与被控侵权产品之外貌实质是否存在实质差异。故在适用普通观察者测试时，必然要分析授权外观设计与被诉外观设计间是否存在一定的差异，进而判断出这些差异是否会改变普通观察者对设计产生的视觉印象，最终以外观设计的整体视觉效果是否存在差异为标准而判定是否侵犯外观设计专利权。需要注意的是，如果"图形中单纯线条的差异，线条数量的多少或者形状上（configuration）的微小变化（slight variances），如果不足以改变（设计的）视觉效果，将不会破坏（外观设计）实质相同的认定"。❷

还应注意的是，外观设计权保护产品外观设计中富于装饰而非功能特征限定的部分。因此，在侵权判定中应当分析外观设计中的装饰/功能特征。这样，一方面分析出外观设计中的功能特征以澄清外观设计的保护范围；另一方面分析授权设计的装饰特征，以判断外观设计带给普通观察者的整体视觉效果。此外，适用普通观察者测试时，应以产品的消费者或者购买者为"普通观察者"，并以"普通观察者"所具备的知识水平和认知能力为标准作出判断。因此，在一些判例中不仅要考虑授权设计和被控侵权设计，还需要考虑现有设计，以此确定"普通观察者"应具备的知识水平和认知能力。

2. 图片权利要求解释与普通观察者测试的关系

美国在 1995 年的 Markman 案之前，并未明确要求以图片的文字解释。例如 Lee 案，该案适用普通观察者测试时，逐一分析授权设计与被诉设计间装饰设计特征，最终以普通观察者对被比设计间的整体视觉印象有一定差异为由，作出不侵权的判定。其分析流程见图 4（a）。Lee 案中对外观设计特征的分析属于普通观察者测试的内容，并非图片的权利

---

❶ 张晓都. 美国外观设计专利侵权判定标准的新变化 ［J］. 中国发明与专利，2009（4）.

❷ Gorham v. White, 14 Wall. 511, 81 U. S. 511, 20 L. Ed. 731 (1871).

要求解释。但是，Markman 案后，对外观设计的功能/装饰特征分析属于对授权图片文字解释的内容，见图 4（b）。

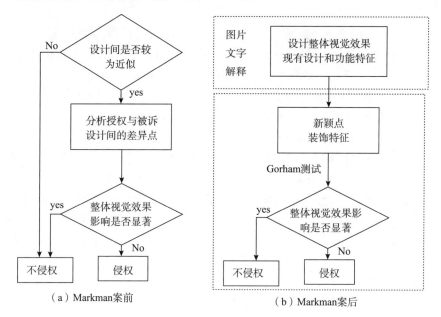

（a）Markman案前　　　　　　（b）Markman案后

图 4　外观设计侵权判断流程的变化

由图 4 可知，Markman 案之后，对外观设计的权利要求解释（尤其是图片文字解释为主），改变了整个外观设计侵权判定的流程。原本属于普通观察者测试的一些内容，例如功能/装饰性特征之分析转入图片文字解释的部分。应当注意的是，仅仅给出授权外观设计的图片文字解释，并不比较授权设计与现有设计或者被诉产品，那么，图片文字解释并不能引导事实发现。结合普通观察者测试可知，将现有设计与授权设计比较，以及分析授权设计中的装饰性特征等内容，同样是普通观察者测试的核心内容——即对比授权设计与现有设计或授权设计与被诉设计，进而确定整体视觉效果是否近似的内容。

显然，运用普通观察者测试时，不可避免地要分析外观设计中的功能/装饰特征，现有设计与被控侵权设计等内容。由前述分析可知，图片文字解释中的内容与普通观察者测试实质是密不可分的。

四、对美国外观设计图片文字解释的反思

美国套用发明专利的做法，以文字描述外观设计作为图片文字解释以引导事实发现。但是，文字的描述并不会比外观设计图片本身更清晰。如果机械地套用发明专利的权利解释而分析外观设计的图片文字解释，会导致一些预料不到的问题。本文以图片文字解释中的功能/装饰性特征分析为例，说明图片文字解释时应当注意的问题。

外观设计图片文字解释的重要价值在于分析外观设计中的功能和装饰特征。正如 OddzOn 案中指出❶："当设计包含装饰性设计和功能元素时，必须解释权利要求以明确外观设计中的非功能部分。"此后，CAFC进一步强调❷，"通过权利要求解释澄清授权外观设计中的装饰和功能特征是（图片）权利要求解释的重要作用。"而且，在美国逐渐形成的判例规则认为应当在外观设计图片文字解释中将授权外观设计中的功能特征分离出去（factor out），不受保护。但是，如何通过图片文字解释，将外观设计中的功能特征分离出去呢？美国的 Richardson 案给出了示范。

2010 年，Richardson 案中权利人拥有一个具有多功能复合的木工工具的外观设计权。在对图片解释部分，该案引用在先判例肯定应当将功能特征分离并过滤后，确定授权外观设计的保护范围。具体分析时，将涉案外观设计分成四个设计特征，见图 5，进而分析设计特征中哪一个是由功能限定的。最终该案认定任意一个设计特征均属于功能特征，整个授权设计中的全部设计特征均对整体视觉效果不具有显著影响。这样，整个授权外观设计基本不受保护。需要指出的是，该案授权外观设计是满足授权条件的。而且，与被诉产品比较可知，四个设计特征中的任意一个特征，与被诉产品比较均有差异，由此可知，任意一个特征均非由功能唯一限定。

图 5　D507 167 号美国外观设计专利功能过滤

---

❶ OddzOn Prods., Inc. v. Just Toys, Inc., 122 F. 3d 1396, 1405 (Fed. Cir. 1997).

❷ Egyptian Goddess Incl. v. Swisa Inc. No 2006-1562, 2008 WL 4290856 (Fed. Cir. Sept. 22 2008).

该案中，尽管权利人辩称外观设计图片的权利要求解释应为对设计整体的视觉印象作出描述，而非过滤各个设计特征；且本案将外观设计特征逐一分析并过滤的权利要求解释不适当地影响到外观设计权的保护范围。❶ 但是，CAFC 认为 Richardson 案的设计图片文字解释是正确的。本文认为，美国将功能特征排除外观设计保护范围的做法有待商榷。

首先，图片文字解释中对功能限定特征的分析应当以普通观察者具备的知识水平和认知能力加以判断。由前文可知，外观设计的侵权判定标准即美国的 Gorham 测试标准应当以"普通观察者"的知识水平和认知能力判断设计是否具有相同相近似的视觉效果。因此，只有普通观察者能够识别出设计特征为功能特征，才可能存在符合 Gorham 测试标准要求的方法分析外观设计中的功能特征。尽管美国判例并没有回应该问题，欧洲法院在 Pepsico 案中指出❷："不意味见多识广用户❸具有超过使用该产品所获得的经验。见多识广的用户不能识别出产品上由技术功能而表现出的特征。"显然，普通观察者不必然具备识别出产品外观设计中的功能特征的能力。如果普通观察者并不能识别出外观设计中的功能特征，那么如何以普通观察者能力将其从整体外观之中区别出来，进而如何判断功能特征对整体视觉效果的影响呢？显然，如果机械地分析外观设计中的功能特征，必然偏离了 Gorham 测试的要求。

其次，排除外观设计中的功能特征使得外观设计的保护范围不可预测。授权设计的保护范围以外观设计图片为准，以外观设计产品的整体视觉印象是否近似为侵权判定标准。从 Richardson 案对授权外观设计的保护范围分析方法看，如果排除外观设计中的功能特征，这必然会改变授权外观设计图片的内容。需要注意的是，专利公报所披露的授权外观设计是包括功能特征的，这样，经图片文字解释将功能特征排除之后的外观设计与专利公报中的外观设计完全不同。这必然使得专利公报中公示的外观设计保护范围与实际保护范围不一致，致使外观设计的保护范围完全不可预测。

最后，功能特征排除的做法实质是混淆了外观设计客体和图片文字解释概念。外观设计客体是指外观设计的可专利性，如欧洲《共同体外

❶ Richardson v. Stanley. Works, Inc., 597 F. 3d 1288, . 1290 (Fed. Cir. 2010).
❷ Case T-153/08 Shenzhen Taiden v. OHIM.
❸ 欧洲共同外观设计以见多识广的用户（informed used）判断是否侵犯外观设计权。

观设计条例》第 8 条规定❶："仅仅由技术功能决定的产品外观设计不予授权。"而外观设计图片文字解释时，将外观设计中的功能特征排除保护的做法，实质是分析功能特征是否应当受保护，即功能特征是否应当具备可专利性。以 Richardson 案为例，将有效外观设计中不可或缺的特征排除外观设计保护范围之外，即是在考虑授权外观设计中的局部功能特征能否受保护。但是，应当注意到，工业产品必然包含功能特征，局部的功能特征并不影响外观设计受保护。以欧洲《共同体外观设计条例》为例，Mengozzi 在 Pepsico 案中提出❷："因为有些特征是必须（compulsory）的，因此需要考虑设计者的设计空间。由于存在这些必须体现的功能特征，设计者并不能自由地改变功能特征。"从 Mengozzi 的观点可知，外观设计中的功能特征是产品必须具备的，因此也是外观设计中必须体现的。此外，美国 Avia 案中指出❸："毫无争议鞋子具有功能，并且这些设计特征体现鞋子的功能。然而，产品具有功能和产品的特殊设计以实现其功能存在区别。否则，工业上具有实用价值的产品就不可能获得外观设计权保护。"显然，美国 Avia 案也明确承认具有功能特征的产品的外观设计可以获得外观设计的保护。需要区别的是，外观设计的图片文字解释不同于外观设计客体的判定，应以外观设计图片为准，以文字描述外观设计的整体视觉效果，并非对外观设计图片中存在的个别特征的分析。正如 CAFC 在 Egyptian Goddess 案中强调，不应过分注意设计中的个别特征。❹ 由此可知，外观设计图片文字解释中将功能特征排除于外观设计的保护范围，完全错误理解了图片文字解释的概念，并且偏离了Gorham 测试标准的目标。

综上可知，尽管功能/装饰性特征的分析是外观设计图片解释的重要内容。但是，按照发明专利权利要求解释的要求作出图片文字解释，会导致将功能限定特征排除于外观设计保护范围的错误做法。本文认为，

---

❶ Council Regulation（EC）No 6/2002 of 12 December 2001 on Community Designs，简称"CDR" A8.1 规定：A Community design shall not subsist in features of appearance of a product which are solely dictated by its technical function.

❷ Case C-281/10 P Pepsico，Inc. v. Grupo Promer Mon-Graphic，S. A.

❸ Avia Group Int'l Inc. v. L. A. Gear California Inc.，853 F. 2d 1557，1563（Fed. Cir. 1988）.

❹ Egyptian Goddess Inc. v. Swisa Inc. No 2006-1562，2008 WL 4290856（Fed. Cir. Sept. 22 2008）.

在作出图片文字解释时，不应当机械地沿用发明专利的判例，而是应当考虑图片文字解释与 Gorham 测试标准之间的密切关联。故正确的图片文字解释应当以"普通观察者"的注意力分析设计装饰特征的差异，从而确定外观设计的整体视觉效果。这样既可以避免 Richardson 案所出现的错误，也符合外观设计侵权普通观察者测试的整体视觉效果比较的要求。

五、对我国外观设计图片文字说明的思考

在我国，外观设计侵权纠纷判决书中有时会以文字描述外观设计的图片内容。与美国不同，我国并未肯定在外观设计侵权判定中，应当以文字描述外观设计图片内容，即我国并未肯定外观设计图片的文字解释。在我国，只有在《专利侵权判定指南》第 62 条中规定："外观设计专利公告授权文本中没有设计要点的，专利权人可以提交书面材料，说明外观设计的独创部位及其设计内容。"显然，根据该规定，对外观设计图片的文字说明更多作为授权设计的设计要点的补充说明。由此可知，我国尚未澄清对外观设计图片权利的文字说明的性质和基本要求。我国与美国的专利法体系较为接近，因此，本文以前文美国的外观设计图片文字解释的释义与思考为借鉴，反思我国外观设计图片文字说明应当注意的问题。

首先，外观设计图片的文字说明应当是对授权外观设计整体视觉效果的描述。因外观设计侵权以授权设计与被控侵权产品间是否具有相同相近似的视觉效果为标准。这样，对设计图片的文字描述与外观设计侵权判定标准要求相一致。需要注意的是，当以文字描述外观设计图片的外貌时，应当以"一般消费者"为假想主体，并考虑其对外观设计产品所具备的知识水平和认知能力，这样描述出的授权设计的整体外貌更符合外观设计侵权判定的要求。此外，还应注意的是，外观设计图片的文字解释不应当过于注重设计细节的描述。

其次，对外观设计图片整体外貌的文字描述并非侵权判定分析的必要内容。应当注意到，任何文字描述都不会比图片更清晰。因此，授权设计的整体外貌的文字描述并非是否侵犯外观设计权的判定基础。

最后，不应当将授权设计中的功能特征排除于外观设计保护范围。尽管《北京市高级人民法院关于审理外观设计专利案件的若干指导意见

（试行）》第13条规定❶："确定外观设计专利权的保护范围时，应当排除仅起功能技术效果设计作用的内容。"但是，在其后的《专利侵权判定指南》中，并未肯定此种做法。显然，对仅具有功能性的产品设计而言，其设计并非对产品外观所作出的改进，并不体现产品设计功能和美感的有机结合，不应获得外观设计权。但是，必须注意的是，产品外貌从整体上由功能唯一限定与产品中包含局部功能特征是存在实质差异的。❷ 结合前述对美国 Richardson 案中做法的分析可知，不应在以文字描述外观设计的内容时，将功能特征排除于外观设计权的保护范围之外。

六、结　语

外观设计以富于美感的外观吸引消费者。而外观设计的保护范围应当以呈现于图片或者照片中的产品设计为准。以文字描述的图片内容不会比图形或者照片更清晰。因此，确定外观设计的保护范围时，文字形式说明外观设计的价值更多体现于对事实的发现，不应以文字描述的内容限定或改变外观设计的保护范围。

---

❶　《北京市高级人民法院关于审理外观设计专利案件的若干指导意见（试行）》第13条。

❷　Perry J. Saidman. Functionality and Design Patent Validity and Infringement. Journal of the Patent and Trademark Office Society. 2009，91（5）：313-342.

海牙体系下美国外观设计专利程序的调整及其评议

杨　兴[1]

摘　要

美国近期为适应加入海牙体系对其本国的外观设计程序进行了一揽子的调整，折射出其参与全球外观设计制度协调的时机和策略选择，以及其所推动的海牙体系程序演变的未来趋势。美国调整本国外观设计程序的细节展现了其在立法技巧方面的前瞻性、独立性和体系性。

关键词

海牙体系　美国专利法　外观设计　程序

---

[1]　作者单位：国家知识产权局专利局初审及流程管理部。

海牙体系是由世界知识产权组织管理的有关便利申请人寻求跨国外观设计保护的国际条约体系，目前其缔约方数量已达到 62 个。近期，随着韩国正式递交加入书，以及美国基本完成加入海牙体系的相关国内法准备，海牙体系即将迎来其发展的重要历史阶段。

我国目前正积极研究加入海牙体系的相关法律问题。在此方面，作为少数实行外观设计申请实质审查制，且首次以"审查局"身份加入海牙体系的国家，美国面临诸多与我国类似的问题，因此其相关的法律程序调整举措，值得我们予以关注和借鉴。

一、程序调整背景

2012 年 12 月 18 日，美国总统奥巴马签署了"2012 年专利法条约实施法案（PLTIA）"，旨在本国实施两项国际条约：《外观设计国际注册海牙协定（日内瓦文本)》和《专利法条约》。

PLTIA 分为两篇，其中有关实施海牙体系的法律修订（即美国专利法，美国法典第 35 篇（35U. S. C.）相关法律条款）记载在第一篇，其将在美国加入海牙体系之日起生效。总体而言，PLTIA 第一篇不仅创建了一套新的外观设计专利申请处理程序，还改变了某些适用于所有专利的美国专利法规定。

在此基础上，美国专利商标局（USPTO）还进一步修改了与 PLTIA 第一篇内容相关的实施细则（联邦登记汇编第 37 篇（37 CFR）第 1、3、5 和 11 部分），对其专利程序进行调整，并在 2013 年 11 月 29 日的联邦登记簿上公开了其中的细节，广泛征求公众意见。目前，该意见征求工作已于 2014 年 1 月 28 日结束。USPTO 正在考虑公众意见的基础上形成有关专利程序调整的最终实施细则。

本文将就上述程序框架变化和程序调整要点进行梳理，对相关程序条文的要义进行解释，并尝试归纳美国加入海牙体系的相关策略，以为我国开展相关国际谈判及国内立法提供启示。

二、程序框架变化

（一）总体程序框架

海牙体系创设了一类国际外观设计申请（International Design Appli-

cation IDA），其在某些方面与依据《专利合作条约》的国际申请（PCT
申请）类似。但是，与 PCT 申请不同的是，如果 IDA 被认为可授权的
话，将产生在申请人指定的所有缔约方境内受保护的国际外观注册，即
其在程序上实现了申请和授权的"一站式"服务；而 PCT 申请则仅仅是
一个申请程序，是否授权是由各个成员国依其国家法程序单独作出决定，
即其特征为统一的申请程序和差异化的授权程序。因此，可以认为海牙
体系下的外观设计国际注册具备了全球专利的"雏形"。

提交 IDA 不需要以在先的国家或地区申请或注册为基础，并且可以
包括多项不同的设计，且最多可达 100 项，条件是这些设计属于《外观
设计洛迦诺国际分类表》2009 版中的相同组。

IDA 可以直接向世界知识产权组织国际局提交（直接提交），或者通
过 USPTO 转交给国际局（间接提交）。IDA 统一由国际局进行形式审
查。经国际局审查合格的，由国际局予以注册（国际注册），并向申请人
指定的缔约方传送以进行国家审查处理。

通常 IDA 在国际注册后 6 个月进行国际公布，同时也允许根据申请
人请求进行即时公布或延迟公布，且最大延迟时间可达自国际注册日起
30 个月。IDA 在公布后被视为以其申请日为界的现有技术，并赋予 IDA
与已公布的常规美国实用专利申请类似的"临时权利"。

（二）程序调整要点

基于上述的总体程序框架，为履行加入海牙体系后的相关条约义务，
并协调条约与国内法的衔接，美国主要在以下几个方面对其专利程序进
行调整：

一是标准化 IDA 的形式要求。将海牙体系有关 IDA 的形式要求在本
国法中予以明确（参见 35 U. S. C. 383）。

二是明确申请人可以通过 USPTO 提交 IDA，即申请人除可以直接向
世界知识产权组织国际局提交 IDA 之外，还可以选择间接提交的方式，
即以 USPTO 为转交局间接地向国际局提交 IDA（参见 35 U. S. C. 382）。

三是明确 IDA 可以如同常规国家申请一样要求优先权（参见 35
U. S. C. 386）。

四是确定指定美国的 IDA 自其在美国的申请日起具有与美国国家外
观设计申请相同的法律效力（参见 35 U. S. C. 385）。

五是赋予已公布的指定美国的 IDA 临时权利❶，例如，此时的 IDA 所有人可以向知晓该申请的侵权者主张授权颁证前的损害赔偿（参见 35 U. S. C. 390）。

六是规定通过常规美国国家外观设计申请和指定美国的 IDA 获权的外观设计专利的保护期为自授权颁证日起 15 年（参见 35 U. S. C. 173）。

七是规定 USPTO 对指定美国的 IDA 进行审查的权限（参见 35 U. S. C. 389）。

八是给予申请人在某些情形下不能在 IDA 相关的期限内履行行为时请求宽恕的权利（参见 35 U. S. C. 387）。

三、相关条文要义

（一）专利法修改

为实施上述程序调整，美国除在其专利法中新增专门适用于 IDA 的法律条款，还对其他相关的一般性条款作了适应性调整。

1. 新增的专门条款

在美国专利法（35U. S. C.）中增设第 V 部分，其具体的条文体例及要义如下：

第 V 部分——关于外观设计国际注册的海牙协定

第 38 章——国际外观设计申请

35 U. S. C. 381　定义

35 U. S. C. 382　提交国际外观设计申请

35 U. S. C. 383　国际外观设计申请

35 U. S. C. 384　申请日

35 U. S. C. 385　国际外观设计申请的效力

35 U. S. C. 386　优先权权利

35 U. S. C. 387　规定期限的救济

35 U. S. C. 388　撤回或放弃的国际外观设计申请

35 U. S. C. 389　国际外观设计申请的审查

---

❶　35 U. S. C. 390 规定，应将指定美国的国际外观申请根据条约的公布看作根据 35 U. S. C. 122（b）的公布。

35 U. S. C. 390　国际外观设计申请的公布

35 U. S. C. 381　定义了相关的术语，包括术语"条约（treaty）""细则（regulation）""指定（designation/designating/designate）""国际局（International Bureau）""有效注册日（effective registration date）""国际外观设计申请（international design application，即 IDA）""国际注册（international registration）"。

35 U. S. C. 382　明确了向 USPTO 提交 IDA 的主体资格、USPTO 处理 IDA 的基本要求、关于美国国家外观设计申请法律条款对 IDA 的适用情况，并明确向除 USPTO 之外的机构提交 IDA 属于向外国提交申请的情形。❶

35 U. S. C. 383　规定了 IDA 相对于常规美国国家外观设计申请的额外要求。

35 U. S. C. 384　规定，在任何地方提交的指定美国的 IDA，只要其符合常规美国国家外观设计申请的提交要求，将会被作为常规美国国家申请来对待，其申请日为有效国际注册日，且申请人可请求复查其申请日。

35 U. S. C. 385　规定，指定美国的国际外观设计申请自其申请日起具有与常规美国国家外观设计申请相同的法律效力。

35 U. S. C. 386　规定 IDA 可以要求在先申请的优先权或申请日利益，并明确指出如果在先申请属于在 USPTO 之外的机构提交的指定美国的 IDA，USPTO 可要求申请人提交该在先申请的认证副本❷和译文。其中，35 U. S. C. 386（a）规定：国家申请可以要求指定至少一个非美国国家的 IDA 的优先权。35 U. S. C. 386（b）规定：指定美国的 IDA 可以要求以下申请的优先权：外国在先申请，指定至少一个非美国国家的在

---

❶　按照美国专利法 35 U. S. C. 184 的规定，此类外观设计如在美国本国内完成，则其向 USPTO 之外的机构提交申请前需经 USPTO 的向外申请许可审查。

❷　通常，无论是 PCT 国际申请，还是国际外观申请，其都有相应的国际公布程序，因此在一般情况下 USPTO 不会要求申请人提交国际申请或国际外观申请的认证副本，而仅在以下情形要求申请人提交：该国际申请或国际外观申请未被公布，或者对申请的内容存疑，且需要提交该认证副本和英文译文来确定申请人有资格享受国际申请或国际外观申请的申请日利益以克服现有技术对可专利性的影响。

先国际申请❶，或者指定至少一个非美国国家的在先 IDA。35 U. S. C. 386（c）规定：指定美国的 IDA 可以要求以下申请的申请日利益：在先国家申请，指定美国的在先国际申请，或者指定美国的在先 IDA；而美国国家申请可以要求指定美国的在先 IDA 的申请日利益。如果要求申请日利益的基础是指定美国但不是源于美国的国际申请或 IDA，USPTO 可以要求申请人提交该申请的认证副本。根据 35 U. S. C. 386（c）和 35 U. S. C. 388 的规定，美国国家申请的申请人可要求指定美国的 IDA 的申请日利益，条件是要求 IDA 优先权的请求在该 IDA 被（整体性地或者针对美国）撤回（withdrawal）、撤销（renunciation）、取消（cancellation）或放弃（abandonment）之前提出。

35 U. S. C. 387　给予了申请人在非故意延误期限的情况下请求恢复权利的救济机会。

35 U. S. C. 388　明确撤回或放弃指定美国的 IDA 在撤回或放弃日后不再有法律效力，并可视为自始不存在，除非该 IDA 在其撤回或放弃日前已被另一件美国国家申请要求其申请日利益。此外，撤回或放弃的指定非美国国家的 IDA 仍可作为在后美国国家申请的优先权基础。

35 U. S. C. 389　规定，应对指定美国的 IDA 进行审查，审查所涉及的实质问题和程序均按照常规美国国家外观设计申请的要求进行，只是审查程序同时要受《海牙协定》的相关限制。该条还明确 USPTO 可以规定 IDA 的相关费用以及对符合条件的国际外观设计进行授权颁证，并赋予该授权专利与常规美国国家外观设计专利相同的法律效力。

35 U. S. C. 390 明确国际局对指定美国的 IDA 的公布可以看作是根据美国专利法进行的国家公布。

2. 适应性修订条款

此类修订涉及美国专利法（35U. S. C. ）中以下条款：

35 U. S. C. 100（i）（1）（B）明确，IDA 可以作为一类有效的优先权文件。

35 U. S. C. 102（d）（2）明确，最终被公布或授权颁证的 IDA 可以自其申请日起成为现有技术。

---

❶　美国专利法中将依据《专利合作条约》（PCT）提交的申请称为"国际申请"，而将依据《海牙协定》提交的申请称为"国际外观申请"，即 IDA。

35 U. S. C. 111（b）（7）明确，美国临时申请不得要求指定非美国国家的 IDA 的优先权，并不得要求指定美国的 IDA 的申请日利益。

35 U. S. C. 115（g）（1）和 35 U. S. C. 120 分别从提交发明人宣誓或声明以及要求在先申请的申请日利益的角度明确，指定美国的 IDA 可以被在后申请要求其申请日利益。

35 U. S. C. 154 规定公布的 IDA 将产生如同已公布的美国实用专利一样的临时权利，并明确要求指定美国的 IDA 的申请日利益的美国非临时申请的保护期为自该 IDA 的申请日起 20 年。

35 U. S. C. 173 将现行美国外观设计专利的保护期从 14 年延长至 15 年，且该保护自外观设计专利授权颁证日起计算。

35 U. S. C. 365（c）明确，指定美国的 IDA 可以被要求优先权或申请日利益。

35 U. S. C. 366 明确，指定美国的 IDA 可以如同常规美国国家申请一样要求已撤回的指定非美国的国家的国际申请的优先权，也可以在指定美国的国际申请被撤回之前要求其申请日利益。

（二）实施细则修改

与专利法修改类似，美国也在其专利法实施细则（37 CFR）中新增专门适用于 IDA 的条款，并对其他相关条款作必要调整。

1. 新增的专门条款

在美国专利法实施细则（37 CFR 1）中增设第 I 子部分（37 CFR 1.1001-37 CFR 1.1070），其具体的条文体例及要义如下：

第 I 子部分——国际外观设计申请

一般信息

37 CFR 1.1001　与国际外观设计申请相关的定义

37 CFR 1.1002　美国专利商标局作为间接提交局

37 CFR 1.1003　美国专利商标局作为指定局

37 CFR 1.1004　国际局

谁可提交国际外观设计申请

37 CFR 1.1011　国际外观设计申请的申请人

国际外观设计申请

37 CFR 1.1021　国际外观设计申请的内容

37 CFR 1.1022　表格和签字

37 CFR 1.1001 对与 IDA 有关的术语"条"（Article）"细则"（Regulation）"规则"（Rule）"行政规程"（Administrative Instruction）、"1960 文本（1960 Act）"作了定义，并引述海牙协定及其实施细则以及美国专利法 35 U.S.C. 381 中定义的术语。

37 CFR 1.1002 规定了 USPTO 作为间接提交局，接收申请人缔约方

---

❶　此处的代表包括中国法律制度中的代表和代理两种情形。

为美国的 IDA，并履行以下职能：①接收 IDA 并确定收到日；②收取和传送 IDA 相关费用；③确定 IDA 是否符合有关保密要求；④向国际局传送 IDA，除非基于国家安全考虑不允许传送。

37 CFR 1.1003 规定 IDA 指定美国时 USPTO 作为指定局的职能：①接收符合海牙协定及其实施细则规定的 IDA 以进行审查；②根据美国国家外观设计申请要求对 IDA 进行审查；③向国际局传送审查结果。

37 CFR 1.1004 阐明国际局作为海牙体系中的协调机构，其职能包括：①直接接收来自申请人或间接接收来自间接提交局的 IDA；②收取规定费用，并将指定费存入相关缔约方的账户；③审查 IDA 是否满足规定的形式要求；④将 IDA 翻译成规定的语言以进行记录和公布；⑤在国际注册簿中记录 IDA；⑥在国际外观公报中公布 IDA；⑦将国际注册的公布副本传送给各指定局。

37 CFR 1.1011 规定不同程序中申请人的资格条件：① 在通过 USPTO 间接提交 IDA 的程序中，申请人必须与以下至少之一有关联：美国国籍、住所、经常居所或者真实和有效的工商业机构；②在对指定美国的 IDA 进行国家审查的程序中，USPTO 可以申请人不是单独或共同的发明人，死亡或无行为能力人的合法代表，或者受让人或法定受让人或有充分的所有权利益之人为由驳回该 IDA。

37 CFR 1.1021 规定 IDA 的必要内容、附加的必要内容、可选内容和指定美国时的某些特殊要求。其中，必要内容规定如下：IDA 必须以英文、法文或西班牙语提交，并包含国际注册请求、有关申请人的规定数据、关于外观设计复制件的规定副本、构成外观设计或与外观设计关联使用的物品的说明、缔约方的指定、申请人申请资格的基础、申请人缔约方的说明、外观设计数量（不超过 100 件）和复制件数量的说明以及规定的费用或缴费信息。附加的必要内容规定如下：如果 IDA 指定的缔约方为申请日目的要求申请人提供设计人身份、关于复制件或外观设计特征的说明和/或权利要求，则还要求申请人提交这些附加的必要内容。可选的内容如下：关于延迟或即时公布的请求，设计人身份和简要说明（如果不是必要内容的话），申请人代表的名称和/地址，基于《巴黎公约》的优先权要求，为《巴黎公约》第 11 条目的涉及表明国际展览的声明，任何行政规程中指定的宣誓，声明或其他相关说明，确定申请人已知的关于外观设计保护资格的信息，为记录和公布目的 IDA 所包含的任何文字内容的建议译文。指定美国时 IDA 必须包含：权利要求书，关于设计人身份的说明，发明人宣誓或声明（即 37 CFR 1.63（b）和 37 CFR 1.64（b）关于在申请数据表（ADS）中载明的信息的要求，可以在提交 IDA 时载明该信息来满足）。

37 CFR 1.1022 规定，应在国际局的表格（DM/1）或具有相同内容和格式的表格中载明 IDA 内容，并且应由申请人签字。

37 CFR 1.1023 规定，IDA 在美国的申请日是国际注册日，并给予申请人请求复查申请日的机会，同时明确该请求必须表明该 IDA 所有人有权获得所要求的申请日并根据 37 CFR 1.17（f）的规定缴纳请求费。

37 CFR 1.1024 规定，指定美国的 IDA 必须包含如同常规美国国家申请那样规定（35 U.S.C. 112）的说明书，且其优选包括对复制件视图的说明，并明确《海牙协定实施细则》第 11 条第 2 款所规定的说明书要求（即说明书"应涉及复制件中出现的特征"）可以适用于指定除美国之外的要求提交说明书的缔约方。

37 CFR1.1025 规定对于指定美国的 IDA，权利要求书中的特定用语应该是所展示和描述的物品（须指明物品名称）的正式术语，并规定为美国目的不要求也不允许超过 1 项权利要求。

37 CFR1.1026 规定复制件应符合《海牙协定实施细则》第 9 条和《海牙协定行政规程》第 4 部分的规定。其中，《海牙协定实施细则》第 9 条规定，缔约方可以复制件"未充分公开外观设计"为由驳回 IDA；而《海牙协定行政规程》第 4 部分对 IDA 的复制件和其他有关项目，包括复制件的图片或照片、彩色或黑白以及允许的阴影或底纹等作了明确规定，并指出复制件必须是专业水准和高质量的，以允许外观设计的所有细节能被清楚辨别并适于公布，同时允许复制件中某些未请求保护的内容可以在说明书中说明或者通过虚线来说明。

37 CFR1.1027 规定在对二维外观外计请求延期公布时，该 IDA 可包含符合要求的外观设计样品，同时指出指定美国或其他不允许延期公布的缔约方的 IDA 不得请求延期公布或提交样品。

37 CFR1.1031 对 IDA 相关费用作了汇总性规定：①通过 USPTO 向国际局转交 IDA 需缴纳传送费 130 美元；②国际局网站费用表和费用计算器提供缴费信息与帮助；③费用既可以直接向国际局缴纳（以瑞朗缴纳），也可以通过 USPTO 向国际局转交（以美元缴纳），转交的费用应不晚于传送费缴纳之日，且在转交的情况下申请人有可能会因为汇率波动而被国际局通知要求缴纳未足额的部分。

37 CFR1.1035 规定 IDA 可以根据《巴黎公约》规定要求优先权或国家在先申请的申请日利益，并规定了提出要求时需要载明的事项。

37 CFR1.1041 规定，申请人可以根据《海牙协定实施细则》第 3 条规定指定其代表，这种指定可以在 IDA 中（DM/1 表相应位置）或在申请人签字的单独来文中作出。对代表的资质无任何限制，但仅能指定一名代表。如果指定多名代表，则将第一署名者作为代表。另外，律师事务所视为一个代表。在 USPTO 作为间接提交局时，申请人可由在美国注册或批准的从业者代表（参见 37 CFR 11.6 和 37 CFR 11.9（a）或（b）的要求）。

37 CFR1.1045 规定向国际局传送的 IDA 须经安全审查并缴纳传送费，且 USPTO 会通知申请人传送情况及 IDA 的收到日，并规定 USPTO 收到的任何后续提交（即中间文件）通常不会转交给国际局。

37 CFR1.1051 是对 35 U.S.C. 387 有关请求宽恕期限延误的规定作了进一步细化，要求申请人提交：①与申请人延误期限有关的国际局通知书的副本；②要求的答复；③请求费；④IDA 的认证副本/英文译文（必要时）；⑤关于"非故意"延误期限的声明。所述的"要求的答复"可以是提交继续申请（如果该 IDA 未赋予国际注册日，则该答复必须同时包括根据 37 CFR 1.1023 提出的申请日请求），或者根据 37 CFR 1.1052 提出将 IDA 转化为常规美国国家外观设计申请的请求。

37 CFR1.1052 基于 35 U.S.C. 384（a）的规定，明确了将 IDA 转化成常规美国国家外观设计申请的要求：①该 IDA 已指定美国；②该 IDA 符合 37 CFR 1.53（b）关于赋予国家外观设计申请申请日的要求；③该 IDA 已向作为间接提交局的 USPTO 提交；④依据 37 CFR 1.17 缴纳相关费用；⑤该转化请求在国际局公布国际注册之前提出。如果该转化请求在向国际局传送 IDA 之前被批准，则该 IDA 将完全转化成常规美国国家外观设计申请，且不返还传送费（但返还向国际局转交的费用）；如果该转化是在 IDA 传送给国际局之后被批准，则该转化仅在美国有效，且不返还传送费和向国际局转交的费用。在未根据 37 CFR 1.1051 批准宽恕延误期限请求的情况下，不会批准已放弃 IDA 的转化请求。

37 CFR1.1061 规定对指定美国的 IDA 进行国家审查的规则适用美国

专利法关于发明专利申请的规则,除非海牙协定或其实施细则另有规定。其中,特别排除的审查内容包括美国专利法关于附图标准的要求(37 CFR 1.84)和关于常规美国国家外观设计申请的附图、名称、说明书、权利要求书、宣誓或声明以及文件排列的特别要求(37 CFR 1.152-1.154)。

37 CFR1.1062 规定依据 35 U.S.C. 对指定美国的 IDA 进行国家审查,并禁止基于海牙协定规定的形式或内容要求,或者这些要求之外的或不同的要求来驳回。此外,还规定驳回通知应在国际注册之日起 12 个月内向国际局传送,除非延误是非故意的。

37 CFR1.1063 规定驳回通知应包含:①国际注册号;②驳回理由;③在驳回理由为与在先申请或注册的外观设计相似的情况下,包含在先外观设计的复制件副本和相关申请信息;④依据 37 CFR 1.134 和 37 CFR 1.136 规定的答复期限。同时规定该答复必须直接向 USPTO 提交,而不是通过国际局提交,并明确美国常规申请中通知书的答复规则也适用于对 IDA 驳回通知的答复。

37 CFR 1.1064 规定在指定美国的 IDA 中仅可以要求 1 项独立和独特的设计,否则审查员将在驳回通知或其他通知书中要求申请人进行选择。

37 CFR 1.1066 规定公布的国际注册中记载的申请人代表的地址(若无该地址,则为申请人地址)将用作通信地址,除非该地址已根据 37 CFR1.33 进行变更。

37 CFR 1.1067 规定 IDA 的名称必须指定,否则将由 USPTO 确定,并且 IDA 必须指定特定物品。此外,IDA 应包含发明人宣誓或声明。若未包含此项内容,USPTO 将在授权通知书中要求申请人在缴纳颁证费之前提交发明人宣誓或声明。

37 CFR 1.1069 规定 USPTO 应在 IDA 依据美国专利法关于限制要求进行分案之后将分案通知书传送给国际局,告知国际局在美国的分案申请中寻求保护的国际注册中的设计。该通知书应指明:①所涉及的国际注册号;②成为分案申请的外观设计号;③分案申请号。此外,如果存在不清楚地方,审查员可以要求申请人确定相应的设计。

37 CFR 1.1070 规定,如果 IDA 授权后在美国被无效,且该无效不再被提出任何复查或上诉,则专利权人应通知 USPTO。USPTO 通过专利权人或其他途径收到无效通知后将根据《海牙协定实施细则》第 20 条的规定通知国际局。

2. 适应性修订条款

此类修订涉及美国专利法实施细则（37 CFR 第 1、3、5 和 11 部分）中以下条款：

37 CFR 1.4：修改 37 CFR 1.4（a）（2），使有关通信性质和签字要求的一般性规定适用 IDA。

37 CFR 1.5：修改 37 CFR 1.5（a），明确国际注册号可用于与 USPTO 通信以指定 IDA。

37 CFR 1.6：修改 37 CFR 1.6（d）（3），明确不接受传真方式提交 IDA。如果以传真方式提交，将不赋予收到日。修改 37 CFR 1.6（d）（4），禁止通过传真方式提交 IDA 的彩色附图。修改 37 CFR 1.6（d）（6），禁止在受保密令约束的 IDA 中用传真方式通信。上述做法与美国专利实践中对提交国家专利申请和 PCT 国际申请的要求相同。

37 CFR 1.8：修改 37 CFR 1.8（a）（2）（i），明确 IDA 不能获益于邮寄或传送凭证。即有关 IDA 的通信完全以 USPTO 实际收到日为准。

37 CFR 1.9：修改 37 CFR 1.9（a）（1）和 37 CFR 1.9（a）（3），明确"国家申请"和"非临时申请"的定义包括 USPTO 已根据《海牙协定》第 10 条规定收到来自国际局的国际注册副本的 IDA；在海牙协定实施细则中提到的"外观设计申请"或"外观设计专利申请"包括 IDA，除非该措辞明显有其他含义。

37 CFR1.14：修改 37 CFR 1.14（a）（1），明确在一定条件下可查阅在已公布的 IDA 中提及的未公布的申请文档、IDA 的国家审查文档，并允许在以下情况下查阅 USPTO 作为 IDA 间接提交局的 IDA 文档：该文档包含在可查阅的国家审查文档中，或者该 IDA 根据 35 U.S.C. 386（c）规定被美国专利或已公开申请要求其申请日利益。

37 CFR1.16：修改 37 CFR 1.16（b）、（l）和（p），明确其中规定的基本费、检索费和审查费适用于常规外观设计申请。

37 CFR1.17：修改 37 CFR 1.17（f），明确根据 37 CFR 1.1023 请求复查 IDA 申请日的费用（400/200/100 美元），其与在国家申请中请求赋予申请的费用相同；修改 37 CFR 1.17（u），明确申请人请求宽恕延误期限的费用（1700/850 美元）；修改 37 CFR 1.17（v），明确请求将 IDA 转化为常规外观设计申请的费用（180 美元）。

37 CFR1.18：修改 37 CFR 1.18（b）（3），明确申请人可以选择通过国际局缴纳授权颁证费，该费用标准将在国际局网站上公布。❶

37 CFR1.25：修改 37 CFR 1.25（b），明确根据 37 CFR 1.1031 规定的 IDA 费用可以通过存款账户收取。

37 CFR1.27：修改 37 CFR 1.27（c）（3），明确当事人如果以小实体的费用标准向国际局缴纳了第一部单独指定费，则可以将此行为看作其作出了申请人有资格享受小实体待遇的声明。

37 CFR1.29：修改 37 CFR 1.29（e），明确在 IDA 中提交的微小实体证明可以由被授权代表申请人的人签署后向国际局提交。

37 CFR1.41：修改 37 CFR 1.41（f），国际注册公布中载明的设计人应被视为美国专利法中的发明人，且发明人身份的改正必须依据 37 CFR 1.48。

37 CFR1.46：修改 37 CFR 1.46（b）和 37 CFR 1.46（c），明确申请人、受让人、法定受让人或者有充分的所有权利益之人必须在已公布的国际注册中确定或者根据美国专利法（37 CFR 1.46（c））要求作了变更，并明确根据《海牙协定》第 16 条由国际局记录的申请人姓名（但不是实体）的变更或改正将在国家申请中被认可。

37 CFR1.53：修改 37 CFR 1.53（d）（1）（ii），规定不得对 IDA 提出继续审查申请（CPA），但可以对美国常规外观设计申请提出 CPA。❷

37 CFR1.55：修改 37 CFR 1.55（b），明确对于要求指定非美国国家的 IDA 的外国优先权以及作为国家申请的 IDA 所要求的外国优先权，其 6 个月的优先权期限受《海牙协定实施细则》第 4 条第 4 款的约束，即期限届满日为非工作日得以顺延。修改 37 CFR 1.55（m），明确外国优先权信息可在申请数据表（ADS）（见 37 CFR 1.76（b）（6）规定）中载明或者按照海牙协定规定予以载明，且必须根据 37 CFR 1.55（g）规定

---

❶　根据《海牙协定》第 7 条第 2 款和《海牙协定实施细则》第 12 条规定，美国的单独指定费分为两部分。根据海牙协定有关费用标准的确定原则，第一部分单独指定费对应于美国常规外观申请的申请费、检索费和审查费，数额为 $760（一般实体）、$380（小实体）、$190（微实体）；第二部分单独指定费对应于美国常规外观申请的授权颁证费，其数额为 $560（一般实体）、$280（小实体）、$140（微实体）.

❷　其原因是 IDA 和常规外观申请在法律上有不同的要求。

的期限和条件提交该优先权要求和认证副本。

37 CFR1.57：修改 37 CFR 1.57（a），明确援引加入制度可以根据 37 CFR 1.78 的在先指定美国的 IDA 的申请日利益为基础，并明确按照 37 CFR 1.57（a）对指定美国的 IDA 所进行的修改仅在美国有效，且不影响申请日。

37 CFR1.76：修改 37 CFR 1.76（b）（6），明确申请数据表的外国优先权信息部分可以包括知识产权机构而非申请国家。

37 CFR1.78：修改 37 CFR 1.78（c）（2），明确可以通过国际注册号和国际注册日来确定 IDA。修改 37 CFR 1.78（c）（7），明确在指定美国的 IDA 被要求申请日利益时，USPTO 可以要求申请人提交非源自美国的 IDA 的认证副本及任何必要的译文；在指定美国的 IDA 要求在先申请的申请日利益时，必须在作为国家申请的 IDA 的 ADS 中载明该申请日利益要求。修改 37 CFR 1.78（d），明确在非故意延误要求指定美国的 IDA 的申请日利益时，该要求可以被接受。

37 CFR1.84：修改 37 CFR 1.84（y），使有关附图标准涉及 37 CFR 1.1026 规定的 IDA 的附图要求。

37 CFR1.85：修改 37 CFR 1.85（a），明确指定美国的 IDA 若符合 37 CFR 1.1026 规定，则该附图可以用于审查。修改 37 CFR 1.85（c），明确若 IDA 中的附图在申请被授权时不符合 37 CFR 1.1026 的要求，USPTO 将在授权通知书中通知申请人，并要求申请人三个月期限内提交正确的附图以避免申请被放弃。

37 CFR1.97：修改 37 CFR 1.97（b）（3），明确国际注册在根据《海牙协定》第 10 条第 3 款公布之日起 3 个月内提交，也可以与 IDA 一起提交。

37 CFR1.105：修改 37 CFR 1.105（a）（1），明确本条关于在审查和处理申请的过程中可能要求申请人提交必要信息的要求也适用于 IDA 和补充审查程序。

37 CFR1.114：修改 37 CFR 1.114，明确不得对 IDA 提出继续审查请求（RCE）。

37 CFR1.155：修改 37 CFR1.155，明确可以对指定美国的 IDA 进行加快审查。关于加快审查的条件，37 CFR 155（a）（1）明确 IDA 必须已根据《海牙协定》第 10 条第 3 款要求公布过。

37 CFR1.211：修改 37 CFR 1.211（b），明确 IDA 不被 USPTO 公布，而由国际局根据海牙协定规定进行国际公布。❶

37 CFR1.312：修改 37 CFR 1.312，明确如果通过国际局缴纳 IDA 的授权颁证费，则为确定修改及时性❷而确定的缴费日应为 USPTO 记录该授权颁证费的日期（即 USPTO 收到国际局传送的授权颁证费并予以核算之日）。

37 CFR 3.1：修改 37 CFR 3.1，明确将 37 CFR 第 3 部分使用的"申请"的定义包括指定美国的 IDA，与 35 U. S. C. 385 规定指定美国的 IDA 在所有方面与美国常规申请具有相同法律效力的规定相呼应。

37 CFR 3.21：修改 37 CFR 3.21，明确转让指定美国的 IDA 时必须指明国际注册号或国家申请号。

37 CFR 5.1：修改 37 CFR 5.1（b），明确将 37 CFR 第五部分使用的"申请"的定义包括指定美国的 IDA，并定义了"外国申请"，将在除 USPTO 之外的专利机构提交的 IDA 纳入此范畴。

37 CFR 5.3：修改 37 CFR 5.3（d），明确受保密令约束的 IDA 将不被邮寄、递送或以其他方式传送给国际局或申请人。

37 CFR 5.11：修改 37 CFR 5.11 以更准确地描述何时需要进行向外申请许可。其中，修改 37 CFR 5.11（a），明确在向作为间接提交局的 USPTO 提交 IDA 时无需进行向外申请许可。修改 37 CFR 5.11（b）、(c)、(e) 和（f），将"外国专利申请"修改成"外国申请"，理由是美国专利法有关向外申请许可的规定（35 U. S. C. 184）不限于"专利"申请，也包括其他类型申请，例如外观设计注册。

37 CFR 5.12：修改 37 CFR 5.12，使该条有关"申请"的定义与 37 CFR 5.1（b）的规定相一致，并指明向外申请许可可以在除提交回执之外的官方通知中作出，例如 PCT 国际申请在 PCT/RO/105 表中作出。

37 CFR 5.13、37 CFR 5.14 和 37 CFR 5.15 所做的修改，均用于明确有关向外申请许可请求所涉及的"对应"申请包括 IDA。

---

❶ 根据 35 U. S. C. 390 规定，国际局对指定美国的 IDA 的公布视为根据 35 U. S. C. 122 (b) 的公布（即美国国家公布）。

❷ 在美国专利实践中，通常在授权通知书邮寄时不能对申请文件进行修改。任何修改必须在缴纳授权颁证费之前或同时缴纳，某些特殊情况下也可根据审查员建议进行修改。因此，授权颁证费缴纳日的确定对于确定是否能够进行修改有实际意义。

37 CFR 11. 10：修改 37 CFR 11. 10（b）（3）（iii），明确将 IDA 纳入该条有关专利申请的定义中。

四、启示与借鉴

如前述，与《巴黎公约》和《专利合作条约》下的程序协调不同的是，海牙体系作为外观设计申请和授权的一站式服务体系，其依据条约规定而设计的"国际程序"与依据各缔约方本国法规定的"国家程序"之间以"亲密互动"的关系取代了"彼此独立"关系。这对"国际程序"和"国家程序"之间的融合度提出了更高的要求，因此为加入海牙体系而进行的程序调整的成本远高于加入其他条约，如《专利合作条约》所付出的程序调整的成本。纵观美国加入海牙体系的整体历程和其对本国的专利程序进行调整的细节，可以探究到其在战略和技术层面的诸多有益经验。

（一）美国调整程序的时机

美国早在 1999 年就签署了《海牙协定》，而在之后长达 8 年的时间里，其加入海牙协定的工作一直未取得突破性进展。自 2007 年 12 月 7 日美国国会就加入海牙协定达成倾向性意见以后，美国才开始加快有关加入海牙协定的国内法准备工作。2012 年 12 月 18 日，美国总统奥巴马签署了具有里程碑意义的"2012 年专利法条约实施法案"（PLTIA），对美国专利法实施修改。2013 年 11 月 29 日，美国又进一步出台了有关对美国专利法实施细则进行修改的建议方案，标志着其已基本上完成了加入海牙体系的国内法准备，将在不久的未来迎来加入海牙体系的曙光。❶

而同时需要强调的一个事实是，美国在拟议加入海牙体系的同时几乎在同步考虑和实施加入专利法条约的程序调整。2007 年 12 月 7 日美国国会同时批准了加入海牙体系和专利法条约，而 2012 年 12 月 18 日通过的 PLTIA 不仅是美国实施加入海牙体系的法案，同时也是实施加入专利法条约的法案。目前美国加入专利法条约的工作已先于加入海牙体系的工作完成，相关的法律修改已于 2013 年 12 月 18 日正式生效。

考察上述加入历程以及关联事件，可以看出美国选择在近期完成加

---

❶　根据近期来自 WIPO 专家的口述信息，美国可能于 2014 年 7 月 11 日正式加入海牙体系。

入海牙体系的法律修改和程序调整，其背后蕴含着对海外获权诉求、国际发展态势和国内法律环境的综合考量。

近年来，随着以智能手机为代表的图形用户界面（GUI）的兴起，美国产业界对外观设计专利保护的重视程度得到强劲提升。美国专利商标局（USPTO）前局长卡波斯认为，外观设计专利保护对创新者而言具有战略层面的重要意义，因为其以高效而经济的方式赋予外观设计专利所有人禁止他人制造、使用或销售与专利产品相似的产品的权利。❶ USPTO 现任代理局长特瑞莎认为，美国当前加入海牙体系特别及时，因为外观设计在全球产业中的重要性在增加，特别是其具有成为复杂计算机操作和用户友好界面之间连接桥梁的功能。❷

美国知识产权高层的上述认识在现实中得到了佐证和支持。图 1 显示 USPTO 近年受理的外观设计专利申请的数量变化情况。❸ 2012 年 USPTO 受理的外观设计申请量达到 32 799 件，相对于 2011 年增长了 7%。

图 1　近年 USPTO 受理的外观设计专利申请

---

❶　参见 "Good News for Design Patent Holders"，Blog by Under Secretary of Commerce for Intellectual Property and Director of the USPTO David Kappos，Wednesday Mar 03，2010，http：//www.uspto.gov/blog/director/.

❷　参见 "A New Chapter for Protection of Industrial Design for the United States"，Blog by Acting Under Secretary of Commerce for Intellectual Property and Acting Director of the USPTO Teresa Stanek Rea，Friday Mar 01，2013，http：//www.uspto.gov/blog/director/.

❸　2009 年申请量呈现下降趋势，可能与波及美国及全球的金融危机有关。

美国产业界对外观设计的重视不仅体现在本国提交的外观设计专利申请数量方面，近几年美国产业界向海外提出的外观设计申请也呈现同样的趋势。根据来自世界知识产权组织的数据❶，尽管美国尚未加入海牙体系，但其本国申请人通过海牙体系提出的 IDA 的数量已超过源自多数海牙体系缔约方的申请，且呈现较快增长趋势。❷ 例如 2012 年美国申请人通过海牙体系对 407 件外观设计提出 IDA，较 2011 年增长 3.3%，在提交 IDA 最多的申请人来源国中位居第 6；而 2013 年几乎延续了同样的增长趋势，共就 656 件外观设计提出 IDA，较 2012 年增长 5.1%，且在申请人来源国的排名中上升至第 5 位。由此可见，美国产业界近年来愈加重视并增加外观设计申请，特别是加强外观设计专利的海外布局，是个不争的事实，这也成为美国近年加速加入海牙体系的重要驱动力量。

与此同时，随着 2008 年 1 月欧盟整体加入海牙体系，海牙体系对的全球用户的吸引力得到大大增强。作为美国产业界传统的海外贸易目标市场和海外专利布局重点区域，欧盟的加入无疑对美国加入海牙体系的决策具有重要影响。另外，具有与欧盟类似影响力的中国、日本和韩国等重要潜在缔约方近两年来对加入海牙体系的积极表态，也在进一步强化美国加入的决心。除此之外，美国在 2007 年签署海牙协定日内瓦文本（1999 文本）时，海牙体系已演变成包容度更大的体系。基于 1999 文本，无论实行"注册制"，还是实行"实审制"的国家程序都具备与海牙体系衔接的基本条件，同时 1999 文本还纳入了像美国这样比较特殊的实行"实审制"国家的规则框架❸，为美国加入海牙体系肃清了制度性障碍。

此外，随着 2011 年 9 月 16 日奥巴马总统签署美国专利法案（AIA），美国国内的专利法律环境发生了较大变化，从总体上看美国的知识产权法律体系与其他国家的知识产权法律体系相对过去变得更加融合，这使得美国为加入海牙体系而进行专利程序调整的法律氛围更加积极，预期的法律成本也将降低。因此在 AIA 的带动下，美国专利体系进入了新一

---

❶ 参见 2013 年和 2014 年世界知识产权组织工业品外观设计国际注册海牙协定巡回研讨会资料"海牙体系概况"。

❷ 根据《海牙协定》规定，只要申请人的国籍、住所、工商业经营机构或经常居所之一与海牙协定缔约方存在关联，便具备通过海牙体系提交 IDA 的资格。因此，尽管美国尚未加入海牙体系，但其本国的国民或企业仍可借助与缔约方的关联性获得提交 IDA 的资格。

❸ 例如 1999 文本允许通过间接提交局转交 IDA，某些缔约方单独指定的缴费模式可以采取两部分缴纳而不是分期续展的方式等，提供了容纳美国外观设计专利制度的法律空间。

轮的改革浪潮，从而为加入海牙体系创造了更为友好的国内法律协调环境。在此背景下，美国将两部彼此具有一定关联度的国际条约——专利法条约和海牙协定——同步进行考虑和实施也不足为奇，因为这样能进一步降低美国专利程序调整的成本。

综上，美国选择当前进行适应加入海牙体系的程序调整既是其国内诉求所期许的，是国际环境所酝酿的，也是国内环境所容许的，兼具"天时""地利"和"人和"之条件。这种考量对于分析和评价我国加入海牙体系的相关问题亦具有重要的参考价值。

（二）美国全球协调策略的转变

从美国实施加入海牙体系的一系列程序调整举措，并结合近年美国在其他知识产权相关议题上的协调立场来看，美国基于当前国内外形势正在一定程度上调整其参与全球知识产权协调的策略。作为一直标榜引领全球知识产权事务的大国❶，美国在很长一段时间内推行较为强硬的全球协调思路，在相关问题的国际谈判上往往采取强推"美国标准"的"压制性主导"策略。然而随着近年来美国在全球整体影响力的削弱和以中国为代表的发展中国家在国际舞台上积极发声，这种压制主导策略在新时代背景下遭遇了较大的阻力。换言之，"压制性主导"策略在新的时代背景下已变得不太好使，从而逼迫美国开始反思和调整其传统的全球协调策略。

可以认为，美国当前的全球协调策略包含了更多"灵活性主导"的因素。笔者采用"灵活性主导"这一术语，主要意在说明现今的美国在全球知识产权协调议题上尽管仍然坚持推行其引领全球的主导性思路，但在实施过程中采取了相对过去更为灵活的策略，某些情况下展现出一定程度的"存异"❷，甚至"妥协"❸的温和姿态。从美国在全球专利分类方面以较为"迁就"的方式与 EPO 共同构建合作专利分类体系（CPC），

---

❶　USPTO 的三大战略目标之一便是"成为全球的领导者，完善全球知识产权政策、保护和实施"，见 USPTO 2014-2018 Strategic Plan，USPTO 2010-2015 Strategic Plan 等战略计划文件。

❷　例如在其签署的海牙协定日内瓦 1999 年文本中容许不同国家存在多种不同外观设计审查制度（登记制、有限实审制和实审制）。

❸　例如在外观设计的保护期限、公布赋予临时保护效力方面，修改本国法律规定使其与海牙协定的要求一致。

到通过修改 AIA 使本国专利制度从坚守多年的"先发明制"向全球主流的"先申请制"转变，再到通过实施 PLTIA 调整本国专利体系，使本国的专利程序向与全球主流程序更为一致和融合的方向发展，反映出美国政府在全球知识产权事务上协调策略的悄然调整。

美国在加入海牙体系过程中所折射出的其全球协调策略的调整，至少表明目前全球在知识产权领域存在朝多极化方向发展的趋势。我国在谈判加入海牙体系的过程中应充分认识到这种国际环境变化的有利因素，在策略上借鉴美国"灵活性主导"的思路，明确自己的谈判筹码和底线，合理计算加入海牙体系的主权成本、经济成本和法律成本，实现加入海牙协定利益的最大化。

（三）美国对海牙体系程序的影响

不言而喻，美国加入海牙体系，将给体系本身带来强大的发展动力，可以预期未来以美国为代表的"外观设计实审制"和以欧洲为代表的"外观设计注册制"将以海牙体系为协调平台，共同影响全球外观设计制度的未来发展趋势。

考察美国加入海牙体系所作的程序调整，并结合其加入所作声明，可以大致判断未来海牙体系的程序演变方向。总体来看，未来海牙体系兼容两种不同审查制度的态势将会得到进一步强化，具体表现如下：

一是在保护期限方面，1999 文本第 17 条仅规定加入海牙体系的缔约方应提供至少 15 年的保护期，但对于保护期的起始时间，给各缔约方以较为宽松的规范空间，仅限制保护期限的起始时间不得晚于驳回期满后的 6 个月。调整后的美国外观设计专利程序将外观设计保护期从 14 年延长至 15 年，并规定其起始时间为美国的授权颁证日。结合各缔约方情况，未来海牙体系有关保护期的规定很可能仍将维持现状。

二是在禁止缔约方主管局转交 IDA 方面，从 1999 文本的规定来看，申请人直接向国际局递交国际申请是一种常规递交方式，而通过缔约方主管局转交是一种补充递交方式，甚至相关缔约方可以通过声明的方式排除其主管局转交申请的可能。近几年国际局不断推出新的电子在线提交系统（E-filing）以及集中的案卷管理系统（HPM），由国际局负责统一接收、处理和转交文件是其试图强化的方式。然而由于美国本国法中规定了外观设计向外申请许可审查的条款，存在强化首次在美国局提交申请以及由其向国际局转交申请的内在需求，同时在其法律程序中还规定了将 IDA 转化成常规国家外观设计申请的程序，因此海牙体系将因美国的加入很难实现在受理文件的"大一统"局面。

三是在 IDA 的延迟公布方面，是否支持延迟公布取决于指定缔约方的国家法律。根据 1999 文本，缔约方有权拒绝延迟公布，而这种拒绝必须在其加入海牙协定时作出正式声明。尽管延迟公布在某些情况会给申请人带来好处❶，但在某些情况下即时公布显得尤为重要。❷ 美国在国内法中未规定外观设计申请的延迟公布制度，且在美国有关加入海牙体系的谈判中曾经建议海牙体系中取消延迟公布，但未能与国际局达成一致。作为一种谈判的妥协，美国支持默认公布情形下 6 个月的实际延迟期。❸近期，美国国内也在强调和实施推进专利体系透明化的政策主张❹，预期未来存在推动海牙体系取消延迟公布的趋势。

四是在外观设计单一性方面，由于美国对外观设计申请单一性的要求较为严格，其变革其制度的动力和诉求很小，且从其加入海牙体系所作的程序调整来看，美国一直在坚持其"独立和独特"为标准的单一性要求，因此短期内将难以看到海牙体系统一各国单一性要求的趋势。

五是在所有权变更效力方面，集权化模式下的海牙体系试图主导权利生效后的管理，而所有权变更是其中一项重要的内容。但由于所有权变更是各缔约方维护其内部法律环境稳定所必须重点监控的对象❺，因此海牙体系在创设时考虑到需要容纳各缔约方的一些特殊要求，其中最为

---

❶ 这种好处是申请人可以在延迟公布期间将提交外观设计正式复制件的成本延迟或者在某些情况下予以取消。如果某些外观设计不再有保护价值，则申请人可以利用此延迟公布期放弃该设计，从而在公布之前减少成本。这种成本的节约在设计人设计出大量外观设计时非常明显。

❷ 例如大多数缔约方法律规定，只有公布之后外观设计所有人才可以主张权利。此外，即时公布将有利于维护法律的确定性，推动外观设计相关产业领域的良性发展。因此，目前大多数缔约方均十分关注即时公布，认为应进一步提升即时公布的效能。在 2011 年海牙协定工作组会上，就通过一项拟以更高频率和更短的时间间隔公布国际申请的议题，将每月公布上个月请求即时公布的国际注册的公布制度改为每周公布一次上周请求即时公布的国际注册。

❸ 申请人在提交 IDA 时除了可请求即时公布和延迟公布之外，还有一种默认公布的选择。而这种默认公布实际上是一种事实上的延迟公布，因为其实际公布日将被安排在实际申请日起的 6 个月后。

❹ 参见 "Changes To Require Identification of Attributable Owner"，79 FR 16，Friday，January 24，2014.

❺ 例如，美国专利法（35 U.S.C. 261）规定，如果在权利转让后三个月内办理了登记手续，则这种登记可以阻止转让方向其他方转让权利而导致被转让方不能成为所有权主体。

重要是对于有关国际注册簿上登记的所有权变更，相关缔约方可以声明只有其收到声明中规定的说明或文件之后，该变更才在该缔约方具有效力。为此，海牙体系在试图容纳相关缔约方特殊要求的同时，也采取进一步简化统一相关证明文件的要求，例如在近几次海牙工作组会上一直在讨论制定一个有关转让证明的标准表格问题。尽管美国在考虑加入海牙体系时并不反对国际局对所有权变更采取集权化管理的模式，并赋予其与国内注册登记的同等法律效力，但其同时还提供了在其国内注册登记所有权变更的可能性❶，实际上弱化了国际局的集权化管理模式，因此可以预判海牙体系下所有权变更效力方面将因这一复杂局面而难以在短期内达成统一性规则。

六是在对 IDA 实行国家安全许可审查方面，美国是典型的实行外观设计向外申请国家安全许可制度的国家，美国专利法（35 U. S. C. 184）要求 USPTO 在向美国提交的在先外观设计专利申请的申请日起 6 个月内完成国家安全许可审查，即要求留给 USPTO 6 个月的时间完成国家安全审查，而海牙体系通常要求间接提交局于 1 个月内向国际局转交 IDA 的时限与美国国内法的规定相违背。因此，在有关加入海牙体系的谈判中，美国提出允许其作为间接提交局向国际局转交 IDA 的期限予以延长，导致目前《海牙协定》规定：如果国家主管局要求在传送国际申请前进行国家安全审查，则可以将一般为 1 个月的转交时间延长至 6 个月。由于实施向外申请前的国家安全审查属于美国重要政策要求，美国在此问题上的态度比较明确，因此预计有关实施国家安全审查制度的缔约方延长传送时间的做法将在未来较长时间存在。

七是在标准指定费或单独指定费方面，美国的特殊之处在于不仅在费用标准方面按照海牙协定的规定适用比标准指定费更高档次的单独指定费，还在于缴费方式方面分两部分缴纳单独指定费，而不是分期和向统一机构（即国际局）缴纳❷，从而使申请人在缴费方面更加符合其国内习惯。由于美国国内并未有改变目前外观设计专利制度的政策动向，预计未来海牙体系在缴费模式上将继续容许两种不同缴费模式的存在，以

---

❶ 参见 37 CFR 3.21。

❷ 根据海牙协定共同细则第 13（3）条规定，单独指定费的缴纳可以分两部分缴纳，第一部分在提交国际申请时缴纳，而第二部分在根据有关缔约方的法律所确定的更晚日期缴纳；并且规定第二部分指定费可由注册人直接向相关国家主管局缴纳或者通过国际局代收。

便顾及其重要缔约方的利益诉求。我国作为潜在缔约方，在费用的收缴方式也有自己的习惯和特色，在有关费用标准和缴费方式方面或可借鉴美国思路，提出符合中国人习惯的缴费模式。

八是在是否禁止自我指定方面，1999 文本规定，缔约方可以声明在其作为申请人缔约方时禁止申请人对其进行指定。这意味着，潜在缔约方在加入时应决定其本国申请人可以利用海牙体系获得其国内外观设计保护，还是仅可以通过提交国家外观设计申请来获得其国内外观设计保护。允许自我指定的好处在于可以为本国申请人带来便利，可以使其以统一的程序进行国内和国外获权，因此美国未作出禁止自我指定的声明，并且规定可以在一定条件下将 IDA 转化成常规国家外观设计申请。海牙体系也将因美国这一既成的制度框架而继续容许自我指定存在。

九是附加的必要内容方面，由于美国专利法律要求申请人在提交外观设计申请时需要提供除海牙协定规定之外的必要内容作为确定申请日的必要条件，包括设计人的身份、外观设计复制件或必要技术特征的简要说明以及权利要求，因此海牙协定规定缔约方可以在声明主张在其作为指定缔约方时申请人必须额外提供这些必要内容。在此情况下，预期附加的必要内容制度将在海牙体系中较长时间内存在。

十是驳回期限方面，海牙协定要求所有的国际注册驳回通知（相关各国专利程序中的"第一次审查意见通知书"）应在国际注册日起 6 个月内完成并向国际局传送。对于美国等实施实审制的国家，考虑到 6 个月驳回期为时太短，将驳回期延长至 12 个月。因此，可以预见两种驳回期限的并存也将是未来海牙体系中的一个常态。

综上，由于美国目前尚未将其本国外观设计专利制度作重大调整，海牙体系将会继续容纳像美国这样实施特殊的外观设计实审制度的衔接需求，因此预期当前 1999 文本所确立的程序框架只能朝强化"外观设计申请实审制"的特征方向发展，而不是相反。

（四）美国调整程序的立法技巧

考察 1999 文本与美国外观设计专利审查制度的衔接性，以及美国近期实施 PLTIA 的一系列程序调整举措，足见其立法技巧之缜密和细致，可谓后续入约者启动相关国内法准备的范例。以笔者的视野，美国加入海牙体系的立法技巧至少体现在以下几个方面。

一是注重程序调整的"前瞻性"。对照海牙协定与美国专利法中有关外观设计的相应规定，发现二者之间似乎存在"天然"的兼容性，例如海牙协定有关 IDA 附加的必要内容、实行国家安全审查的间接提交局的转交期限、指定费的标准与缴纳方式和驳回期限等方面规定似乎特别照顾到了美国专利法中的相关规定。而事实上，这些兼容性是美国在 2007 年签署海牙协定时根据其对国内法的评价在国际谈判中提出并亲手参与打造的，从而使 1999 文本的规定能在最大程度上容纳了美国外观设计专利程序框架，因而使后续实施加入海牙体系的程序调整成本最小化。这是在加入海牙协定过程中的主动性和前瞻性的生动表现。

二是注重程序调整的"独立性"。尽管海牙体系集权化色彩较浓，国际程序对国家程序的约束和管控加强，但该体系还是在某些方面给各国在国家程序的设置方面提供一定的法律空间。如何合理利用这些法律空间，显现本国程序的独特性，并进而影响整个海牙协定体系的未来发展也是知识产权主动外交的要义之一。从上述美国实施外观设计专利程序调整的要点来看，美国在遵循海牙体系基本原则的基础上最大程度地保持其本国法的独立，具体可以表现在以下几个方面：赋予指定美国的 IDA 国家申请号，要求申请人提供作为优先权基础的非源自美国的 IDA 的认证副本，对 IDA 适用与普通国家外观设计申请相同的授权颁证程序，保持本国关于外观设计单一性的特别适用标准，保留在本国进行 IDA 权利变更的选择，在授权前公布（赋予临时保护效力）和后续能否提出 CPA 或 RCE 方面对 IDA 和常规国家外观设计申请实行差别待遇等。

三是注重程序调整的"体系性"。法律术语的规范化和本土化是任何国家实现国际条约的国内法转化时不可忽略的一个基本问题。美国将依据海牙体系提交的申请定义为国际外观设计申请（IDA），而将依据专利合作条约提交的申请定义为国际申请（IA），并将前者在其专利法及其实施细则有关 IDA 的专门条款中首先作出规定，体现了其对术语定义考究和重视，是基于本国法律术语体系化要求的一种合理选择。而在法律程序调整的原则方面全盘考虑了本国法律所有相关规定的要求，因而不仅在修改后的专利法及其实施细则中新增了有关 IDA 的专门章节条款，还对相关的适用于所有专利申请的条款进行适应性修改，例如将美国专利法实施细则中涉及的案卷查阅制度、信息公示制度、小实体证明制度均纳入本次程序调整的范畴，体现了其立法考量的细腻性。另外，以程序调整的体系性为原则，根据同步实施的美国加入专利法条约的相关要求，在驳回通知传送期限延误的救济以及申请日的确定等方面引入了专利法条约中有关权利救济和援引加入制度的规则，实施相关程序的统一性调整，体现了与时俱进的立法思路，也为 USPTO 提供了便利的实施空间。

TPP 专利谈判中各缔约国的利益诉求和谈判策略研究[*]

——以"可获得专利的主题"条款为视角

谢青轶❶

摘　要

美国等 12 个缔约方参加的 TPP 谈判已经结束，2015 年 11 月由各缔约方披露的 TPP 正式文本，为了解这一秘密谈判的最终成果提供了及时的素材。本文以 TPP 知识产权章节中的专利条款为视角，分析 TPP 各缔约方在专利谈判中的利益诉求和谈判策略，并选取了"可获得专利的主题"条款为具体的案例，以剖析 TPP 专利谈判历程以及隐藏其背后的各方利益要价、利益交换和利益妥协，以期为我国参与自贸协定专利议题谈判提供参考和借鉴。

关键词

TPP　专利　可获得专利的主题　谈判策略

---

* 本文是国家知识产权局学术委员会 2015 年度"青春求索"课题研究项目《跨太平洋伙伴关系协定》（TPP）草案中与专利有关条款评析以及对策研究"（编号：QN201509）的部分研究成果。

❶ 作者单位：清华大学法学院 2012 级博士生，国家知识产权局专利局审查业务管理部。

一、引　言

《跨太平洋伙伴关系协定》（Trans-Pacific Partnership Agreement，以下简称 TPP）的前身是新西兰、新加坡、智利和文莱四国签署的跨太平洋战略经济伙伴关系协定（Trans-Pacific Strategic Economic Partnership Agreement，简称 P4）。❶ 2009 年以后，随着美国、日本等经济大国的加入，TPP 成员的经济总量以及相互间的贸易量迅速增加，美国、日本、墨西哥、加拿大、澳大利亚、马来西亚、智利、新加坡、秘鲁、越南、新西兰、文莱这 12 个缔约国❷的 GDP 总量占全球 GDP 的 38％，贸易总量占全球的 1/3，TPP 的谈判议题及谈判进程也日益受到各方关注。

TPP 被称为面向 21 世纪的、高标准的、全面的自由贸易协定，❸ 其目标是"实现亚太自由贸易区愿景，构筑亚太区域经济一体化的基石"。❹ 与其他由美国主导的 FTA 类似，TPP 不仅关注旨在消除贸易壁垒、促进货物和服务领域的国际贸易的市场准入、原产地规则、投资和金融服务等传统"跨边境"议题❺，也涉及意图协调各国国内法律和制度环境的知识产权、政府采购、竞争政策、劳工和环境保护等"边境后"议题，❻ 其中知识产权更被认为是谈判过程中最具有挑战的问题之一。❼ 2015 年 10

---

❶　王联合. TPP 对中国的影响及中国的应对 [J]. 国际观察 2013 (4).

❷　2009 年 11 月美国正式宣布加入 TPP，澳大利亚、秘鲁、越南紧随美国之后加入，2010 年 10 月马来西亚加入。在 2012 年 12 月的 TPP 第 15 轮谈判会议上，加拿大和墨西哥首次参与协商。2013 年 7 月日本正式宣布加入 TPP 谈判。参见金中夏，袁佳，张薇薇. TPP 对中国的挑战及中国的选择 [J]. 外国经济与管理，2014 (6).

❸　Office of the United States Trade Representative (USTR)，*Enhancing Trade and Investment，Supporting Jobs，Economic Growth and Development：Outlines of the TPP Agreement*，https：//ustr. gov/about-us/policy-offices/press-office/fact-sheets/2011/november/outlines-trans-pacific-partnership-agreement，最后访问日期：2015 年 9 月 28 日。

❹　Australian Department of Foreign Affairs and Trade，*Trans-Pacific Partnership Negotiations* [EB/OL]，http：//www. dfat. gov. au/fta/tpp/，(2015-9-28).

❺　胡麦秀. 美国主导 TPP 的战略动因及其对中国的启示 [J]. 情报杂志，2012 (9).

❻　Ann C，John R. *Multilateralising regionalism：what role for the Trans-Pacific Partnership Agreement?*，The Pacific Review，24：5，553-575.

❼　USTR. *TPP Negotiations Shift Into Higher Gear at 16th Round*. http：//www. ustr. gov/about-us/press-office/press-releases/2013/march/tpp-negotiations-higher-gear，最后访问日期：2015 年 9 月 28 日。

月 5 日，各方宣布 TPP 谈判结束，并于 11 月初公布了各章节的正式文本。TPP 的知识产权章节（第 18 章）长达 74 页，包括：总则、合作、商标、地理标志、专利/未公开试验或其他数据、外观设计、版权和相关权利、执法、网络服务提供商、涉及协定生效和过渡期的最后条款等多个部分。正式文本的公布无疑为我们研究 TPP 知识产权规则提供了一份及时的素材。

本文以 TPP 知识产权章节中的专利条款为视角，分析 TPP 各缔约方在专利谈判中的利益诉求和谈判策略，并选取了"可获得专利的主题"条款为具体的案例，以剖析 TPP 专利谈判历程以及隐藏其背后的各方利益要价、利益交换和利益妥协，以期为我国参与自贸协定专利议题谈判提供参考和借鉴。

二、各缔约方的利益诉求和总体谈判方针

包括专利在内的知识产权议题被认为是 TPP 谈判过程中最具有挑战的问题之一，从知识产权章节的历次谈判文本中不难发现，TPP 各缔约方对于条款的分歧巨大，但这种分歧或冲突应并未体现为传统意义上的发达国家和发展中国家之间的鲜明对垒，通过分析谈判过程中各国的立场和诉求，或可把谈判各方分成以下三个利益集团。

（一）重视维护和拓展专利权人利益的美国和日本

第一集团主要包括美国和日本，这两个国家都是典型的经济实力强大、科技创新水平高的技术输出型国家，因此他们在 TPP 专利谈判的主要诉求是，提高各缔约方的专利保护和执法水平，为本国的出口企业和专利权人创造一个有利的商业环境，而其所采用的总体谈判方针则是输出本国的专利制度，以使各缔约方的相关国内法律和实践与其一致。

以美国为例，"美国化"是包括专利在内的 TPP 知识产权条款的一个显著特点，❶ 整个 TPP 知识产权章节的谈判都是在美国提案❷的基础上进

---

❶　丛立先. 跨太平洋伙伴关系协定知识产权谈判对我国的影响及其应对策略 [J]. 国际论坛，2014（5）.

❷　美国提案包括分别于 2011 年 3 月和 9 月披露文本，参见：*Trans-Pacific Partnership Intellectual Property Rights Chapter*. http：//keionline. org/sites/default/files/tpp-10feb2011-us-text-ipr-chapter. pdf，最后访问日期：2015 年 9 月 28 日；*Trans-Pacific Partnership—Intellectual Property Rights Chapter（Selected Provisions）*. http：//www. citizenstrade. org/ctc/wp-content/uploads/2011/10/TransPacificIP1. pdf，最后访问日期：2015 年 9 月 28 日。

行的，而美国提案中的很多条款都来源于美国国内法。美国借 TPP 向其他缔约国输出其专利政策和法制的举动背后有着深刻的国内因素：美国 2002 年《两党贸易促进授权法案》中明确规定：作为与贸易有关的知识产权方面的谈判目标，应确保美国所签订的贸易协定能够反映与美国国内法律相似的知识产权保护标准；❶ 美国多家知识产权密集型产业联盟也联名向美国政府施压，声称"作为谈判的关键，应将全面的、高水准的知识产权保护和执法纳入 TPP 的最终协定，并应在谈判中抵制任何试图弱化知识产权的举动，因其违背了美国政府的政策以及美国的经济和贸易利益"。❷ 此外，美国一直将提高全球专利保护标准视为"使其在全球体系保持竞争力"的一种有效途径，在其眼中的国际专利体系已不是为了传递最新的技术，而是为了维持其与其他国家特别是新兴的发展中国家之间的技术落差。❸因此，基于其国内产业的游说以及维持国际竞争优势的需要，美国必然要推动 TPP 纳入符合其国内企业特别是大型的创新型出口企业诉求的高强度的专利保护条款，而日本在专利领域利益诉求与美国非常接近，因此对美国所提出条款内容也多表示支持。

（二）重视平衡各方利益的其他发达国家

第二集团主要包括加拿大、新西兰、澳大利亚等，这些国家的经济水平较高，但国内企业的技术创新能力整体上弱于美、日，并不属于单纯的技术输出型国家，因此这些国家无意于单方面的倾向于专利权人的利益，而是重视专利权人与技术产品的使用者及社会公众各方的利益平衡。而且这些国家的国内规制能力较强，在利益平衡的规则方面有着丰富的国内实践，因此在谈判的过程中，他们非常重视对公共健康、规制专利滥用等涉及平衡专利权人和专利技术使用者及公共利益的条款，并着眼于维护自身国内规制的灵活性，避免协定条文与其现行实践的冲突。以加拿大为例，其在《北美自由贸易协定》（NAFTA 协定）中已经承诺了较高的专利保护义务，并且从协定生效后的情况来看，NAFTA 协定对

---

❶ The Bipartisan Trade Promotion Authority Act of 2002：Section 2（b），https：//www.govtrack.us/congress/bills/107/hr3005/text，最后访问时间：2015 年 4 月 28 日.

❷ *TPP association letter*［EB/OL］. http：//www.theglobalipcenter.com/wp-content/uploads/2013/01/TPP-association-letter.pdf . 最后访问时间：2015 年 4 月 28 日.

❸ 杰夫·坦西，泰斯明·莱约特. 对未来食物的掌控：与知识产权、生物多样性和食物保障相关的国际磋商与协定之指南［M］. 师翱翔，译. 北京：中国农业出版社，2012.

其国内政策灵活性带来了相当程度的限制，2013 年 Eli Lilly 诉加拿大政府案即是一个典型案例。❶ 正是因为对国际专利保护的高标准义务的负面影响有着深刻的理解，在"实用性""专利权的限制和例外""专利权的撤销"等条款的谈判过程中，加拿大都提出了和美国针锋相对的反提案。

（三）重视维护自身发展机遇的发展中国家

第三集团主要包括越南、智利和马来西亚等发展中国家。第一集团和第二集团国家的经济体系已发展的比较成熟，其对于专利议题的理解和利益诉求也较为明确，但对于发展中国家而言，应该接受怎样的专利保护标准则是一个更为复杂的问题，其核心难点在于评估高标准的专利体系所带来的收益和弊端。

首先，这些国家的整体经济、科技发展水平较低，需要从发达国家引入技术或进口高技术产品，属于技术输入型国家；而且他们的国内市场较小，亟需发达国家的直接投资和经济援助，在农业、劳动密集型产品出口及相应的关税优惠方面对发达国家也有较强的依赖性，知识产权议题往往成为他们在谈判过程中的对价。其次，从专利规则本身而言，采用和发达国家类似标准的好处在于，发展中国家可以直接引入经过"先期验证"的"最佳实践"，而无需从零开始设计相关的制度和规则，并且也能提高本国的政策可预见性以及向外国投资者展现经济的开放性。❷ 但是弊端在于，所引入的规则可能并不适应于本国的发展水平，这些规则也可能仅服务于特定集团的既得利益并导致对公共利益的减损，例如造成药品价格的提高和药品采购源的减少。

由于以上多方面因素，在谈判的过程中，发展中国家一方面希望以提高知识产权保护水平换取发达国家在市场准入和关税减让方面的优惠；但另一方面他们也不希望引入过分脱离其发展水平和承受能力的专利强保护体系，这样的体系不仅会给其公共健康体系等带来巨大冲击，还会扼杀通过模仿获得先进技术的可能，从而限制而不是促进本国科技水平

---

❶　该案中 Eli Lilly 认为加拿大法院不合理的无效了其两项专利，违反了该国在 NAFTA 和 PCT 条约下承诺的义务，因此向国际投资争端解决中心提出了仲裁请求，详细信息参见：http：//www. international. gc. ca/trade-agreements-accords-commerciaux/topics-domaines/disp-diff/eli. aspx? lang＝eng，最后访问时间：2015 年 9 月 28 日。

❷　WTO. *World Trade Report 2011*. p. 95，114. https：//www. wto. org/english/res_e/booksp_e/anrep_e/world_trade_report11_e. pdf.

和创新能力的提升，因此第三集团国家也非常重视对专利权人权利扩张的限制。此外，这些国家在遗传资源和传统知识方面有优势，但是现有的国际知识产权保护制度却无法帮助这些国家把这种资源优势转化为现实的经济收益，他们一直希望通过对包括专利在内的知识产权制度的改革，以分享基于其遗传资源和传统知识所开发出来的产品的收益，这一诉求在 TPP 谈判过程中体现为这些国家所推动纳入的与遗传资源和传统知识相关的知识产权保护条款。

当然，TPP 专利谈判总体呈现出利益诉求多元化的特点，以上的这种区分并不绝对，各方在具体的议题上也会有"合纵连横"。例如在公共健康问题上，第二集团和第三集团的利益诉求较为接近，他们往往会共同反对美国的提案；但是对于传统知识和遗传资源问题，加拿大则和美国站在一起，认为相关条款不应纳入知识产权章节。但无论对具体条款的表态如何，各方都是以维护本国利益为根本出发点。

三、TPP 专利谈判中不同类型条款的利益基调

作为一项"高水平"的自由贸易协定，TPP 专利条款的核心内容是为各缔约国创设比现有国际专利保护水平更为严苛的"最低标准"，具体则体现为对各缔约方的国内专利保护水平和相关的规制实践的约束，因此各缔约国在谈判中的利益诉求和利益妥协最终都落实在 TPP 正式文本的具体条款之中。TPP 采用了秘密谈判的方式，我们无法得知谈判场中具体发生了什么，因此只能从协定条文出发，通过分析不同类型条款背后所体现的利益基调，反向推导各缔约国在谈判过程中策略选择。根据其对于国内规制的约束力和对缔约国专利保护的影响，或可将 TPP 专利条款分为以下几类。

（一）单一选择的强制性强化保护条款

该类条款要求缔约方在其国内法律体系中应规定某项内容或作出某项承诺以提升专利的保护水平，其用语中多包括"各缔约方应规定"这样的表述，且在条文中不提供备选性的方案。例如：TPP 第 18.37 条（可获得专利的主题）中所规定的"各缔约方应确保来自于植物的发明可获得专利"；第 18.38 条（宽限期）中所规定的"各缔约方在确定一件发明是否具有新颖性或创造性时，至少不应考虑某些公开披露的信息"；以

及第 18.46 条（因专利局延期的专利期限调整）中规定的"如果在专利授权的过程中出现了不合理的延期，该缔约方应根据专利权人的要求调整专利的期限以补偿该不合理的延迟"等。这类条款为缔约国创设了非常明确的强化专利保护的国际义务，如果缔约国的国内规制在条约生效或过渡期后未能满足条约的要求，则将要承担相应的国际责任，且条文中不包括可选择的实施方式，缔约国在转化或纳入国内法的过程中政策选择余地较小。此外，这类条款的约束力并不局限于那些尚未在国内法中作出相应规定的缔约方，对于已经采取这些措施的国家，该类条款也限制了这些国家在未来修改国内专利法时对相关措施的调整。

（二）包括多项选择的强制性强化保护条款

这类条款也要求缔约方承诺在其国内法律体系中做出某些提高专利保护水平的规定，与第一类的条款的不同在于，这类条款的条文中包含了多个选项，采用了"各缔约方应规定 A 或 B"这样的表述。例如：TPP 第 18.37 条中所规定的"各缔约方确认以下发明中的至少一种可获取专利：已知产品的新用途，使用已知产品的新方法，或者使用已知产品的新工序"；第 18.51 条（与药品上市有关的措施）中所规定的"作为第一段的替代方案，缔约方应采用或维持一项法庭职权之外的体系"等。这类条款也为各缔约方创设了明确的义务，但由于其规定了可选择的实施方式，各缔约国在具体实施时仍具有一定的灵活性。实际上，如果将最终协定和之前的谈判文本进行比较，可以发现这些可选择的实施方式多是在谈判过程中加入的，也就是说缔约方意识到了第一类条款对于自身的约束过于刚性，因此通过加入可选择的方案，避免与本国现有规制的冲突或者说在将来修改国内法的时候可以选择对自身利益影响较小的实施方式。

（三）对某事项不做规定

第三类条款是指那些在谈判中曾经被提出但最终未被纳入协定的条款，例如在较早的谈判文本中曾出现过的"实用性""公开充分的条件"等条款。这些条款未被接受往往是由于各缔约方对相关事项存在较大分歧，且无法找到各方均能妥协的表述方式，在缺乏共识的基础上，只好将被提议的条款删除。那么这种方式是否可以视为对国家规制约束最小的方式呢？其实不然，比如说 TPP 最终未包括对"实用性"进行规定的条款，这只表明 TPP 未对缔约方在国内专利法中规定"实用性"标准创设明确的义务。然而这并不意味着各缔约方就可以完全自由的规定"实用性"标准，因为该标准可能还会受制于 TPP 的其他条款以及缔约方在之前的国际协议中所作出的承诺，或者说如果某一缔约方在其国内法中所设立的"实用性"标准被其他缔约方认为不符合 TPP 的其他规定，仍可将之诉诸争端解决机制。因此对某事项不做规定并不是各缔约方约束最小的方式，各缔约方在对该事项进行国内规制时仍需要考虑与 TPP 其他条款的合规性问题。

（四）利益平衡政策的背书条款

此类条款的特点是明确规定各缔约方可以采取某种利益平衡或旨在限制专利保护范围的措施，其表述多为："各缔约方可以规定"。例如：TPP 第 18.37 条中所规定的"各缔约方可排除微生物以外的植物的可专利性"；第 18.39 条（专利权的撤销）中规定的"缔约方也可对撤销一项专利作出规定，只要该规定不违背《巴黎公约》第 5A 条及 TRIPS 协定"等。而且该类条款不仅出现在 TPP 的正文之中，协定大量的脚注中都包括"为进一步明确，缔约方可以……"这样的表述。写入这类条款，意味着各缔约方可自由选择是否实施此类措施，且各缔约方都认可此类措施的合规性。这类条款多是附随在第一、第二类条款之后，也多是在谈判过程中加入的。这说明某些缔约方已经采用此类措施或者说希望保留在将来采用此类措施的自由，同时他们不希望将第一、第二类条款解释为与此类措施相矛盾，因此采用这种明示认可的方式，保持自己规定此类措施的灵活性，并避免了在将来对 TPP 进行解释时发生分歧或争端的可能性。

（五）排除条款

最后一类条款完全排除了 TPP 对某事项的管辖，该类事项多涉及对专利权的限制或例外。例如 TPP 第 18.41 条中所规定的"该章节中的任何规定不得限制缔约方在 TRIPS 协定第 31 条或该方接受的对该条的豁免或修订之下的权利和义务"。这类条款也多是在谈判过程中加入的，其目的在于确保不至于利用 TPP 知识产权章节的其他条款对某些事项作出各缔约方不希望看到的解释。如果说第四类条款只是明确缔约方采取某些措施的合规性，那么该类条款可以理解 TPP 知识产权章节中的任何条款都不能用来干涉缔约方对此类事项所采取的任何措施。

基于对各缔约国国内规制的约束力和专利保护水平的影响，将 TPP

中的专利条款分成了以上五类。对于希望推动其他缔约方接受某项强化专利保护的制度或措施的一方，选择采用第一类或第二类条款的表述更为有利，可以将目的措施或制度以明确的国际义务的形式推广至所有缔约方，实际上美国在其早期提案中就引入了大量该类条款。而对于希望就某一事项保有国内政策灵活性的一方而言，无疑更倾向于采用除第一、第二类以外的条款，以尽量减少 TPP 条款对其国内规制的约束或限制，并规避未来可能的争端风险。以下试以"可获得专利的主题"条款的谈判为例，探究各方在 TPP 专利议题的谈判过程是如何通过引入或者反对不同类型的条款以实现利益博弈。

四、各方谈判策略分析
——以"可获得专利的主题"条款的谈判为例

并非所有的发明创造都可以获得专利保护，就"可获得专利的主题"（patentable subject matter）而言，各国专利法都有所排除或限制，而《与贸易有关的知识产权协定》（TRIPS）中的第 27 条被认为是目前世界范围内对于该项内容的"最低标准"。[1] TPP 之所以包括相关的条款，无疑是希望引入超出 TRIPS 协定的规定，扩大"可获得专利的主题"的范围。然而"可获得专利的主题"不仅仅关系到创新、贸易和利润，同样与各国的公众健康、营养、文化和社会价值紧密相连，因此在 TPP 的谈判过程中，"可获得专利的主题"条款一直受到广泛的关注。以下将结合 TPP 谈判过程中所披露的历次谈判文本，包括 2011 年所披露的美国提案、分别于 2013 年 11 月[2]（以下简称"2013 文本"）和 2014 年 10 月[3]（以下简称"2014 文本"）披露的包含各方立场的谈判文本，以及 TPP 的正式文本，通过该条款的演进历程展示各方在该条款谈判中的立场和策略。

---

[1] 尹新天. 中国专利法详解 [M]. 北京：知识产权出版社，2011：335.

[2] *Secret TPP treaty：Advanced Intellectual Property chapter for all 12 nations with negotiating positions*. http：//wikileaks. org/tpp，最后访问日期：2015 年 9 月 28 日。

[3] *Secret TPP treaty：Intellectual Property Chapter working document for all 12 nations with negotiating positions*. https：//wikileaks. org/tpp-ip2/，最后访问日期：2015 年 9 月 28 日。

（一）2011 年美国提案中的"可获得专利的主题"

2011 年的美国提案被视为后续谈判的基础，其中与"可获得专利的主题"相关的第 8 条中引入大量的超 TRIPS 规则，例如，"缔约方确认：已知产品的任何新形式、新用途或新的使用方法都应该能获得专利；并且一项已知产品的新形式、新用途或新的使用方法可被视为满足可专利性标准，即使该发明并未导致对该产品已知效用的增强"以及"各缔约方应使以下发明可获得专利：动物和植物以及人或动物的诊断、治疗和外科手术方法"。这些规定多采用前述第一类条款的表述方式，即"缔约方确认""各缔约方应该"此类强制性的表述，希望给各缔约方创设明确的国际义务，即承认"已知产品的任何新形式、新用途或新的使用方法""无增强效用的发明""动物和植物"以及"人或动物的诊断、治疗和外科手术方法"这些发明的可专利性。

美国之所以推动将这些发明纳入可专利范围，明显是服务于国内发达的医药、生物技术、种子等产业。而对于其他缔约方特别是发展中国家而言，"已知产品的任何新形式、新用途或新的使用方法"和"无增强效用的发明"将助长医药领域的"常青专利"❶，延缓仿制药的上市，并将提高各缔约国的公共健康体系的负担；对"动物和植物"发明授予专利，可能会对农民保留、使用和交换种子的豁免权以及其他育种人员继续培育新品种构成不当的限制，也将不利于各缔约方特别是发展中国家保护自己的农业和生物多样性资源以及确保粮食安全❷；而将"人或动物的诊断、治疗和外科手术方法"纳入专利范畴，则不仅将影响公共健康，在道德和价值观方面也与其他缔约方存在冲突。因此，美国所建议的这些"可获得专利的主题"与其他缔约方特别是发展中国家存在明显的利益抵触。

（二）2013 谈判文本中的"可获得专利的主题"

在美国提案被披露之后的两年，维基解密披露了首份包含各方立场

---

❶ SUSY F, *The intellectual property chapter in the TPP*，C. L. Lim，Deborah K. Elms and Patrick Low，The Trans-pacific Partnership: A Quest for a Twenty-first Century Trade Agreement，Cambridge University Press（2012），pp. 157-170.

❷ 杰夫·坦西、泰斯明·莱约特. 对未来食物的掌控：与知识产权、生物多样性和食物保障相关的国际磋商与协定之指南 [M]. 师翱翔，译. 北京：中国农业出版社，2012：46.

和提案的谈判文本，即 2013 文本，通过这份文本，我们可以看到各缔约方对于"可获得专利的主题"内容的立场以及反应。

首先从条款的总体内容看，如前所述，整个 TPP 知识产权章节的谈判都是在"美国提案"的基础上进行的，"可获得专利的主题"也同样继承了之前美国提案的框架，但在以下几方面作出了调整。

对于"已知产品的任何新形式、新用途或新的使用方法"，美国在 2013 文本中将该条款改为："各缔约方确认已知产品的任何新用途或新的使用方法应可获得专利"，其中已经不包括"已知产品的新形式"。

对于"无增强效用的发明"，在美国提案中，该条款是和"已知产品的任何新形式、新用途或新的使用方法"连在一起的，但在 2013 文本中美国和日本提议将其单独成一段："缔约方不应仅仅依据该产品并没有增强已知产品的效用（efficacy）为由拒绝该专利，只要申请人已经提出可以确立发明具有新颖性、创造性和工业实用性的显著特征"。之所以出现这种变化，有观点认为是为了更好的针对 2005 年修订的印度专利法第 3 条 d 项●，印度在该项条款中规定：不应对"仅仅发现一种已知物质的新形式但并未增强该成分的已知效用（efficacy）"的发明授予专利权 。美国贸易代表办公室（USTR）曾指出在 TRIPS 协定中规定的"新颖性、创造性和工业实用性"这三个可专利性条件之外，印度专利法中的上述规定实际上为特定的技术领域（例如医药行业）设定了特殊的额外条件，并一直敦促印度对相关法律和政策进行调整。● 虽然印度并不是 TPP 的缔约方，但美国仍希望通过在 TPP 中纳入上述条款，以遏制其他国家采用类似于印度要求"已知物质的新形式"发明应具备"增强已知效用"的规定。●

对于"动物和植物"以及"人或动物的诊断、治疗和外科手术方

● Flynn S，Baker B，Kaminski M，et al. *The U. S. Proposal for an Intellectual Property Chapter in the Trans-Pacific Partnership Agreement*，28 AM. U. INT'L L. REV. 105（2012）：p. 153.

● USTR. 2013 *Special* 301 *Report*［EB/OL］，p. 38. http：//keionline. org/sites/default/files/05_01_2013_Special301Report. pdf.（2015-4-9）.

● 实际上，世界银行曾建议发展中国家应借鉴印度的经验，提高对专利的创造性要求，以避免对常规性的发现授予专利权。World Bank, Global Economic Prospects and the Developing Countries 143，（2001），http：//siteresources. worldbank. org/INTGEP/Resources/335315-1257199011315/GEP2001_FullText. pdf.

法"，美国仍坚持该类发明的可专利性。

从其他各方的表态来看，除日本和澳大利益以外的其他九国都反对"已知产品的任何新用途或新的使用方法"；而对于"无增强效用的发明"，该条款仅得到日本的支持，其他十国均表示反对；对于"动物和植物"以及"人或动物的诊断、治疗和外科手术方法"，除日本以外的其他十国均表示反对，并且新西兰、加拿大、新加坡、智利和马来西亚五国还针锋相对的提出了反建议，即各缔约方也可以排除该类发明的可专利性。

通过以上分析可以发现，一方面，虽然措辞上有所变化，但美国在2013 文本中提议的条款仍基本沿用了之前的提案中的第一类条款，对"无增强效用发明"条款的调整，更多可以理解为是为了增强条款的针对性以及消除歧义。另一方面，大部分缔约方对美国的提议均表示反对，并提出了针锋相对的反建议，即采用前述第四类条款来维护国内规制的政策灵活性。双方的巨大分歧和美国在立场上的孤立似乎也预示了其在最终文本中所不得不做出的巨大妥协。

（三）2014 谈判文本中的"可获得专利的主题"

在披露了 2013 文本之后的一年，维基解密又再次披露了新的谈判文本，即 2014 文本，从这份文本中可以看到美国的立场已经有所软化。首先，美国撤回了"人体或动物体的诊断、治疗和外科手术方法具有可专利性"的提议，即将原来的第一类条款改为第三类条款。其次，在保留其他提议条款的基础上，就一些争议巨大的条款，美国也提出了新的备选方案。例如对于植物发明，新出现的一个备选的条款是："各缔约方确认与植物有关的发明可以获得专利（patents for plant-related inventions），但各缔约方无需对可以在该国受到《国际植物新品种保护公约》（UPOV 1991）保护的植物新品种授予专利"。该备选条款将植物新品种和"与植物有关的发明"进行了区分，如果缔约方对前者已经采取 UPOV 1991 所规定的保护模式，那么只需要对后者授予专利即可，与之前文本中所提议的"应对植物发明授予专利"，该备选条款有所弱化，即从原来的第一类条款改为了第二类条款。实际上，最终文本关于植物发明的规定就采用了备选条款这种"二分法"的模式。

对于美国原有的提议，其他缔约方仍维持了 2013 文本中的反对态度。但对于"已知产品的新用途或新的使用方法"，加拿大提出了一项备选条款："各缔约方确认已知产品的任何新用途或新的使用方法应可获得专利，除非该缔约方排除了该产品的可专利性"。加入"除非该缔约方排除了该产品的可专利性"，表明加拿大希望通过引入限制性条件（即第四类条款）来避免将来可能的对条款的扩大化解释，例如将该条款解释为可就本不具有可专利性的产品要求其用途或使用方法的专利。

从 2014 文本来看，在各方的持续反对下，美国已就"可获得专利的主题"条款作出了让步，撤回了部分条款也提出了弱化的备选条款，其他缔约方的态度也出现了松动，部分接受了"已知产品的新用途或新的使用方法"的可专利性。这说明通过放弃争议过大的条款、弱化表述上的强制性以及加入补充性的规定等多方式的相互妥协后，各方的立场已不断接近。

（四）最终的正式文本中的"可获得专利的主题"

最后我们再来审视一下正式文本中的"可获得专利的主题"条款。TPP 第 18.37 规定："各缔约方确认以下发明中的至少一种可获取专利：已知产品的新用途，使用已知产品的新方法，或者使用已知产品的新工序（new processes of using）。各缔约方可以将该工序专利的范围限制在那些不主张使用该产品本身的情况"。在最早的美国提案中，该条款属于单一选择的强制性条款，如今则转变为缔约方可选择只保护其中一种的模式（即第二类条款），并且对于最后一种"已知产品的新工序"，各缔约方还可以进一步规定对于仅使用该产品的工序不授予专利（即第四类条款），因此缔约方对此类"用途"发明的国内规制仍享有较大的灵活性。

对于"无增强效用的发明"，以往建议的条款并未包括在正式的文本中，因此对该事项 TPP 并未对各缔约方创设新的义务。

对于"动植物发明"以及"诊断、治疗和外科手术方法"，TPP 最终采纳了 2013 文本中五国提出的反建议文本，即采用 TRIPS 协定第 27 条第 3 款的表述，允许缔约方将以下内容排除出可专利的范围：违反公共秩序和道德的发明、人或动物的诊断、治疗和外科手术方法、微生物以外的动物或植物以及生产动物和植物的主要生物方法（即第四类条款）。虽然 TPP 仍要求"各缔约方应确保来自于植物的发明可获得专利"，但由于明确排除了"微生物以外的植物"的可专利性，相较于 2014 文本中关于"与植物有关的发明"的可专利性规定，正式文本在植物发明上对于缔约方的约束仍有所减弱。

五、TPP"可获得专利的主题"
条款谈判过程对我国的借鉴

"可获得专利的主题"条款为我们提供了一个很好的研究 TPP 专利谈判历程的案例，通过比较分析"美国提案""2013 文本""2014 文本"和最终的正式文本，可以发现最终文本较之最早的美国提案已经发生了许多变化，这些变化无疑源于各缔约方在谈判过程中的利益博弈。

整个"可获得专利的主题"条款的谈判都是围绕美国提案展开的，作为谈判基础的提供者，美国无疑获得了最大的谈判主动权和话语权。最初的美国提案非常苛刻，与其他缔约方存在明显的利益分歧，当然不排除这是美国"漫天喊价、坐地还钱"的谈判策略。当这些脱离各方共识基础的条款遭到了其他国家的集体反对时，美国也意识到无法单方面主导谈判的进程，而采取了一些灵活的谈判策略，软化甚至完全移除某些条款。需要注意的是，这种软化或删除并不是盲目的，美国根据其核心目标和各方的谈判底线，仍然尽可能大的固化了谈判成果，明确了部分已知产品的"用途"发明以及"来自于植物的发明"的可专利性。

其他缔约方也意识到了"可获得专利的主题"对于本国国内专利体系的重大影响，通过协调立场来共同反对美国的提案，提出了针对性很强的替代方案或者反建议条款。最终通过加入可选择的方案以及明确某些规制行为的合法性，尽量减小了"可获得专利的主题"对于国内规制的不利影响。

从提案设计和谈判方式的角度来看，无论是美国抑或其他各方在 TPP"可获得专利的主题"条款谈判中的表现，都为我国在将来参与贸易或投资协定的知识产权谈判提供了生动的案例。也促使我们思考，随着我国在国际贸易和投资领域的影响力不断提升，我们应该如何利用自身的地缘优势和主体经济地位，积极参与区域或多边的知识产权规则制定，如何更好地利用包括专利在内的国际知识产权体系为我国企业营造一个有利的创新规制和商业环境，进而维护和拓展中国经济未来发展的全球空间。

目前，我国正在参与"区域全面经济伙伴关系协议"（RCEP）、中日韩自贸协定等多项自贸谈判，其中包括专利在内的知识产权议题也是热点议题之一，因此我们不妨借鉴 TPP 专利议题谈判过程中各方所采用的谈判策略和技巧，并在我国所参与的上述自贸谈判中灵活运用。具体而言，如果我国在参与自贸协定的专利议题谈判前做好以下几方面工作，将为整个谈判的顺利推进打下坚实的基础。

（一）明确我方谈判诉求及指导思想

从 TPP 历次谈判文本中的表态来看，各方对于各项条款都有明确的立场，或支持，或反对、或提出替代性的条款及反建议，这些立场或诉求本质上都是基于各国对国际规则体系的价值取向以及国内社会、经济的发展现状。因此，我国在参与自贸协议专利议题谈判前，也应从我国的对于国际专利体系发展的愿景、国内专利体系的发展情况出发，并统筹考虑谈判其他议题的立场，明确我方的谈判诉求和指导思想。

我国一直提倡构建"平衡有效、互惠包容"的国际知识产权体系，这一价值取向应是我方参与包括自贸协定在内的各种国际规则制定的诉求基础。近年来，一方面，我国专利体系迅猛发展，专利申请量已数年蝉联全球第一；另一方面，也面临产业和地区发展不平衡的现实，因此在专利议题的谈判中既要考虑对国内创新的激励，也需要关注对国内产业和地区利益的平衡。同时，自贸协定谈判的议题广泛，无论是专利或其他议题的谈判都应服务于国家整体利益，因此谈判的过程中，在着眼于专利体系内部利益诉求的同时，也应考虑专利条款与其他谈判议题间进行对价的可行性，从而谋求整体谈判利益的最大化。

（二）准备我方的议题框架和条文提案

在经济全球化的大背景下，以 TPP 为代表的区域自贸协定对专利议题的关注，无论在广度还是深度上都要超过 TRIPS 协定，其条文的内容也越来越繁杂细致。在这种情况下，谈判条文的提出方无疑将在谈判中占有主动。如同之前分析的"可获得专利的主题"条款，在该条款的谈判之初，美国就抛出了一份高要价的提案，该提案不仅体现了美国相关的国内专利法实践，也是美国多年参与自贸协定专利议题谈判所积累的成果。因此，我国当前有必要做好自贸协定专利谈判的整体规划，加紧设计立场鲜明、形式稳定、清晰反映我国利益关切的专利谈判范本，并以此为基础准备我方的议题框架和条文提案，为后续具体条款的谈判打下坚实基础。

（三）全面分析谈判对手的国家专利政策

除了做好主动提案的准备工作外，我方也应就对方可能提出的条款内容做好应对预案。自贸协定中的专利条款并非孤立地存在，而是一国专利政策的有机组成部分，并且这些政策将在自贸协定谈判过程中发挥积极的导向性作用。如同之前所分析的，TPP 协定谈判过程中，各缔约方就专利问题所提出的议题、提案和反建议，实质上是各缔约方的专利政策在对外贸易和经济合作中的贯彻和延伸。因此，我国在参与谈判前，应对相关谈判方的国家专利政策进行深入考察，这将有助于把握各国在自贸协定专利议题谈判中的政策基点。

（四）充分评估对手之前签署的协议文本

自贸协定中的专利条款是一个专利政策的对外延伸，各国在不同的自贸协定中所推动的议题或条款也同样具有一定的延续性。例如之前所分析的 TPP "可获得专利的主题" 条款，最早的美国提案中所包括的 "已知产品的新用途" "动植物发明" 等内容，都曾出现在美国——澳大利亚及美国——新加坡 FTA 之中。因此，我国在参与自贸专利议题谈判前，可就谈判对手曾经参与或签署的自贸协定中的专利条款进行研究和评估，厘清其条文的具体含义、可能带来的国际义务以及对国家未来规制实践的约束，为我方在谈判中遇到类似条款时的应对做好准备。特别是考虑到 TPP 缔约方中的日本、马来西亚、新加坡等国同样也是我国在中日韩 FTA 或 RCEP 中的谈判对象，不排除这些国家会将 TPP 中的专利条款引入与我国的自贸协议谈判，此时加强对 TPP 专利条款的分析以及应对方案的研究就显得尤为重要。

总而言之，TPP 知识产权章节中的专利条款体现了当今国际专利保护体系的最新发展，其专利议题的谈判历程也可视为后 TRIPS 时代国际专利造法的前沿范式。我国在参与中日韩、RCEP 等自贸协定专利议题谈判时，不妨借鉴 TPP 各方的谈判策略和经验，在关键议题上大胆要价、积极争取，在面对对方提案时权衡利弊、灵活处理，力争在自贸协定的专利议题谈判中掌握主动，为我国的创新发展和知识产权强国建设营造最有利的环境。

集成电路布图设计
知识产权保护

*北京东方亿思知识产权代理有限责任公司*❶

摘　要

集成电路布图设计是集成电路中元件及其连接的空间表达。复制是业界最担心的侵权形式。创立布图设计保护制度的初衷就是制止毫无创新的复制。基于布图设计自身的属性，布图设计权被作为一类独立的知识产权给予特殊保护。我国也不例外。近几年，我国布图设计侵权诉讼逐渐成为一个关注点。解决此类纠纷一方面要充分考虑我国产业现状和对产业发展的影响，另一方面要充分考虑布图设计权作为一类独立知识产权与专利权的不同。

关键词

布图设计　复制　专利权

---

❶　本文由高卢麟博士带领的团队共同完成，林强执笔，成员还包括李晓冬博士、武兵、孙洋、彭琼、裴安曼和王东辉。

1958 年在德州仪器工作的基尔比（Jack S. Kilby）提出集成电路设想，并分别完成了相移振荡器和触发器的制造和演示，标志着集成电路的诞生。自集成电路诞生至今，时光飞逝，已经过了近 60 年。在这大半个世纪里，集成电路产业经历了集成器件制造商（integrated device manufacture，IDM）的出现，封装、测试外包和封装、测试工厂转移到发展中国家，设计业的分离，代工企业（Foundry）的出现，无芯片（Chipless）的诞生五次变化。❶

集成电路产业是典型的智力密集型和资本密集型产业。集成电路相关企业一直高度重视知识产权保护。在基尔比完成相移振荡器和触发器的制造和演示后，1959 年 2 月 6 日德州仪器就为此申请了专利。此后不久，仙童半导体公司（Fairchild Co.）的诺伊斯（Robert. Noyce）申请了基于硅平面工艺的集成电路专利。

在 1970 年年末、1980 年年初，集成电路设计费用飞涨。独立开发新的设计需要投入大量费用、花费大量时间，而这样的新设计则仅需少量的资金和较短的时间就能被拷贝。集成电路领域领先的美国企业试图采用法律手段来保护新的设计。1970 年末，部分美国企业尝试通过向美国版权局（Copyright Office）登记集成电路设计来通过当时的版权法保护新设计。但是由于这种登记并不覆盖最终芯片产品等原因，最终通过版权来保护集成电路新设计的尝试未能成功。

一、集成电路布图设计立法概况

此后，在 Intel 等集成电路领域领先企业的推动下，美国开始了布图设计保护的立法过程。一种提议是将版权保护延伸到保护集成电路中的设计。但是，考虑到版权的性质和目的与集成电路设计保护的需求，最终在版权法（17 U. S. C.）中增加了与版权法的其他章节相互独立的、自成一体（*Sui Generis*）的一章（Chapter 9-Protection of Semiconductor Chip Products，"SCPA" 或 "Chip Act"），来专门保护掩膜设计（mask work design）。

紧随美国通过专门立法保护集成电路设计，日本于 1985 年通过了

---

❶ 中国科学院. 微纳电子学 ［M］. 北京：科学出版社，2013：7.

《半导体集成电路线路布局法》，保护半导体集成电路中的电子元件及连接这些元件的导线的布局；欧共体于 1986 年通过了《半导体产品拓扑图的法律保护指令》。集成电路产业发达的韩国于 1993 年通过了《半导体集成电路布图设计保护法》，我国台湾地区于 2002 年通过了"積體電路電路布局保護法"。

　　自 1985 年，世界知识产权组织（WIPO）开始集成电路布图设计保护的国际协调。1989 年 5 月 8 日至 26 日，世界知识产权组织主持在华盛顿召开了缔结《关于集成电路的知识产权条约》（以下简称《华盛顿条约》）的外交会议。美国版权局前任局长 Ralph Oman 先生任会议主席；中国代表团❶见证了《华盛顿条约》的诞生。尽管《华盛顿条约》至今未生效，但是 1995 年生效的世界贸易组织《与贸易有关的知识产权协定》（以下简称《TRIPS 协定》）第 2 部分第 6 章规定了对布图设计的保护，其中援引了华盛顿条约的主要实体规定。任何加入世界贸易组织的国家，都有遵守《TRIPS 协定》、保护集成电路布图设计的义务。

　　我国于 2001 年制定了《集成电路布图设计保护条例》（以下简称《条例》）和《集成电路布图设计保护条例实施细则》（以下简称《细则》）。为与加入世界贸易组织相适应，《条例》和《细则》与《TRIPS 协定》保持了一致。

二、集成电路布图设计保护现状

　　集成电路的知识产权保护一直是促进集成电路产业发展的重要因素。除世界贸易组织之外，世界半导体理事会（WSC）也声明在全球范围内协调知识产权法律和程序以有效保护半导体集成电路。❷

　　集成电路产业是信息产业的基础，也关系到国家信息安全。我国集

---

❶　中国政府代表团由国家科委、外交部、机电部和中国专利局组成，团长高卢麟，副团长俞忠钰。

❷　WSC（World Semiconductor Council），世界半导体理事会，成员包括美、日、欧、韩、中国和中国台湾地区。2004 年其 IP 委员会 IP 任务组起草了"WSC Policy Proposal Regarding Layout Design Intellectual Property"，致力于推动布图设计的保护。2013 年 WSC 第 17 届会议声明在全球范围内协调知识产权法律和程序以有效保护半导体集成电路，打击半导体假冒行为的扩散，呼吁政府和 WTO 推进多哈回合和 ITA。http://www.semiconductorcouncil.org/wsc/home。

成电路产业近些年虽然有了长足发展，但是仍比较薄弱。这主要表现在与国际先进技术存在较大差距、企业规模小且分散、产品不能满足需求需要大量进口。❶ 我国集成电路产业要在巨头垄断严重的市场中取得突破，一方面要选择合适的突破领域；另一方面必须要通过创新开拓市场，要加强知识产权的运用来保护创新。国家在促进集成电路产业发展的政策中，也强调要严格落实集成电路知识产权保护制度，加强集成电路布图设计专有权的保护力度。❷

与 Foundry 相比，设计企业不需要巨额固定资产投资，是我国企业更容易取得突破的领域。然而，设计业属于智力密集型产业，作为产出的智力成果，布图设计，容易被抄袭复制。尤其是我国设计企业目前比较集中的模拟芯片、数模混合芯片、射频芯片等技术领域，芯片规模尚未大到难以复制的程度，因此布图设计更易于被复制。我国集成电路产业的一个问题就是对知识产权的尊重和保护不够，抄袭严重影响了产业发展。❸ 近几年，布图设计侵权案件呈高发趋势，而且每一起案件都受到广泛关注。❹ 这也反映了我国集成电路产业，尤其是设计产业的现状。

为了促进我国集成电路产业发展，保证优秀设计企业能够作大作强，需要切实加强布图设计保护。

---

❶ 我国集成电路进口价值长期高于原油进口价值。2014 年我国进口集成电路 2 856.63 亿块，13 366.183 6 亿元人民币，仍与 原油进口 14 016.653 1 亿元人民币相当。数据来源于中国海关总署进口重点商品量值。

❷ 在国务院 2011 年印发的《进一步鼓励软件产业和集成电路产业发展的若干政策》（国发［2011］4 号）中，第 6 章知识产权政策部分，第 27 条明确要求"严格落实软件和集成电路知识产权保护制度，依法打击各类侵权行为，加大对网络环境下软件著作权、集成电路布图设计专有权的保护力度"。

❸ 在上海华虹宏力半导体有限责任公司调研时，一位负责人对于抄袭导致许多优秀的设计企业死掉表示非常沉痛，也对因部分 Foundry 不尊重知识产权导致设计企业对 Foundry 的不信任而选择境外代工厂表示无奈，期望国家能够加强知识产权保护。

❹ 公开渠道能获知涉及实体判决的有：深圳天威 v. 深圳明微，（2009）深中法民三初字第 184 号，（2010）粤高法民三终字第 256 号；华润矽威 v. 南京源之峰，（2009）宁民三初字第 435 号；钜泉光电 v. 深圳锐能微，（2010）沪一中民五（知）初字第 51 号，（2014）沪高民三（知）终字第 12 号；上海昂宝 v. 南京芯联，（2013）宁知民初字第 42、43、44 号，（2013）苏知民终字第 181、180、182 号。其中华润矽威 v. 南京源之峰案入选最高人民法院 2010 年中国法院 10 大知识产权案件，钜泉光电 v. 深圳锐能微案入选最高人民法院 2014 年中国法院 10 大知识产权案件。

三、集成电路布图设计权的属性和特点

考虑到布图设计一方面具有版权的大多属性，另一方面在反向工程等方面与版权法的合理使用又有区别，美国 SCPA 作为自成一体的一章，独立于版权法的其他部分。紧接着，日本和欧共体效仿美国，也通过专门法来保护布图设计。此后的《华盛顿条约》、援引《华盛顿条约》实体条款的 TRIPS 协定也将布图设计作为一种专门知识产权进行保护。之后对布图设计提供保护的几乎所有国家都采用专门立法的方式对布图设计进行保护。

TRIPS 协定作为当前世界范围内知识产权保护领域中涉及面广、保护水平高、保护力度大、制约力强的一个国际公约，涉及八种知识产权：著作权及邻接权、商标权、地理标识、工业品外观设计、专利、集成电路布图设计、对未公开信息的保护和对许可合同中限制竞争行为的控制。

集成电路可以享有多种不同的知识产权保护。例如，新电路、新产品、集成电路制造方法等可以采用专利保护；产品的来源可以采用商标权保护；集成电路所涉及的技术秘密可以作为未公开的信息保护。[1] 而对于集成电路布图设计，可以作为一种单独的知识产权得到保护。

一种普遍接受的观点是，布图设计权作为一种独立的知识产权，介于版权和专利权之间[2]，更接近版权。[3] 也有学者称其为工业版权[4]，以表示其类似于版权，但是与版权又有区别。总结起来，布图设计权有以下几个特点：只保护基于独创性的表达而非思想内容；不禁止独立创作的具有相同几何结构的掩膜作品；权利可以在不经登记的情况下自布图设计产生之日起存在，尽管大多国家都选择了登记才产生权利的登记制；保护时间比版权短的多；允许反向工程，但是不允许反向工程复制受保护的布图设计。

---

[1] 《反不正当竞争法》第 10 条规定的技术信息。

[2] 郭禾. 中国集成电路布图设计权保护评述 [J]. 知识产权，2005 (1).

[3] 于晓白，邵中林，夏君丽，罗霞. 知识产权民事案由的理解与适用 [J]. 知识产权审判指导，2008 (1).

[4] 郑成思. 版权法 [M]. 北京：中国人民大学出版社，1990：8.

　　同样都有鼓励创新的立法目的，但是布图设计权完全不同于专利权。这二者的根本区别在于专利权保护创新思想❶，布图设计权保护具有一定独创性的表达形式。❷ 有观点认为，布图设计的独创性❸类似于著作权的原创性加一定程度的专利法意义上的创造性，但是比专利法上的创造性低的多。❹ 不管如何类比，都不应脱离布图设计权保护的是对设计的表达，而不是设计思想。设计思想可以采用专利权保护，不是布图设计权保护的初衷和对象。布图设计的独创性分析，也只应结合技术基于表达形式分析。布图设计权不存在专利权的新颖性和创造性问题，也不存在通过公开布图设计来促进技术进步以换取保护的问题。布图设计的独创性分析也不应直接采用专利的三步法分析。

　　侵犯布图设计权的主要形式是非法复制受保护的布图设计。SCPA 诞生的初衷也是为了制止毫无创新的复制❺；当前制约我国布图设计产业发展的一个问题也是恶意抄袭。抄袭猫（copy cat）的存在，常常使得投入大量人力物力开发出的创新设计难以获得应有的回报，阻碍了设计企业进一步投入资源开发新的设计。这是导致我国设计企业规模小而散❻的一个重要因素。

---

❶ 专利法上的发明和实用新型都保护技术方案，实质是对创新思想的概括。

❷ 我国《集成电路布图设计保护条例》第 2 条第（二）项规定："集成电路布图设计（以下简称布图设计），是指集成电路中至少有一个是有源元件的两个以上元件和部分或者全部互连线路的三维配置，或者为制造集成电路而准备的上述三维配置。"

❸ 我国《集成电路布图设计保护条例》第 4 条规定："受保护的布图设计应当具有独创性，即该布图设计是创作者自己的智力劳动成果，并且在其创作时该布图设计在布图设计创作者和集成电路制造者中不是公认的常规设计。受保护的由常规设计组成的布图设计，其组合作为整体应当符合前款规定的条件。"

❹ 郭禾. 半导体集成电路知识产权的法律保护［J］. 中国人民大学学报，2004（1）. 郑胜利 . 论集成电路布图设计保护法［J］. 科技与法律，1992（2）. "显然，'非显而易见'要比'非常规设计'高"。

❺ Steven P. Kasch. The Semiconductor Chip Protection Act：Past，Present，and Future ［J］. Berkeley Technology Law Journal，1992，71：79-80.

❻ 上海市经济和信息化委员会，上海市集成电路行业协会 . 2014 年上海集成电路产业发展研究报告［M］. 上海：上海科学技术文献出版社，2014：1-65. 2013 年全球前二十五大 Fabless 中，中国大陆企业仅一家，展讯，居第 14 位；2013 年我国销售额小于 1 亿元人民币的设计企业占设计企业的 80.4%。

四、集成电路布图设计保护的行政和司法程序

绝大多数保护布图设计的立法都采取了登记制。在登记制下，登记的作用有三，一是产生法律上的权利；二是公示该权利的存在；三是固定登记保护的布图设计，在发生争议时作为初步证据。

登记制完全不同于专利法上的审查授权制度。❶ 专利的权利要求具有高度概括性，而专利的保护具有独占性。❷ 因此需要审查机关代表国家来平衡权利人和公众之间的利益，授予发明与其对社会的贡献相适应的保护范围，这就需要设置严格的审查授权制度。布图设计不存在该问题。布图设计要保护的主要是不被非法复制。之所以要求受保护的布图设计具有一定的独创性，是因为布图设计具有浓厚的技术色彩，价值的高低取决于该布图设计在技术上的难和新；只有保护技术上有一定创新的设计，才能够促进布图设计上的创新。❸ 一项布图设计，存在是否给予保护的问题；不存在给予保护的范围宽还是窄的问题，不存在就保护范围而在权利人和社会公众之间平衡的问题。也正是如此，对于布图设计的立法都未设置对布图设计自身进行审查的制度，也未设置对布图设计自身进行公开的制度。

登记时提交的布图设计的载体是为了固定登记保护的布图设计，而不是为了审查。SCPA 要求提交"标识材料"❹；《华盛顿条约》要求提交足以确认布图设计的材料。❺ 多数国家或地区的立法并未对提交的材料做非常详尽的规定。❻ 因此，提交材料的完备性不应实质影响权利的效力。❼

---

❶ 最典型的发明专利，需经严格的实质审查。

❷ 一旦授予一项发明以专利权，以后独立作出该发明，实施该发明也侵犯专利权。

❸ 郭禾. 集成电路与知识产权 [J]. 法学家，1993（3）.

❹ SCPA，Section 908，要求提交 "identifying material" for identification of the mask 。

❺ 《华盛顿条约》第 7 条第 2 款，申请人在其提交的材料足以确认该布图设计（拓扑图）时，可免交副本或图样中与该集成电路的制造方式有关的部分。

❻ 中国未详细规定；美国鼓励提供每层掩膜的复制件。

❼ 在上海昂宝 v. 南京芯联案中，法院认为虽然昂宝在登记时提交了样品，但是未提交包括有源元件的层的复制件，因此认为登记的布图设计不符合客体的定义，不能给予保护。该案明显受专利审理思路影响。而在深圳天威 v. 深圳明微案中，则在复制件和电子件均无法确定登记保护的布图设计时，采用登记时提交的样品来确定登记保护的布图设计。参见于春辉，欧宏伟. 审理侵犯集成电路布图设计专有权纠纷案件若干问题研究——天威公司诉明微公司侵犯集成电路布图设计专有权纠纷案评析 [J]. 科技与法律，2010（6）.

自美国 1984 年颁布 SCPA，布图设计保护制度诞生已有 30 年。期间集成电路技术遵循摩尔定律飞速发展，目前部分领先企业已采用 14nm 工艺。特征尺寸的缩小和电路规模的增大，也给登记带来了新的问题：采用纸质图样难以清楚完整地表达出登记的布图设计。❶ 在此情况下，登记时提交的样品就非常重要。❷

我国《条例》和《细则》还规定了撤销程序。撤销程序是国家知识产权局专利复审委员会依职权启动的程序。撤销条款中实质涉及布图设计自身的仅有关于独创性的条款❸。关于独创性的判断，理论研究和实践经验都非常少❹，存在很多困惑。此外，对于撤销程序，专利复审委员会正努力引入双方程序。❺ 然而，有学者认为，撤销程序实无必要，目前的单方程序成本过高，引入双方程序也无意义。❻

布图设计保护制度诞生以来，尽管在国外鲜有布图设计侵权诉讼❼，但是国内近些年反倒越来越热闹。从国内的侵权案例来看，侵权行为还真和制定 SCPA 欲制止的行为一致：毫无创新的复制。这可能和目前我国集成电路产业发展的阶段有关。

如前所述，布图设计权保护具有独创性的布图设计。❽ 复制受保护的（即具有独创性的）布图设计的全部或者其中任何具有独创性的部分，都

---

❶ 通过在国家知识产权局初审及流程管理部保密处查阅部分登记的布图设计，发现相当一部分图样难以清楚分辨相关特征。

❷ 《集成电路布图设计保护条例实施细则》第 16 条（一）项规定"所提交的 4 件集成电路样品应当置于能保证其不受损坏的专用器具中"，该条第（三）项规定"器具中的集成电路样品应当采用适当的方式固定，不得有损坏，并能够在干燥器中至少存放十年"也为利用样品确定登记的布图设计提供了可能。

❸ 《集成电路布图设计保护条例实施细则》第 29 条规定撤销条款为《集成电路布图设计保护条例》第 2 条第（一）（二）项（集成电路定义和布图设计定义）、第 3 条（主体资格）、第 4 条（独创性）、第 5 条（不延及思想）、第 12 条（自创作完成起超 15 年）或者第 17 条（自首次商业利用起超过 2 年）。

❹ 迄今为止，复审委受理撤销案件 12 件，审结 5 件，在审 7 件；针对撤销决定的行政诉讼一件：(2012)——中知行初字第 47 号。

❺ 国家知识产权局《集成电路布图设计专有权撤销审查办法（草案）》（征求意见稿）。

❻ 崔国斌，在由中国知识产权研究会和高卢麟基金会于 2015 年 3 月 31 日在北京联合主办的"集成电路布图设计专有权保护高层研讨会"上的发言。

❼ 美国有 1992 年的 Brooktree v. AMD 和 2005 年的 Altera v. Clear Logic。

❽ 《集成电路布图设计保护条例》第 7 条规定了权利人享有的复制权和商业利用权；第 30 条规定了侵权行为和责任。

侵犯布图设计权。这种复制可能是直接从设计企业非法获得受保护的设计❶，从代工 Foundry 直接获得受保护的设计❷，或者通过反向工程从芯片产品获得受保护的设计，等等。理论和实践中比较认可的判断复制侵权的规则为"接触加实质性相似"。❸

但是，侵权诉讼中举证责任分配仍存在不同的看法。权利人首先要举证证明其布图设计受法律保护。这可以通过提供权属证书等方式完成。有观点认为，权利人还需要指出其布图设计整体具有独创性或者指出其中的独创性部分。❹ 提出此观点可能基于以下两个因素，第一，易于分析比较；第二，便于计算赔偿数额。❺ 但是这一观点隐含的基本出发点是只保护具有独创性的整体或者具有独创性的部分。这与《条例》规定不符。❻ 在两个布图设计实质性相似的情况下，即使权利人的布图设计仅有一部分具有独创性，也构成侵犯布图设计专有权；计算侵权赔偿❼不应考虑具有独创性的部分所占比例。在两个布图设计仅有部分实质相似的情况下，才需要考察实质相似部分是否具有独创性以及所占比例。举证责任分配的另一个问题是谁负有证明"接触"的责任。在模拟和数模混合集成电路中❽，布图设计是由设计人员逐元件布置的，不同设计人员作出的布图设计都是独特的。在行业内，判断是否抄袭非常容易，一看就知道。❾ 因此，一般情况下，两个布图设计实质相似或者部分实质相似，推定被控复制方接触了权利人的布图设计是符合实际情况的。

---

❶ 华润矽威 v. 南京源之峰。

❷ 有 Foundry 直接超过设计企业订单生产并出售，也有 Foundry 直接将设计企业的设计非法出售给第三方。

❸ 有观点认为，判断规则应为"接触加实质性相似减合法性"，参见祝建军. 集成电路布图设计专有权的保护 [J]. 人民司法，2011（4）：95-98.

❹ 祝建军，在由中国知识产权研究会和高卢麟基金会于 2015 年 3 月 31 日在北京联合主办的"集成电路布图设计专有权保护高层研讨会"上的发言。

❺ 钜泉光电 v. 深圳锐能微案。

❻ 《集成电路布图设计保护条例》第 30 条规定，复制受保护的布图设计的全部或者其中任何具有独创性的部分的，侵犯该布图设计专有权。

❼ 《集成电路布图设计保护条例》第 30 条规定"侵犯布图设计专有权的赔偿数额，为侵权人所获得的利益或者被侵权人所受到的损失，包括被侵权人为制止侵权行为所支付的合理开支"。

❽ 通常数字电路由专用工具自动生成。布图设计侵权主要发生在模拟或数模混合电路设计领域。

❾ 中国半导体行业协会执行副理事长、秘书长徐小田先生在座谈中提到。

实践中还存在一个令人困扰的问题是独创性的判断。判断独创性，首先要注意是表达形式（元件、连线的配置❶）的独创性，不是思想；其次该布图设计不是公认的常规设计，不是其与现有设计的区别不是公认的常规设计。只要布图设计是独立创作完成的，不应对其提出过高的创新性要求。这实际上是和布图设计创新空间有限相关的。❷ 因此，要避免采用专利创造性的审查思路来评判布图设计独创性。❸

五、结　语

集成电路布图设计作为一种自成一体的独立知识产权，诞生于美国。在美国未得到预期的重视，而在中国近几年却屡屡成为企业维护自身利益的一个武器。这正反映了我国集成电路产业的现状和需求。布图设计保护实践要和我国集成电路产业发展相适应，要有利于促进产业发展。因此，要加强保护，不应对权利人提出太多苛刻的要求。在有证据证明复制权利人的布图设计的情况下，制止、惩罚侵权应是首要考虑的。

---

❶ 《集成电路布图设计保护条例》第 2 条第（二）项定义布图设计"是指集成电路中至少有一个是有源元件的两个以上元件和部分或者全部互连线路的三维配置，或者为制造集成电路而准备的上述三维配置"。

❷ 布图设计的发展多表现在规模扩张和集成度提高，设计过程通常是对已有元素进行组合。

❸ 目前公开的布图设计撤销案及针对撤销决定的行政判决，采用了类似专利创造性判断的三步法的判断方法，一定程度上受到了专利思路影响。

集成电路布图设计
保护制度热点问题研究

王　倩❶

摘　要

自 2001 年 10 月 1 日起，我国正式实施集成电路布图设计保护制度。15 年间，集成电路布图设计保护制度在保护布图设计智力成果、鼓励技术创新、促进科学技术发展等方面发挥着举足轻重的作用，但同时，随着该制度的深入实施，其在申请、登记和市场利用等环节也逐渐暴露出一些问题。例如，集成布图设计专有权的保护客体有扩展的需求；登记手续中一些审查标准不够明确；某些程序因规则缺失，不便与撤销程序、司法程序衔接等。笔者结合登记审查的实践经验，就上述问题提出一些个人的思考与建议。

关键词

集成电路　登记　程序

---

❶　作者单位：国家知识产权局专利局初审及流程管理部。

一、保护制度的发展与国内现行制度简介

（一）国际与国内保护制度的发展

1. 国际

1984 年 11 月 8 日，美国颁布了《半导体芯片保护法》，该法列在美国法典第 17 编第 9 章，是一部独立的法律，这是世界上第一部专门的集成电路保护法。此后，日本、西欧各国相继效仿，都以特别法的形式颁布了各自的集成电路保护法。日本在 1985 年，瑞典在 1986 年，联邦德国、法国、荷兰、英国、丹麦等国在 1987 年，西班牙、奥地利、卢森堡在 1988 年，葡萄牙、意大利在 1989 年均已立法保护集成电路。比利时也于 1990 年颁布了集成电路保护法。欧共体在 1986 年发布《半导体产品拓扑图的法律保护指令》。1991 年，世界知识产权组织（WIPO）通过《关于集成电路的知识产权条约》（华盛顿条约）（其中八国签字，发达国家未签字）。到了 1995 年，关贸总协定（GATT）乌拉圭回合谈判中 125 个成员方签订《与贸易有关的知识产权协定》（以下简称"TRIPS 协定"），其中集成电路布图设计包含在第二部分第六节，自此不仅明确了集成电路布图设计是知识产权的重要组成部分，并且明确了将保护范围扩展到了三个层次。❶

2. 国内

我国在积极参与《华盛顿条约》制定的同时，便开始研究国内立法的问题。1991 年由原电子工业部牵头，成立了《集成电路布图设计保护条例》起草组。起草组研究了当时各国已经颁布的有关集成电路保护的法律，并对比了《华盛顿条约》与世界贸易组织的 TRIPS 协定，经过 10 年的努力，完成了立法任务。在 2001 年 3 月 28 日国务院第 36 次常务会议上，我国的《集成电路布图设计保护条例》（以下简称《条例》）获得通过，于当年 4 月 2 日以国务院第 300 号令的形式公布。这个《条例》的公布，不仅完善了知识产权保护制度，履行了相关的对外承诺，标志着我国已经结束了集成电路布图设计保护无法可依的时代，同时也是加快

---

❶ TRIPS 协定第 36 条规定的保护范围包括"受保护的布图设计、包含受保护的布图设计的集成电路、或者包含这样的集成电路的物品"。

我国信息产业领域科技进步与创新，增强自主创新的战略措施。与此相应，《集成电路布图设计保护条例实施细则》（以下简称《细则》）与《条例》同时施行；《集成电路布图设计行政执法办法》于2001年11月28日由国家知识产权局第17号局长令颁布；集成电路布图设计收费项目和收费标准于2003年5月16日由国家知识产权局第88号公告颁布。

（二）我国现行保护制度简介

《条例》第2条中给出了集成电路布图设计的定义："是指集成电路中至少有一个是有源元件的两个以上元件和部分或者全部互连线路的三维配置，或者为制造集成电路而准备的上述三维配置。"

《条例》第4条规定了取得专有权的布图设计的实体性条件："受保护的布图设计应当具有独创性，即该布图设计是创作者自己的智力劳动成果，并且在其创作时该布图设计在布图设计创作者和集成电路制造者中不是公认的常规设计。受保护的由常规设计组成的布图设计，其组合作为整体应当符合前款规定的条件。"

根据《条例》的规定，专有权的内容包括：复制权（第7条规定）、商业利用权（第7条规定）、转让许可权（第22条规定）；专有权的限制包括：合理使用（教学研究、反向工程再创作、独立创作）（第23条规定）、权利用尽（第24条规定）、非自愿许可（第25条规定）、善意侵权（第33条规定）。

关于保护期限，《条例》第12条规定："布图设计专有权的保护期为10年，自布图设计登记申请之日或者在世界任何地方首次投入商业利用之日起计算，以较前日期为准。但是，无论是否登记或者投入商业利用，布图设计自创作完成之日起15年后，不再受本条例保护。"《细则》第20条还规定，"布图设计专有权自申请日起生效"。

二、国内保护制度的执行概况

（一）申请量情况

1. 申请量走势

自2001年《条例》实施以来，我国集成电路布图设计申请呈现持续增长态势。直到近年，申请量总体呈现稳定趋势。2007年以前，各年申请量均在500件以内；2008年，申请量一举突破700件；2009年突破了800件；2010

年突破了 1 000 件；从 2012 年开始，年申请量稳定在 1 750 件上下（见图 1）。

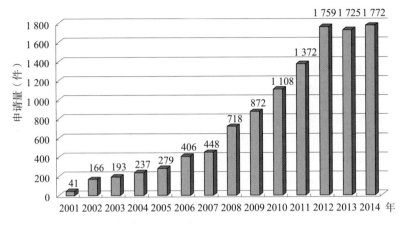

图 1　中国集成电路布图设计申请量走势（2001～2014）

2. 境内外申请量的分布

从向国家知识产权局申请登记的全部集成电路布图设计的申请量来看，境内的申请量占大多数，共有 9 888 件，占总申请量的 89.1%；境外申请量为 1 210 件，占总申请量的 10.9%（见图 2）。❶

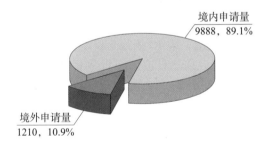

图 2　境内外集成电路布图设计申请量分布

3. 境内各省市申请量的分布

从向国家知识产权局申请登记的境内集成电路布图设计的申请量来看，各省市申请量分布不均。申请量与地区经济发展程度密切相关，经济发达地区的申请量居前，前五位分别为上海、江苏、广东、北京和浙江，都是

---

❶　数据截止日期：2014 年 12 月 31 日。

东部沿海省市；而经济欠发达地区的申请量较少，到目前为止尚未收到来自海南、新疆、西藏、青海、云南、宁夏、内蒙古等省市的申请（见图3）。

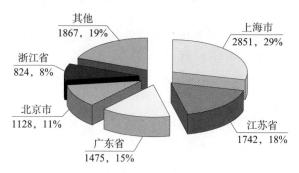

图3　境内各省市集成电路布图设计申请量分布

4. 境外各国家与地区申请量分布

从向国家知识产权局申请登记的境外集成电路布图设计的申请量来看，共有13个境外国家和地区提出共1 180件申请，又以美国、我国台湾地区和日本的申请量占主要部分，其中美国申请量最多，共792件，占67.1%；我国台湾地区和日本分别是181件和131件，分别占境外申请总量的15.3%和11.1%。

5. 境内申请人排名（申请量前10位）

境内提交申请最多的10个申请人为：无锡华润矽科微电子有限公

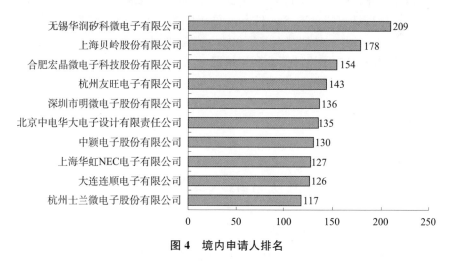

图4　境内申请人排名

司、上海贝岭股份有限公司、合肥宏晶微电子科技股份有限公司、杭州友旺电子有限公司、深圳市明微电子股份有限公司、北京中电华大电子设计有限责任公司、中颖电子股份有限公司、上海华虹 NEC 电子有限公司、大连连顺电子有限公司和杭州士兰微电子股份有限公司（见图4）。

（二）布图设计申请的情况

1. 集成电路布图设计申请结构、技术和功能分布

（1）结构分布。

从集成电路布图设计申请结构分布上看，最多的是 MOS，共有 8 802 件，占总比例的 79.3%；其次为 Bipolar，共有 1 087 件，占总比例的 9.8%；Bi-MOS 共有 671 件，占总比例的 6.05%；Optical-IC 共 93 件，占总比例的 0.8%；其他共有 443 件，占总比例的 4%。

（2）技术分布。

从集成电路布图设计申请技术分布上看，最多的是 CMOS，共有 8 518 件，占到总比例的 76.8%；其次为 TTL，共有 281 件，占总比例的 2.5%；NMOS 共有 243 件，占总比例的 2.2%；ECL、DTL 和 PMOS 分别有 30 件、11 件和 25 件，均不足 1%；其他共有 1 955 件，占总比例的 17.7%。

（3）功能分布。

从集成电路布图设计申请功能分布上看，最多的是线性，共有 2 528 件，占总比例的 22.8%；其次为逻辑，共有 2 265 件，占总比例的 20.4%；微型计算机共有 624 件，占总比例的 5.6%；存储共有 379 件，占总比例的 3.4%；其他共有 5 300 件，占总比例的 47.8%。

2. 集成电路布图设计商业利用情况

从集成电路布图设计申请前有无商业利用的申请量来看，申请前有商业利用行为的申请量为 5 703 件，占总比例的 51.4%；申请前无商业利用行为的申请量为 5 393 件，占总比例的 48.6%。数据表明，登记申请的布图设计的商业转化率较高，并具有一定的商业价值。

三、将印制电路板设计纳入专有权保护客体的探讨

（一）印制电路板的制作工艺

印制电路板（Printed Circuit Board，PCB，又译作印刷电路板、印

制线路板等）是在一片由金属片（一般是铜）和绝缘体压合而成的板子上，完全按照事先设计的电路布线图，利用特定的工艺将金属片艺刻蚀成所需要的电路布线。

在设计、制造电路板之前，先进行电路原理图设计。原理图被确认后进行电路板布线设计，同时根据所具体选用的元器件进行元器件具体位置的排列布局设计。这些工作可以进行计算机辅助设计，甚至可以进行一定程度的自动布线。但是，自动布线只在一些简单电路中具有一定的参考价值，而大部分电路都是利用计算机进行人工布线。布线工作完成后，将相应的设计图交由专门的印刷电路板制造厂商进行制造。制造完成后，接插选用的元器件并进行焊接，最终得到具有设计功能的工业制成品❶。

（二）印制电路板设计的保护需求与困境

电子产品的多功能化、复杂化和精巧化发展趋势以及电脑、扫描、激光技术在 PCB（印刷电路板）行业的广泛应用，使得 PCB 布图设计难度越来越大，PCB 在产品成本中所占的比例也越来越大。在 PCB 设计、开发、生产过程中，企业需投入大量的人力、物力、财力，专业技术人员需付出大量的创造性劳动。而与此同时，新技术手段却使 PCB 布图设计的抄袭越来越容易，该领域内的知识产权被频繁侵犯，给相关 PCB 企业带来重大损失，目前已出现一些司法纠纷案例。PCB 厂商杭州海康威视公司起诉某公司的压缩板卡涉嫌抄袭复制其 PCB 产品被称为 PCB 版权保护第一案而为人们所熟知；"联想诉深圳某公司侵犯其 PCB 图纸和产品案"则是 PCB 产业界另一著名案例。❷

有文章援引海康威视的企业负责人的谈话："作为业内人士他非常清楚我国 PCB 行业目前的知识产权情况：早先是国内的公司抄袭国外的公司，现在国内的公司也开始互相抄袭。有意思的是还出现过国内手机代工企业迪比特起诉摩托罗拉抄袭 PCB 设计的案件。我国 PCB 生产企业，加上设备和材料厂商目前共有 1 800 家以上，其中 90％以上属于中小企业。在无序的市场秩序中，中小企业以抄袭市面上最先进的产品已经不

---

❶ 杨安进. 与印刷电路板相关的知识产权问题 [C]. 中华律协知识产权业务委员会 2001 年年会交流论文，2001.

❷ 钟成明. PCB 设计开发中的知识产权保护 [J]. 印制电路信息，2007 (2).

是什么新鲜事了。可是从整个产业来说,实在不利于中国 PCB 企业的健康成长和做强做大,更不利于研发设计能力的提高。"❶

毋庸置疑,解决这一问题需要充分发挥法律制度的作用,利用法律制度的调整、规范和保障,保证市场经济主体的自主性和竞争性,市场契约关系的平等性,市场经济的统一性、有序性以及开放性。❷ 那么,PCB 设计的合适的法律保护方式是什么?

首先,著作权法保护 PCB 设计明显不够。我国《著作权法》第 3 条规定:"本法所称的作品,包括以下列形式创作的文学、艺术和自然科学、社会科学、工程技术等作品……(七)工程设计图、产品设计图、地图、示意图等图形作品和模型作品……"因此作为 PCB 设计图纸可以受到《著作权法》的保护。但是,国家版权局办公室 1996 年 9 月 23 日所作的《对〈印制线路板布图设计是否受著作权法保护的函〉的答复》,明确指出:"著作权法(指 1991 年 6 月 1 日起施行的著作权法)不禁止按照布图设计生产线路板的行为。为制止他人仿造或者仿冒工业产品的行为,应适用工业产权法或者民法通则的有关规定。"众所周知,复制他人的 PCB 设计完全不用通过 PCB 设计图纸,而通过对 PCB 板的反向工程即可,而且成本比正向研发小得多,所以仅仅依靠著作权法保护 PCB 设计图纸是显然不够的。

其次,专利法并不适合保护 PCB 设计,原因与集成电路布图设计难以得到专利法保护相同。

一般而言,著作权法保护的作品与工业产权法所保护的工业产品属于两个截然不同的领域,保护的侧重点各有不同。但两者在一定条件下又会发生内容的交叉:当工业产权所保护的客体以版权所保护的表达形式出现时,那么这种表达形式由著作权法保护,而其中包含的内容仍受工业产权调整。比如说工业产品的设计图,示意图等,如果图纸被他人复制,发行,是著作权法所禁止的行为,而图纸反映出来的原理、技术方案则是工业产权法保护的内容,如果擅自实施这种原理,技术方案,就要受到工业产权法的禁止。❸ 目前 PCB 设计的保护,陷入了在集成电

---

❶ 李欣. PCB 的版权之痒 [J]. 软件世界,2003(8).

❷ 李小雨. 市场经济中法的作用 [J]. 合作经济与科技,2010(1).

❸ 徐伟奇. 印刷电路板的法律问题研究 [R/OL]. http://www.700210012345.com/fxl-wym/Detail.php?ID=365.

路布图设计保护制度建立之前，集成电路布图设计保护非常相似的困境。

（三）将印制电路板设计纳入专有权保护客体的建议

知识产权虽然是一个独立的财产权系列，但并没有在实在法层面形成稳定的成文法。专利法、商标法、著作权法、商业秘密法等，虽都归类为"知识产权"，但"知识产权"至今还是一个法律俗语，内涵还在不断扩展。布图设计专有权纳入知识产权的过程已经开创了单独立法解决某一特定领域内的技术方案的先河。尽管 PCB 设计与集成电路布图设计的技术不同，但领域相近，并且其法律属性与集成电路布图设计也非常相近，又无法在其他知识产权法的框架下得到有效保护，因此，笔者认为，可以通过扩展布图设计定义的方式，将其纳入布图设计专有权的保护范围之内。

四、布图设计申请保护范围的确定

（一）问题的提出

长久以来，部分社会公众甚至学界对集成电路布图设计专有权的稳定性持有质疑。该观点认为，当一件布图设计在提出登记申请时，应当清楚地表达其寻求保护的内容。最能清楚界定一件布图设计保护范围的应当是其产品，其次是设计图纸。而在当前以《条例》和《细则》为主体框架的法律规定下，并不要求每一件申请都提交样品，甚至也未对提交的设计图纸作出明确细致的规定，比如，是提交全部图纸还是寻求保护部分的图纸？是提交原理图、模块图还是分层图？这种情况下，一件申请即使获得登记，其保护范围也是模糊不清的，而保护范围不明确的权利是不稳定的，在寻求司法保护的过程中，存在绝对的劣势。

上述观点实际提出了两个问题。第一，申请时是否需要提交一件能够完整表达该设计全部内容的载体；第二，什么样的文件能清楚地表达寻求保护的内容。

（二）展现全部设计内容的必要性探讨

针对第一个问题，笔者认为，若能提供一件完整表达该设计全部内容的载体当属最佳之举，但不宜作为刚性规定。如上述观点所述，最能完整清楚地表达设计全部内容的是样品本身，但并不是每一个申请人都在生产出实际产品后才提出登记申请，因此，要求每一件申请都提交样品并不现实。其次，要求提交全部设计图纸也不是必要。集成电路布图设计专有权的产生采用登记制。登记的过程，也就是对申请人提交的文件进行保存以作为日后司法证据的过程。申请人提交的证据范围就代表了其寻求保护的范围，在日后可能的司法程序中也只能在相应范围内获得保护，因此，强制要求申请人提交布图设计的全部图纸是不必要的。

（三）增强简要说明的法律效力

对于"什么样的文件清楚地表达寻求保护的内容"这个问题，笔者认为，可以考虑采用设计图纸加简要说明的模式。集成电路布图设计保护制度保护的是具有"独创性"的"非常规设计"，而一件布图设计作为一个整体，很难用空间边界划分独创内容与非独创内容。同时，如何确定一项集成电路布图设计整体或某一部分为"非常规设计"，依赖于技术层面的经验积累，是撤销程序和侵权纠纷处理程序中的疑难问题。如果申请人能用文字描述寻求保护的设计信息，则对于确定布图设计的保护范围有很大作用，一定程度上也可以帮助审查员或法官更好地判断寻求保护的部分是否属于具有"独创性"的"非常规设计"。因此笔者认为，可以参考外观设计相关规定，强制要求申请人对其布图设计要点用文字进行简单说明，并在法律上允许该简要说明用以解释保护范围。

五、同一申请人重复登记问题

（一）重复登记问题的发现

笔者在登记审查实践中发现这样的现象：同一申请人就同一件布图设计重复提出多项登记申请。例如，申请人昂宝电子（上海）有限公司于 2010 年 4 月 28 日提交 10500294.1、10500295.X 和 10500296.8 三件申请。经对比发现，图样内容和简要说明几乎完全一致。申请人亦口头承认该三件申请的同一性，但坚持要求同时提交。

（二）问题的分析

现行条例与细则均未就避免重复授权作出规定，即并不限定同样的布图设计只能登记一项专有权。但是，这种情况仅仅针对不同创作者在极其偶然的情况下创作出相同的布图设计，可以分别取得专有权，但并不意味着所有的重复登记都是合理的。这三件申请与"各自独立创作，分别取得权利"的情形有着本质的区别。申请人利用布图设计登记制度中无禁止重复授权的规定，恶意制造重复登记，将给后续的撤销和司法程序增加负担，也会增加社会的诉累和保护集成电路市场秩序的成本。

关于这种现象的成因，经初步分析，较大可能是申请人受某些过度激励的政策（如地方政府资助政策）的影响，以及不合理应对相关行政审批制度（参评高新技术企业），或是试图在登记后分别将这些相同的布图设计专有权转让、许可谋取利益。持有两个或两个以上同样的权利的专有权人在行使权利时可能会造成公众利益的损失，也会降低国家知识产权局的公信力。但是，就这三件同样的申请来说，笔者并未找到不受理或驳回其中两件申请的依据。虽然此类案例尚不多见，但如果不及时解决这一问题，势必会引起更大的麻烦。

解决这一问题的第一个思路是在登记前解决重复申请问题。目前负责集成电路审查工作的审查员不多，且上述三件申请是申请人于同一日提交的，所以能够较容易地被发现，情形稍加复杂就难以发现类似案例。当然，布图设计登记制度本身有着简捷的优点，无必要也无足够资源改为实质审查制，难以在登记前解决重复申请问题。

第二个思路是将同一申请人的重复登记作为撤销理由，在细则第二十九条中补充相应的内容。这样，既不会增加授权前审查工作的负担，对于后续撤销程序中增加的工作也有限。因为，撤销程序允许撤销意见提出人与专有权人各自举证和辩论，专利复审委员会相对容易地就可以判定相关申请涉及的布图设计是否完全一致。

（三）建议

笔者建议在《条例》中增加避免同一申请人重复登记的原则性规定："同一申请人的同样的布图设计只能拥有一项专有权。"相应地，在《细则》中，将此情形作为不予受理、驳回和撤销的理由。

六、布图设计专有权的许可备案和质押登记

集成电路布图设计保护制度执行至今，布图设计财产权的价值已经开始得到业内企业的重视。《国家知识产权战略纲要》在"战略重点"中提出"推动企业成为知识产权创造和运用的主体促进自主创新成果的知

识产权化、商品化、产业化，引导企业采取知识产权转让、许可、质押
等方式实现知识产权的市场价值。"

（一）专有权实施许可合同的备案

布图设计专有权实施许可是实现专有权价值的重要方式，也是促进
新技术转移和扩散的重要途径。专有权人通过签订专利实施许可合同，
授予被许可方在合同约定的范围内实施其专有权，将加快集成电路布图
技术的商品化和产业化。

《条例》第 22 条规定，"布图设计权利人可以将其专有权转让或者许
可他人使用其布图设计……"但是，《条例》与《细则》均未对布图设计
专有权实施许可合同的备案程序作出规定。笔者认为有必要补充该规定，
理由如下：

第一，设置布图设计专有权实施许可合同的备案程序，有利于企业
的交易安全。通过登记，可以使专利许可交易行为更加规范，法律证据
可以得到较完善的保存。

第二，设置布图设计专有权实施许可合同的备案程序，有利于行政
部门对经济状况的掌握。相关部分可有效利用这些许可备案的信息，相
应地调整政策和法规，进一步促进集成电路行业内知识产权的有效利用。

第三，设置布图设计专有权实施许可合同的备案程序，有利于司法
纠纷中人民法院对于侵权赔偿数额的认定，维护布图设计专有权人的合
法利益。

（二）专有权质押合同的登记

质押也称质权，就是债务人或第三人将其动产移交债权人占有，将
该动产作为债权的担保，当债务人不履行债务时，债权人有权依法就该
动产卖得价金优先受偿。在我国，专利权、商标权和著作权的质押登记
都有相应的管理办法和程序。质押的登记实际上是一种公示制度。学术
界认为，公示制度最基本的功能在于，公示方法使物权及物权的变动为
公众所知，从而对第三人发生效力，以保障交易安全。公示作为一项民
事制度和民事立法技术体现了国家强制和意思自治的逻辑统一，它是权
利冲突消除的制度化表现，同时为交易提供了一个有效的框架。公示方
式的效果取决于公示内容的明确，以及能为他人所知晓。❶ 知识产权是

---

❶ 梅夏英. 民法上公示制度的法律意义及其后果 [J]. 法学家，2004（2）.

"以权利为标的"的"物权",物权法的基本原则对于知识产权应当具有直接的指导作用。❶

尽管在《细则》第 10 条规定了共有专有权人出质的限制,第 31 条规定了已出质的专有权放弃的限制,第 37 条还规定了布图设计专有权的质押是布图设计登记簿记载的事项,但《条例》与《细则》均未对专有权质押合同的登记程序作出规定。

(三) 建议

建议《条例》第 22 条第 3 款修改为:"许可他人使用其布图设计的,当事人应当订立实施许可合同;同时增加一款:以集成电路布图设计专有权出质的,由出质人和质权人共同向国务院专利行政部门办理出质登记。相应地在《细则》第 4 章中增加一条:"布图设计权利人与他人订立的专有权实施许可合同,可以自合同生效之日起三个月内向国家知识产权局备案。"

许可备案和质押登记的具体手续,可参照国家知识产权局公布的《专利实施许可合同备案管理办法》和《专利权质押登记办法》办理。

七、结 语

在知识产权经济浪潮中,集成电路布图设计保护制度无疑能为集成电路行业的创新保驾护航。但随着该制度的广泛应用与深入实践,其逐渐暴露出一些与行业发展不适应、与后续维权程序无法有效衔接等问题。笔者结合登记审查实践以及与相关领域人士的交流沟通,提出将 PCB 设计纳入保护制度、增强简要说明的法律效力以更好表达布图设计保护范围、防止重复登记、以及建立布图设计许可备案、质押登记等建议,以期完善和健全集成电路布图设计保护制度,更好地保护行业创新、促进科技进步。

---

❶ 张诚. 注册商标使用许可合同备案的对抗力刍议［R/OL］. http：//www. saic. gov. cn/gsld/llyj/200901/t20090113_8144. html.

集成电路布图设计登记的
条件、要求和效能

李顺德[❶]

摘　要

本文对我国集成电路布图设计登记的条件、要求和效能做一个比较全面地梳理，重点探讨了登记的效能问题，指出在集成电路布图设计登记保护制度中登记的固定、公示、公开3个效能中，主要效能是固定，而不是公开；其公开不是取得登记的必要条件，其公开是有限的、未必是完整的、也未必是充分的，明显区别于专利说明书的公开，也区别于计算机软件登记的公开；登记提交材料存在瑕疵，不应导致集成电路布图设计专有权灭失，而由此可能产生的风险和不利后果应该由登记人自己承担。

关键词

集成电路布图设计　专有权　风险

---

❶　作者单位：中国社会科学院法学研究所知识产权法研究室/中国科学院大学法律与知识产权系。

集成电路布图设计作为一种特殊类型的知识产权保护的客体，世界各国大多采用专门立法、登记保护的制度进行保护。在这一制度中，大多数国家和地区都将登记作为确认集成电路布图设计权利成立、受到法律保护的程序要件。在实践中对于登记程序在集成电路布图设计专有权保护中的作用应该如何理解、把握是一个非常重要的问题，值得认真研究。为了全面、准确探讨这一问题，应该对集成电路布图设计登记的条件、要求和效能做一个全面地梳理。

目前有关集成电路布图设计的国际公约，主要有两个：一是《关于集成电路的知识产权条约》（Washington Treaty on Intellectual Property in Respect of Integrated Circuits，IPIC）（以下简称 IPIC）；二是《与贸易有关的知识产权协定》（以下简称 TRIPS 协定）。TRIPS 协定第 35 条"与集成电路知识产权条约的关系"："全体成员同意，依照'集成电路知识产权条约'第二条至第七条（其中第六条第 3 款除外）、第十二条及第十六条第 3 款，为集成电路布图设计（即拓扑图，下称'布图设计'）提供保护；此外，全体成员还同意遵守下列规定。"

我国制定的《集成电路布图设计保护条例》（以下简称《条例》）（2001 年 3 月 28 日通过，2001 年 4 月 2 日公布，2001 年 10 月 1 日施行）是依据 TRIPS 协定及其所限定的《集成电路知识产权条约》（IPIC）制定的，达到了 TRIPS 协定的基本要求。与《集成电路布图设计保护条例》配套的是《集成电路布图设计保护条例实施细则》（2001 年 10 月 1 日施行）（以下简称《实施细则》）。

一、集成电路布图设计登记保护的条件

（一）"独创性"

《条例》第 4 条规定："受保护的布图设计应当具有独创性，即该布图设计是创作者自己的智力劳动成果，并且在其创作时该布图设计在布图设计创作者和集成电路制造者中不是公认的常规设计。""受保护的由常规设计组成的布图设计，其组合作为整体应当符合前款规定的条件。"

《条例》第 4 条对布图设计"独创性"的规定，与 IPIC 第 3 条第 2 款的规定是完全一致的。

IPIC 第 3 条第 2 款规定："2. 原创性要求

（A）第1款（A）所述的义务适用于具有原创性的布图设计（拓扑图），即该布图设计（拓扑图）是其创作者自己的智力劳动成果，并且在其创作时在布图设计（拓扑图）创作者和集成电路制造者中不是常规的设计。

（B）由常规的多个元件和互连组合而成的布图设计（拓扑图），只有在其组合作为一个整体符合（A）项所述的条件时，才应受到保护。"

这里所讲的"原创性"（Original）与版权保护中所讲的"独创性"系同一语，然而含义有所不同。

布图设计的原创性包括两个要求，一是要求该布图设计"是其创作者自己的智力劳动成果"，这与版权保护中对独创性的要求是一致的；二是要求该布图设计"在其创作时在布图设计创作者和集成电路制造者中不是常规的设计"，这一要求超出版权保护中对独创性的要求，但是仅相当于专利保护中对新颖性的要求，而没有专利保护中对创造性的要求高。

集成电路布图设计中的组合设计类似于版权保护中的汇编作品和专利保护中的组合发明。依据该款（B）项的规定，布图设计的组合设计只有"在其组合作为一个整体符合（A）项所述的条件时"，才能算符合"原创性"要求，受到保护。这一要求，显然要高于版权对汇编作品独创性的要求，也显然要低于专利对组合发明创造性的要求。

（二）形式条件

1. 使用

《条例》第3条第2款规定："外国人创作的布图设计首先在中国境内投入商业利用的，依照本条例享有布图设计专有权。"这一规定体现了IPIC第7条第1款的要求。

IPIC第7条第1款规定：

"1. 要求实施的权能

在布图设计（拓扑图）在世界某地已单独地或作为某集成电路的组成部分进入普通商业实施以前，任何缔约方均有不保护该布图设计（拓扑图）的自由。"

IPIC第7条第1款是对布图设计"使用"或"实施"的要求，作为进行保护的形式条件。这是一项选择性的规定。依本款的规定，成员可以自行作出规定，对于未"使用"的布图设计不予保护。这种"使用"是指作为集成电路的组成部分或单独作为集成电路布图设计投入商业使用。这是为了促进集成电路布图设计的实施，早日转化为生产力。

2. 登记和公开

《条例》第 8 条规定："布图设计专有权经国务院知识产权行政部门登记产生。未经登记的布图设计不受本条例保护。"

《条例》第 17 条规定："布图设计自其在世界任何地方首次商业利用之日起 2 年内，未向国务院知识产权行政部门提出登记申请的，国务院知识产权行政部门不再予以登记。"

《条例》第 8 条是依据 IPIC 第 7 条第 2 款（A）项规定而作出的，严于 IPIC 第 7 条第 2 款（A）项。

《条例》第 17 条是依据 IPIC 第 7 条第 2 款（B）项规定而作出的，符合该条款的最低要求。

IPIC 第 7 条第 2 款规定："2. 要求登记的权能：公开

（A）布图设计（拓扑图）成为以正当方式向主管机关提出登记申请的内容或者登记的内容以前，任何缔约方均有不保护该布图设计（拓扑图）的自由……

（B）需按本款（A）项提交申请的，任何缔约方均可要求该申请在自权利持有人在世界任何地方首次商业实施集成电路的布图设计（拓扑图）之日起一定期限内提出。此期限不应少于自该日期起两年。

（C）可以规定按本款（A）项进行登记应支付费用。"

IPIC 第 7 条第 2 款是对"登记和公开"要求的规定，分为 3 项。

（A）项规定成员可以把进行登记作为布图设计保护的形式要件，并在登记时提交足以确认该布图设计的复制件或图样，或集成电路样品，作出适度的公开。

（B）项规定了布图设计登记的"时间限制"要求。依该项规定，布图设计在投入商业使用后的一定期限内，应允许履行登记手续，这一期限不应少于 2 年。《条例》第 17 条就是依此制定的。

（C）项规定进行布图设计登记可以收费，《条例》第 35 条作了相应的规定："申请布图设计登记和办理其他手续，应当按照规定缴纳费用。缴费标准由国务院物价主管部门、国务院知识产权行政部门制定，并由国务院知识产权行政部门公告。"

笔者认为，IPIC 第 7 条第 2 款（A）项规定的集成电路布图设计保护的"登记和公开"形式要件是十分宽松的，极致而言成员可以完全弃之不要，不设置这个形式要件；即使是采用"登记和公开"作为形式要件，仍然是十分宽松的，甚至可以不必提交该布图设计的副本或图样就可获得布图设计保护；即使要求必须提交该布图设计的副本或图样才能提供布图设计保护，也可以允许在提交的申请材料足以确认该布图设计的前提下，免交副本或图样中与该集成电路的制造方式有关的部分，只提交其他部分布图设计的副本或图样，即可取得布图设计保护。由此可见，根据 IPIC 第 7 条第 2 款（A）项规定，"登记和公开"形式要件的缺失或者存在瑕疵，不应成为拒绝提供布图设计保护的依据，但是可以要求按成员国法律的规定进行补正以后进行保护。

我国《条例》第 8 条有关布图设计登记的规定比 IPIC 第 7 条第 2 款（A）项要严格，没有有关登记提交的材料必须公开的规定，即没有将公开登记提交的材料作为获取法律保护的必要条件，这也是符合 IPIC 要求的。

二、集成电路布图设计登记应当提交的材料及要求

（一）集成电路布图设计登记应当提交的材料

《条例》第 16 条规定："申请布图设计登记，应当提交：

（一）布图设计登记申请表；

（二）布图设计的复制件或者图样；

（三）布图设计已投入商业利用的，提交含有该布图设计的集成电路样品；

（四）国务院知识产权行政部门规定的其他材料。"

《条例》第 16 条是依据 IPIC 第 7 条第 2 款（A）项规定而作出的。

IPIC 第 7 条第 2 款 A 项规定："（A）布图设计（拓扑图）成为以正当方式向主管机关提出登记申请的内容或者登记的内容以前，任何缔约方均有不保护该布图设计（拓扑图）的自由，对于登记申请，可以要求其附具该布图设计的副本或图样，当该集成电路已商业实施时，可以要求其提交该集成电路的样品并附具确定该集成电路旨在执行的电子功能的定义材料；但是，申请人在其提交的材料足以确认该布图设计时，可免交副本或图样中与该集成电路的制造方式有关的部分。"

笔者认为，这里所说的"布图设计的副本"是指布图设计的复制件，

可以据此来通过照相、制版等专业工艺制作光刻模板，逐层制作集成电路的具体电路；这里所说的布图设计的"图样"是指对依据该布图设计制作的集成电路的各层具体电路采用拍照、绘制等方式制作的电路分布的实际视图。

IPIC 第 7 条第 2 款（A）项是对布图设计进行登记的非强制性的规定，包括 4 个要点，一是成员可以而不是必须把进行登记作为布图设计保护的形式要件，二是在登记时，成员可以而不是必须要求申请人提交该布图设计的副本或图样；三是当该集成电路已商业化以后，在登记时可以而不是必须要求申请人提交该集成电路的样品并附具确定该集成电路旨在执行的电子功能的定义材料；四是在申请人提交的材料足以确认该布图设计时，可免交副本或图样中与该集成电路的制造方式有关的部分。这就是说，根据 IPIC 第 7 条第 2 款（A）项的规定，成员提供对集成电路布图设计的保护，可以不以登记作为保护的必要条件，在进行登记保护集成电路布图设计时，可以不以提交该布图设计的副本或图样作为必要条件，对于已经商业化的集成电路在进行登记保护集成电路布图设计时，可以不以提交该集成电路的样品并附具确定该集成电路旨在执行的电子功能的定义材料作为必要条件，对于要求以提交布图设计的副本或图样、集成电路样品等材料作为保护集成电路布图设计必要条件的情况，不是必须完整的提交所有布图设计的副本或图样才能取得布图设计保护，在提交的申请材料足以确认该布图设计的前提下，可以免交副本或图样中与该集成电路的制造方式有关的部分，只提交其他部分布图设计的副本或图样，即可取得布图设计保护。

与 IPIC 第 7 条第 2 款（A）项相比，可以看出，我国《条例》第 16 条是将 IPIC 第 7 条第 2 款（A）项规定的前 3 个要点作为强制性的要求加以规定，对于第 4 个要点，在《条例》第 16 条中并没有直接体现，而是在《实施细则》第 15 条中规定的。我们可以结合《实施细则》的相关条款加以分析。

（二）对集成电路布图设计登记材料的要求

1. 对复制件或者图样的要求

《实施细则》第 14 条："复制件或者图样按照条例第十六条规定提交的布图设计的复制件或者图样应当符合下列要求：

（一）复制件或者图样的纸件应当至少放大到用该布图设计生产的集

成电路的 20 倍以上；申请人可以同时提供该复制件或者图样的电子版本；提交电子版本的复制件或者图样的，应当包含该布图设计的全部信息，并注明文件的数据格式；

（二）复制件或者图样有多张纸件的，应当顺序编号并附具目录；

（三）复制件或者图样的纸件应当使用 A4 纸格式；如果大于 A4 纸的，应当折叠成 A4 纸格式；

（四）复制件或者图样可以附具简单的文字说明，说明该集成电路布图设计的结构、技术、功能和其他需要说明的事项。"

《实施细则》第 14 条是对《条例》第 16 条规定的具体细化，这里对应该提交的复制件或者图样的纸件做出具体规定。

2. 对保密信息的规定

《实施细则》第 15 条："涉及保密信息的申请

布图设计在申请日之前没有投入商业利用的，该布图设计登记申请可以有保密信息，其比例最多不得超过该集成电路布图设计总面积的50%。含有保密信息的图层的复制件或者图样页码编号及总页数应当与布图设计登记申请表中所填写的一致。

布图设计登记申请有保密信息的，含有该保密信息的图层的复制件或者图样纸件应当置于另一个保密文档袋中提交。除侵权诉讼或者行政处理程序需要外，任何人不得查阅或者复制该保密信息。"

《实施细则》第 15 条体现了 IPIC 第 7 条第 2 款（A）项第 4 个要点对于提交的复制件或者图样的纸件的要求，这里所说的"保密信息"可以理解为是属于 IPIC 第 7 条第 2 款（A）项中所说的"可免交副本或图样中与该集成电路的制造方式有关的部分"。将《实施细则》第 15 条与IPIC 第 7 条第 2 款（A）项进行比较，可以看出，前者的规定是严于后者的，对于申请人不想提交、公开的布图设计部分内容，后者允许申请人免交（不提供），并不影响对布图设计的法律保护，前者规定必须提交，只是允许作为保密信息处理、单独保存，除侵权诉讼或者行政处理程序需要外，任何人不得查阅或者复制该保密信息，保密信息最多不得超过该集成电路布图设计总面积的 50%。

《实施细则》第 15 条并没有涉及 IPIC 第 7 条第 2 款（A）项第 4 个要点对于提交的"该集成电路的样品"的要求。

3. 对集成电路样品的规定

《实施细则》第 16 条："集成电路样品

布图设计在申请日之前已投入商业利用的，申请登记时应当提交 4 件含有该布图设计的集成电路样品，并应当符合下列要求：

（一）所提交的 4 件集成电路样品应当置于能保证其不受损坏的专用器具中，并附具填写好的国家知识产权局统一编制的表格；

（二）器具表面应当写明申请人的姓名、申请号和集成电路名称；

（三）器具中的集成电路样品应当采用适当的方式固定，不得有损坏，并能够在干燥器中至少存放十年。"

《实施细则》第 16 条是对提交的"集成电路的样品"的规定，这里所说的"器具表面应当写明申请人的姓名、申请号和集成电路名称"等信息，可以理解为是属于 IPIC 第 7 条第 2 款（A）项中所说的"确定该集成电路旨在执行的电子功能的定义材料"。《实施细则》第 16 条亦没有涉及 IPIC 第 7 条第 2 款（A）项第 4 个要点对于提交的"该集成电路的样品"的要求。

IPIC 第 7 条第 2 款（A）项第 4 个要点是该条的核心内容所在。如前所述，IPIC 第 7 条第 2 款（A）项是对布图设计进行登记的非强制性的规定，采用登记保护提交的材料最为基本的要求就是足以确认该布图设计。

三、集成电路布图设计登记的效能

（一）集成电路布图设计登记的三个基本效能

在集成电路布图设计登记保护制度中登记的效能是什么？对此的理解也是众说纷纭。

笔者认为，在集成电路布图设计登记保护制度中：

集成电路布图设计登记的效能之一在于固定该项布图设计，进行登记、取得法律保护的布图设计应该是确定的，不能随意修改、变更，否则就失去法律保护的意义。依据申请登记提交的相关材料应该能够全面、准确地限定该项布图设计，这是对相关申请材料最为本质的要求。提交相关材料的主要作用就是固定该项布图设计，一旦正式提交申请和相关材料，就意味着该项布图设计已经确定、完成，不能进行实质性修改，已经固定下来。申请提交的相关材料是固定布图设计的主要证据，也是用于处理登记以后针对布图设计产生的纠纷的主要证据，可以作为确定所登记集成电路布图设计的内容和保护范围的合法和有效的证据。

集成电路布图设计登记的效能之二在于公示，告知社会公众该项布图设计已经完成，并且初步取得法律认定、保护，保护的布图设计以提交的相关材料作为依据，加以限定。

集成电路布图设计登记的效能之三在于公开该项布图设计，但是这种公开是有限的、未必是充分的，明显区别于专利说明书的公开，也明显区别于计算机软件登记的公开。

在集成电路布图设计登记的三个基本效能中，比较容易发生争议的是第三个效能，重点对此进行探讨。

（二）如何理解集成电路布图设计登记的公开

1. 集成电路布图设计登记的公开是有限的、未必是完整的

根据 IPIC 第 7 条第 2 款（A）项的规定，对于集成电路布图设计可以不以提交该布图设计的副本或图样、或者不以提交全部完整的布图设计的副本或图样作为必要条件提供法律保护，在提交的申请材料足以确认该布图设计的前提下，可以免交副本或图样中与该集成电路的制造方式有关的部分，只提交其他部分布图设计的副本或图样，即可取得布图设计保护，因此这种公开往往是有限的，而不一定是全面、完整无缺的。即使按照我国《条例》第 16 条的规定，必须提交全部完整的布图设计的副本或图样，其公开也是有限的，而不一定是全面、完整无缺的，因为依据我国《实施细则》第 15 条的规定，允许申请人将最多不超过该集成电路布图设计总面积 50％的布图设计作为保密信息单独提交、单独保存，这些保密信息当然是不能向公众公开的。

2. 集成电路布图设计登记的公开未必是充分的

如果申请人提交的布图设计是不完整的（即有部分布图设计没有提供副本或图样），或者提交的布图设计虽然是完整的，但是其中有一些是不能公开的（例如作为保密信息提交），即当集成电路布图设计公开不完整的情况下，公开当然是不充分的。即使提交全部完整的布图设计的副本或图样中没有保密信息，可以全部向公众公开，即集成电路布图设计公开是完整的，由于提交的布图设计副本或图样的物质载体不同（纸件、电子版本、样品等）、清晰度不同，显示、表达、认知、识别的方式、技术条件、技术要求等不同，对布图设计副本或图样的可识别率、认知度存在很大差异，造成集成电路布图设计登记以后的实际公开程度也存在很大差异，难以保证公开都是完整、充分的。

一般而言，以电子版本提交的布图设计副本或图样的是可以做到充分公开的，而以纸件提交的布图设计副本或图样是难以保证能够充分公开，即使申请人的真实意图是希望充分公开，由于显示、表达、认知、识别的方式、技术条件、技术要求等多种因素所限，所显示出来用以认知、识别的布图设计副本或图样的清晰度、识别率大多无法满足人类识别、辨认的最低要求条件，难以识别、辨认，无法实现充分公开。

在现有的技术条件下，以一张 A4 规格（大约 21cm×30cm）的纸张上，要想清晰、完整地展现一个具有中等规模的集成电路产品的一层布图设计，是很困难的，甚至是难以实现的。早在 1990 年前后，一个面积为 $0.5cm^2$ 的芯片中集成的元器件数量已经近亿。到了 2000 年前后，采用 $0.35\mu m$ 线宽工艺技术的集成电路芯片生产线已经投入使用，即使将 $0.35\mu m$ 的线条（其线条之间的距离应该不大于 $0.35\mu m$）构成的布图设计副本或图样放大 200 倍，其线条宽度达到 $70\mu m$（约为 0.1mm 的 2/3），再将这种放大以后的布图设计副本或图样复印到纸张上，仍然不具有可辨认的清晰度。我国 2014 年 6 月公布的《国家集成电路产业发展推进纲要》表明，我国 2015 年的集成电路产业发展目标之一是"32/28 纳米（nm）制造工艺实现规模量产"，"65～45nm 关键设备和 12 英寸硅片等关键材料在生产线上得到应用"，2020 年的发展目标是"16/14nm 制造工艺实现规模量产"。与 2000 年相比，2015 年国内集成电路制造工艺线条宽度已经缩窄到 1/10～1/20 以下。如果说我国《实施细则》第 14 条对于集成电路布图设计登记规定提交的布图设计的复制件或者图样的要求，在 2000 年就已经不能适应集成电路技术的发展，毫不为过。

3. 集成电路布图设计登记提交集成电路样品能否做到充分公开

从理论上说，样品可以真实、完整、精确地表达该特定集成电路布图设计，而且可以通过对样品实施反向工程，利用逐层剖片、显微放大、测绘摄制等技术制作该布图设计的图样，从而还原复制出该布图设计。因此，集成电路布图设计进行登记时提交的集成电路样品理论上是能够做到布图设计充分公开。但是，这种公开的成本并非是普通社会公众能够接受的。因此，除非有确认法律事实证据的需要，一般不会采用这种方式公开、获取相关信息。从这一角度来看，集成电路布图设计进行登记时提交的集成电路样品只是一种理论上向社会公众的公开，并非事实上对社会公众的公开。社会公众利用集成电路布图设计进行登记时提交的集成电路样品通过反向工程获得的相关信息，与利用在市场上直接购买的该集成电路商品通过反向工程获得的相关信息，应该是一致的。

4. 集成电路布图设计登记的公开明显区别于专利说明书的公开

以登记作为授权的要件是工业产权的特点，因为版权是可以自动生成的。在这一点上布图设计保护更接近于工业产权。如果将集成电路布图设计登记以后的公开与发明专利申请文件对技术方案充分公开要求相比，就可以看出对前者的要求明显不及后者。

发明专利申请文件对技术方案充分公开要求在专利法中有明确、严格的规定。《专利法》第 26 条第 3 款规定："说明书应当对发明或者实用新型作出清楚、完整的说明，以所属技术领域的技术人员能够实现为准；必要的时候，应当有附图。"

《专利法实施细则》第 53 条第（二）项规定：公开不充分是驳回的根据之一。

《专利法实施细则》第 65 条第 2 款规定：公开不充分是无效宣告请求的充分条件之一。

要想取得发明专利的保护，必须公开其发明，不公开的技术内容不能获得专利权的保护，这是专利保护的公开原则。专利保护之所以要强调公开原则，是为了使受专利保护的技术能够迅速得到传播，加以推广利用，同时避免他人再对此同一技术方案进行重复性的开发、研究，浪费人力、物力。这也是之所以要建立专利保护制度的初衷之一。充分公开原则是建立在公开原则基础之上的。何谓"充分"公开呢？这就是应符合以下几个要件：

（1）公开的技术方案应该是"足够清晰和完整的"；

（2）公开的技术方案应该使"该专业的技术人员能够实施该发明"；

（3）应该提供在申请之日前所知道的最佳实施方式（或称最佳实施例）。

充分公开其发明的技术方案内容，是取得发明专利权的形式条件之一；公开不充分的专利申请往往会被驳回而无法取得确权，即使取得确权以后也可能因此而被无效。

相比之下，在我国有关集成电路布图设计保护的《条例》和《实施细则》中并没有对布图设计公开的明确规定，只有对布图设计登记及登记时提交布图设计复制件或者图样、集成电路样品等相关材料的规定，即对布图设计登记保护没有公开的要求，不以公开作为登记的必要条件，更谈不上以"充分公开"作为登记保护的必要条件，这一规定符合 IPIC 的规定，甚至严于 IPIC 的规定。在 IPIC 第 7 条第 2 款中，虽然对"登记和公开"提出要求，但是，如前所述，这一要求是可选择的，并非强制性的，规定的集成电路布图设计保护的"登记和公开"作为形式条件十分宽松，成员完全可以不设置这个形式条件；即使是采用"登记和公开"作为形式条件，仍然十分宽松，甚至可以不必提交该布图设计的副本或图样就可获取布图设计保护。按照 IPIC 公开亦不是取得布图设计保护的必要条件。

5. 集成电路布图设计登记的公开明显区别于计算机软件登记的公开

集成电路布图设计登记类似于计算机软件登记，但是又有许多不同。

我国《计算机软件保护条例》（2002 年 1 月 1 日施行）第 4 条规定："受本条例保护的软件必须由开发者独立开发，并已固定在某种有形物体上。"这里提出了计算机软件版权保护的两个必要条件，一是软件要具有独创性，这与对其他作品版权保护的要件是一样的，是实质性要件；二是要求"固定"，是形式要件，这与对其他作品版权保护的要求不同，对其他作品只要求"完成"，而没有要求"固定"，对计算机软件的"固定"要求成为一种例外。

与世界上大多数国家一样，我国的著作权保护采用"依法自动生成"原则，没有实行登记制保护。《计算机软件保护条例》中对计算机软件作出了有关登记的规定，并非是计算机软件保护的必要条件。

《计算机软件保护条例》第 7 条规定："软件著作权人可以向国务院著作权行政管理部门认定的软件登记机构办理登记。软件登记机构发放的登记证明文件是登记事项的初步证明。

办理软件登记应当缴纳费用。软件登记的收费标准由国务院著作权行政管理部门会同国务院价格主管部门规定"。

《计算机软件著作权登记办法》（2002 年 2 月 20 日发布、施行）第 9 条："申请软件著作权登记的，应当向中国版权保护中心提交以下材料：

（一）按要求填写的软件著作权登记申请表；

（二）软件的鉴别材料；

（三）相关的证明文件。"

《计算机软件著作权登记办法》第 10 条："软件的鉴别材料包括程序

和文档的鉴别材料。

程序和文档的鉴别材料应当由源程序和任何一种文档前、后各连续30 页组成。整个程序和文档不到 60 页的，应当提交整个源程序和文档。除特定情况外，程序每页不少于 50 行，文档每页不少于 30 行。"

《计算机软件著作权登记办法》第 12 条："申请软件著作权登记的，可以选择以下方式之一对鉴别材料作例外交存：

（一）源程序的前、后各连续的 30 页，其中的机密部分用黑色宽斜线覆盖，但覆盖部分不得超过交存源程序的 50%；

（二）源程序连续的前 10 页，加上源程序的任何部分的连续的 50 页；

（三）目标程序的前、后各连续的 30 页，加上源程序的任何部分的连续的 20 页。

文档作例外交存的，参照前款规定处理。"

《计算机软件著作权登记办法》第 13 条："软件著作权登记时，申请人可以申请将源程序、文档或者样品进行封存。除申请人或者司法机关外，任何人不得启封。"

将我国的集成电路布图设计登记与计算机软件的登记相比较，可以看出两者至少存在以下区别：

一是两者登记保护的客体不同；

二是两者登记保护的实质性条件有区别，虽然都有独创性的要求，但是含义不同，前者要求要高于后者；

三是两者登记的形式条件有区别，前者的登记是取得保护的必要条件，后者登记不是取得保护的必要条件；前者以"使用"或"实施"作为进行保护的形式条件，后者以"固定"作为进行保护的形式条件，两者含义不同；

四是两者登记要求提交的材料不同，对提交材料的要求也不同；

五是两者登记中对相关保密信息处理的措施不同；

六是两者登记的时限不同，前者为自其在世界任何地方首次商业利用之日起 2 年内，后者虽然没有明确规定，但是应该受到版权对作品经济权利保护期限的限制；

七是两者登记的法律效能不同，前者是取得法律保护，后者是作品形成事实的初始证明；

八是两者登记的保护期限不同，前者保护期为 10 年，自布图设计登记申请之日或者在世界任何地方首次投入商业利用之日起计算，以较前日期为准，无论是否登记或者投入商业利用，布图设计自创作完成之日起 15 年后，不再受保护；后者保护自软件开发完成之日起产生，自然人的软件著作权，保护期为自然人终生及其死亡后 50 年，截止于自然人死亡后第 50 年的 12 月 31 日；软件是合作开发的，截止于最后死亡的自然人死亡后第 50 年的 12 月 31 日；法人或者其他组织的软件著作权，保护期为 50 年，截止于软件首次发表后第 50 年的 12 月 31 日，但软件自开发完成之日起 50 年内未发表的，不再保护；

九是两者登记的权利保护内容不同，前者只保护复制权、商业利用权（可以涵盖 TRIPS 协定第 37 条所要求必须保护的为商业目的进口、销售或以其他方式发行等行为）、许可权、转让权等经济权利；后者保护的既有精神权利（发表权、署名权、修改权），也有经济权利（复制权、发行权、出租权、信息网络传播权、翻译权、许可权、转让权等）；

十是两者登记的权利限制不同，前者设有非自愿许可（强制许可）、权利用尽，后者没有设置非自愿许可（强制许可）、权利用尽。

将我国的集成电路布图设计登记与计算机软件的登记相比较，可以看出两者至少存在以下相似之处：

一是两者登记均没有要求充分公开或者公开相关技术信息的明确规定，即均没有将公开相关技术信息作为登记的必要条件；

二是两者登记均允许对一些相关信息采取保密措施进行保密，不予披露；

三是两者登记均有各自的实质性条件和形式条件；

四是两者登记均只进行初步审查，不进行实质审查；

五是两者登记均设有撤销程序，作为对不符合条件登记的救济措施；

六是两者登记均设有合理使用，作为对权利保护的例外。

（三）集成电路布图设计登记的效能主要是固定设计，而不是公开

在进行了上述分析以后，我们不难得出结论，集成电路布图设计进行登记，尽管明确要求提供相关材料（布图设计的复制件或者图样、集成电路样品等），并且在登记以后向社会公开，允许社会公众进行查阅，并不等于集成电路布图设计的内容已经向社会充分公开或者公开。一般而言，仅仅依据集成电路布图设计登记时提供的相关材料，是难以全面、

完整、充分地获知该布图设计的技术信息的，更谈不上在此基础上商业性复制、利用该布图设计、制造该集成电路；而专利法所要求的发明和实用新型说明书的充分公开，作为本领域的普通技术人员应该依据说明书就可以实施受保护的技术方案，实现该发明创造的技术功能，达到该发明创造的技术目的。因此，集成电路布图设计登记以后相关材料的公开，与专利法所要求的发明和实用新型说明书的充分公开，绝非等量齐观，不可相提并论。况且，在专利法中已经明确规定，说明书的充分公开是取得专利确权的一个必要条件，说明书没有充分公开是导致专利权无效的一个充分条件；而在我国有关集成电路布图设计保护的《条例》和《实施细则》中并没有对布图设计公开做出明确要求，亦不以布图设计公开作为登记的一个必要条件，更谈不上以"充分公开"作为登记保护的一个必要条件，相应的当然也不能将布图设计没有充分公开作为撤销布图设计专有权的一个充分条件。集成电路布图设计进行登记的效能主要不是公开，这是显而易见、毋庸置疑的，充其量只是一个公示的效能，向社会宣示该集成电路布图设计已经完成设计完成、准备投入商业应用。

集成电路布图设计进行登记的效能主要是固定设计，固定作为集成电路布图设计专有权保护的客体，固定作为处理登记以后针对布图设计产生纠纷的主要证据，固定作为确定所登记集成电路布图设计的内容和保护范围的合法和有效的证据。

对于已经投入商业利用的布图设计，登记要求必须提交含有该布图设计的集成电路样品，可以从另外一个角度证实集成电路布图设计进行登记的效能主要是固定。

如前所述，含有该布图设计的集成电路样品，可以真实、完整、精确地表达该特定集成电路布图设计，可以通过对样品实施反向工程，利用逐层剖片、显微放大、测绘摄制等技术制作该布图设计的图样，从而还原复制出该布图设计。它可以包含全部布图设计信息。相对于布图设计复制件或图样所表达的信息，含有该布图设计的集成电路样品作为登记证据的证明力和可靠性应该更强一些，因为它不仅包含了布图设计作为一种"设计"的所有设计信息，还包括了布图设计作为一种"设计"的实际商业利用的信息。在布图设计的商业利用中，对已有的布图设计根据实际利用的需要和生产线条件的差异，进行适当地、必要的调整、修改，应该说是正常的惯例。因此，含有该布图设计的集成电路样品包括的相关信息，应该比商业利用以前的布图设计复制件或图样包含的相关信息，更为接近应用实际、更为真实可信。

强调已经投入商业利用的布图设计，要求登记时必须提交含有该布图设计的集成电路样品，其目的不是为了充分公开相关布图设计的技术内容，因为在前面已经分析指出，集成电路布图设计进行登记时提交的集成电路样品只是一种理论上向社会公众的公开，并非事实上对社会公众的公开，利用登记时提交的集成电路样品通过反向工程获得的相关信息，与利用在市场上直接购买的该集成电路商品通过反向工程获得的相关信息，从成本上并无差异，都是需要相当代价的支出的，但是从作为法律事实证据的角度来看是有明显不同的，进行登记时提交的集成电路样品可以作为确定所登记集成电路布图设计的内容和保护范围的合法和有效的证据，而随机在市场上直接购买的该集成电路商品则不一定具有这一效能。如果提交已经投入商业利用的布图设计的含有该布图设计的集成电路样品意味着将布图设计的技术内容公开，那么可以说这一公开在该布图设计投入商业利用之时已经公开，而不是在进行登记时提交相关材料（包括集成电路样品）时才公开的。由此可以再次说明，集成电路布图设计进行登记的效能主要是固定相关法律事实证据，而不是公开布图设计的技术信息内容。唯一合理的解释只能是，提交集成电路样品不等于布图设计内容公开。

通过上述分析，我们不难得出结论，集成电路布图设计进行登记时提交的布图设计的复制件或者图样、集成电路样品等相关材料，主要效能是固定布图设计，而不是公开布图设计；其可以具有公开部分、甚至是全部布图设计的作用，但是这种公开未必是充分的、完整的，也不是取得布图设计法律保护的前提必要条件。

（四）集成电路布图设计登记提交的材料存在瑕疵，是否导致集成电路布图设计专有权灭失

集成电路布图设计登记时提交的布图设计如果不具有"独创性"，当然不应该获准登记，即使已经获准登记也应该通过撤销程序撤销登记。这是没有异议的。

集成电路布图设计登记时提交的布图设计如果明显不符合规定的形式条件，当然也不应该获准登记，即使已经获准登记也应该通过撤销程

序撤销登记。这也应该是没有异议的。

现在的问题是，如果集成电路布图设计登记提交的材料存在瑕疵，是否导致集成电路布图设计专有权灭失。这种瑕疵，可以包括：提交的材料不完整，提交的材料不够清晰，提交的材料不能充分公开相关技术内容，提交的材料与实际商业利用的布图设计或者集成电路商品不一致，提交的材料只有已经商业化的集成电路样品等。

笔者认为，如前所述，根据 IPIC 第 7 条第 2 款 A 项规定，"登记和公开"形式要件的缺失或者存在瑕疵，不应成为拒绝提供布图设计保护的依据；集成电路布图设计登记时提交的布图设计在满足可认定为特定集成电路的布图设计时，允许不提交全部布图设计图样❶；我国《条例》和《实施细则》有关布图设计登记的规定比 IPIC 第 7 条第 2 款 A 项要严格，没有关于有关登记必须公开的规定，即没有将公开作为获取法律保护的必要条件，依然符合 TRIPS 协定及其所限定的《集成电路知识产权条约》（IPIC）的要求。因此，集成电路布图设计登记提交的材料存在的上述瑕疵，至多只能造成不能完整、准确地固定布图设计，不能完整、充分地公开布图设计的技术内容信息，而不应导致集成电路布图设计专有权灭失、不能获取法律对布图设计的保护。当然，可以要求按我国集成电路布图设计《条例》和《实施细则》的规定进行补正以后再提供法律保护。

据有关人士对大量实例进行的检索、调查结果显示，我国经过登记已经取得集成电路布图设计专有权保护的布图设计中，申请登记提交的材料存在上述瑕疵的比比皆是，尤其是纸质布图设计复制件或图样很难清楚地表达受保护布图设计相关信息的情况非常普遍，甚至难以根据提交的纸质布图设计复制件或图样对受保护的布图设计进行认定、保护。如果出现这些情况，就拒绝登记确认布图设计专有权或者在取得登记以后撤销布图设计专有权，我国能够合法存在的集成电路布图设计专有权可能寥寥无几，布图设计法律保护制度也就名存实亡了。况且，产生这些情况的重要原因之一是集成电路技术进步、发展的直接结果，可以说是一种由于没有与时俱进而形成的法律制度缺失，其产生的问题和负面

---

❶ 参见《与集成电路有关知识产权条约》（华盛顿条约）第 7 条第 2 款（A）项："申请人在其提交的材料足以确认该布图设计（拓扑图）时，可免交副本或图样中与该集成电路的制造方式有关的部分。"

后果也不应该由布图设计登记人（即布图设计专有权权利人）承担责任。

应该强调指出的是，如果是由于布图设计登记人自身的原因造成申请登记提交的材料存在上述瑕疵而导致的不能完整、准确地固定布图设计，不能完整、充分地公开布图设计的技术内容信息，以致在登记以后发生法律纠纷中不能有效地以申请登记提交的材料作为法律证据、充分保护布图设计登记人的合法权益，所可能产生的这些风险和不利后果理所当然应该由布图设计登记人自己承担。因此，布图设计登记人尽其所能提交完整、充分、符合规定的登记材料，不仅是其应尽的法定义务，也是切实有效维护其合法权益的必要之举。